Die kühne Reisende

Gertrude Bell, geboren 1868 in Washington bei Newcastle, war Historikerin, Archäologin, Sprachwissenschaftlerin, Übersetzerin, Politikerin und Spionin – und eine großartige Schriftstellerin. Als Tochter des Stahlmagnaten und liberalen Politikers Thomas Hugh Bell in eine der reichsten britischen Familien geboren, schloss sie 19jährig in Oxford ihr Studium der Neueren Geschichte ab. Sie lernte Arabisch, Persisch und Türkisch und begann ab 1892 den Orient zu bereisen. Von 1915 bis 1925 hatte die »Königin der Wüste« als Beraterin von Winston Churchill eine Schlüsselrolle in der Neuordnung des gesamten Nahen Ostens inne. Über ihre Reisen nach Persien, Syrien, Irak und Palästina schrieb sie zahlreiche und sehr erfolgreiche Bücher. Sie starb mit 58 Jahren in Bagdad.

Ebba D. Drolshagen hat in Frankfurt/Main, Chicago und Oslo studiert und seither zahlreiche Romane und Sachbücher aus dem Englischen und Norwegischen übersetzt. Daneben ist sie Autorin mehrerer Sachbücher, darunter *Wie man sich allein auf See einen Zahn zieht* (corso 2015) und *Gebrauchsanweisung für Norwegen* (Piper 2014).

Susanne Gretter studierte Anglistik, Romanistik und Politische Wissenschaft in Tübingen und Berlin. Sie lebt und arbeitet als Verlagslektorin in Berlin. Sie ist die Herausgeberin der Reihe DIE KÜHNE REISENDE.

Gertrude Bell

Das Raunen und Tuscheln der Wüste

Eine Reise durch das alte Syrien

Aus dem Englischen und mit einem Vorwort
von Ebba D. Drolshagen

Gertrude Bell, 1909 in Babylon vor ihrem Zelt

Inhalt

»Engländerinnen sind sonderbar«
Vorwort von Ebba D. Drolshagen 7

Vorwort der Autorin 25
  I   Von Jerusalem nach Salt 31
  II   Von Salt nach Tneib 48
  III   Von Tneib nach Najereh 68
  IV   Von Djebel el'Alya nach Salchad 85
  V   Salchad 104
  VI   Von Salchad nach Damaskus 124
  VII   Damaskus 144
  VIII Von Damaskus nach Homs 165
  IX   Von Homs nach Hama 186
  X   Von Hama nach Apamea 209
  XI   Von Apamea nach Aleppo 232
  XII   Von Aleppo nach Basufan 253
  XIII Von Basufan nach Antiochia 274
  XIV   Antiochia 293

Glossar 308

Einleitung

»Engländerinnen sind sonderbar.
Es gibt auf der Welt vermutlich
keine größeren Sklaven der Konventionalität als sie,
aber wenn sie mit ihr brechen, dann ganz und gar.«

The New York Times
(in einem Artikel über Gertrude Bell)

Gertrude Bell, heißt es, sei eine für ihre Zeit überaus ungewöhnliche Frau gewesen. Das ist nicht ganz zutreffend: Gertrude Bell war ein überaus ungewöhnlicher Mensch – und das wäre sie auch heute noch.

Sie war aus dem Stoff, aus dem man im Europa des 19. Jahrhunderts Abenteurer und Forscher machte: hochintelligent, wissensdurstig, draufgängerisch, furchtlos, zielbewusst, ehrgeizig, energisch, selbstsicher und sehr wohlhabend. Außerdem, und das ist nicht gering zu schätzen, hatte sie eine eiserne Kondition. Aber sie war eben auch eine Frau. Das machte ihre Zeitgenossen im viktorianischen England ratlos und führte zu Bemerkungen wie der, sie sei »eine bemerkenswert kluge Frau mit dem Verstand eines Mannes«. Es ist nicht sicher, ob das als Kompliment gemeint war.

Als sie 1868 in eine der reichsten und fortschrittlichsten Familien Englands hineingeboren wurde, schien ihr Lebensweg als höhere Tochter vorgezeichnet: Eine nicht allzu anspruchsvolle Schulbildung, eine standesgemäße Heirat, dann

Einleitung

Kinder, Wohltätigkeitsveranstaltungen, Enkel. Bald aber zeigte sich, dass Gertrude kein fügsames Mädchen war, sondern wild, sportlich, kratzbürstig und sehr wissbegierig. Da ihre Eltern sehr modern dachten, durfte sie, gegen die damaligen Gepflogenheiten, mit fünfzehn Jahren das Mädchen vorbehaltene Queen's College in London besuchen. In Briefen nach Hause beschwerte sie sich, dass sie nicht allein ins Museum gehen dürfe (»Wäre ich ein Junge, ginge ich jede Woche«), und ihre Zeit mit albernen Handarbeits- und Klavierstunden vertue, wo es doch so viel Wichtiges zu lesen und lernen gebe.

Sie wollte, wie sie ihrem Vater schrieb, »wenigstens eine Sache von Grund auf wissen und können. Dieses dilettantische Lernen bin ich leid. Ich möchte mich ganz in etwas vertiefen.« Und so begann sie als Siebzehnjährige in Oxford zu studieren, das Frauen in den Vorlesungen nur als Gasthörerinnen duldete und ihnen keine akademischen Grade verlieh. Dennoch schloss sie das Studium der Neueren Geschichte in zwei statt drei Jahren ab und das als erste Frau in Oxfords Geschichte mit der höchsten Auszeichnung. Sie sollte in ihrem Leben noch oft »die erste« oder »die einzige Frau« sein, schließlich wurde sie sogar zur mächtigsten Frau ihrer Zeit.

Es ist vielleicht verständlich, dass ein Ausnahmetalent wie sie andere Frauen »uninteressant« fand, und auf die »netten kleinen Ehefrauen« herabsah. Ab 1908 kämpfte sie aktiv gegen das Frauenwahlrecht, weil sie meinte, dass Frauen nicht politisch denken können, und die Suffragetten in der Wahl ihrer Kampfmittel vulgär fand. Der eigentliche Grund dieser Gegnerschaft war allerdings, dass sie den Standpunkt und die Privilegien ihrer eigenen Klasse vertrat: Damals durften in England nur reiche Männer wählen, darum hätte das Wahlrecht für Frauen auch allen besitzlosen Männern das Wahlrecht beschert.

Einleitung

Nach dem Examen in Oxford war es das Wichtigste für die Zwanzigjährige, einen standesgemäßen Ehemann zu finden. Doch all ihre Vorteile – sie hatte grüne Augen und rotblondes Haar, war elegant und lebhaft, konnte schwimmen, fechten, rudern, spielte Tennis und Hockey –, wogen einen gravierenden Makel nicht auf: Sie galt als »Oxfordy«, also zu gebildet und zu selbstbewusst, ja überheblich. Das verdarb sie so gründlich für den Heiratsmarkt, dass selbst ihre große Mitgift nichts auszurichten vermochte. Keiner hielt um ihre Hand an, es sollte nicht erstaunen, wenn sie möglichen Kandidaten deutlich gezeigt hätte, wie langweilig sie sie fand.

Unmittelbar nach dem Abschluss in Oxford reiste sie in Begleitung einer Verwandten nach Bukarest, wo ein Onkel Botschafter war, und besuchte von dort aus Konstantinopel. Reisen gefiel ihr offenbar sehr, denn kaum hatte sie drei Londoner Ballsaisons absolviert, ohne sich verlobt zu haben, fuhr sie 1893 nach Teheran, wohin der Onkel inzwischen versetzt worden war. Dort verliebte sie sich in den Diplomaten Henry Cadogan, doch ihre Eltern verboten die Heirat, weil der junge Adlige mittellos, hoch verschuldet und überdies spielsüchtig war. Gegen ihren Vater lehnte Gertrude Bell sich niemals auf, und sie gehorchte auch hier. Das Paar beschloss zu warten, bis Cadogan im diplomatischen Dienst aufgestiegen und eine akzeptable Partie geworden war. Doch kaum ein Jahr später starb er an den Folgen eines Unfalls.

Gertrude war sehr unglücklich nach London zurückgekehrt, aber Teheran hatte sie begeistert. Sie konnte schon so gut Persisch, dass sie die Gedichte des Dichters Hafiz ins Englische übersetzte, und sie schrieb ein Buch über Teheran, *Persian Pictures*, das 1894 zunächst anonym erschien.

In den folgenden Jahren lernte sie Deutsch und Französisch und beschäftigte sich intensiv mit Archäologie, sie lebte mehrere Monate in Berlin, 1897 und 1902/03 machte sie

EINLEITUNG

mehrmonatige Weltreisen, die erste mit ihrem Bruder Maurice, die zweite mit ihrem Bruder Hugo.

1899 begann sie die Erregung der Gefahr zu suchen. Sie wurde eine der bedeutendsten Alpinistinnen ihrer Zeit, die 2633 Meter hohe Gertrudspitze im Berner Oberland ist nach ihr benannt. Ihren ersten Berg, den 3.983 Meter hohen La Meije, bestieg sie in Unterwäsche, weil sie keine Hosen hatte und der bodenlange Wollrock sie zu sehr behinderte. 1901 harrte sie mit ihren beiden Bergführern in einem Schneesturm dreiundfünfzig Stunden angeseilt auf einem Felsvorsprung aus, im August 1904, kurz nach ihrem 36. Geburtstag, bestieg sie das Matterhorn. Danach kletterte sie nur noch gelegentlich.

1899 besuchte sie den deutschen Generalkonsul Friedrich Rosen und seine Frau Nina in Jerusalem. Sie kannte die beiden aus Teheran, wo sie Gertrude für die persische und arabische Kultur, die Wüste und den Orient begeistert hatten. Nun halfen sie ihr, als sie im März 1900 ihre ersten mehrtägigen Ausflüge in die Wüste unternahm – allein, nur von einigen Dienern begleitet. Auf dem Weg wurde sie zweimal von schwer bewaffneten Beduinen bedroht, was sie in ihrem Journal mit dem Satz kommentierte: »Glaube nicht, dass ich je so einen großartigen Tag erlebt habe.«

Sie war der Wüste, ihren Menschen, dem Orient und seiner Geschichte verfallen, und sie begann, Arabisch zu lernen. Vielleicht hatte sie erkannt, dass sich einer wohlhabenden, kühnen und unverheirateten Frau dort Möglichkeiten und Freiheiten boten, die in England undenkbar waren: In London gab es für Unverheiratete wie sie nur die Rolle der netten Tante ihrer Neffen und Nichten. Im Orient hingegen konnte sie so unabhängig und selbstbestimmt leben, wie sie es als Studentin erträumt hatte.

Sie sehnte sich nach einem sinnvollen Lebensinhalt, nach Neuem, nach Wissen und auch nach Gefahr. Wäre sie ein

Mann gewesen, hätte sie im Orient forschen und zugleich in London eine Familie haben können, die auf sie wartete. Als Frau war ihr das verwehrt, und einen Beruf gab es für jemanden wie sie nicht. Das bedeutete auch, dass sie ein Leben lang von ihrem Vater finanziell abhängig war.

Bell eignete sich über viele Jahre jenes historische, geographische und archäologische Wissen an, das sie als Frau durch ein reguläres Studium nicht hatte erwerben können. Als sie im Januar 1905 zu ihrer ersten großen Expedition aufbrach, war sie eine ernst zu nehmende Archäologin und Ethnologin.

Auf dieser Reise, die sie in dem vorliegenden Buch beschreibt, durchquerte sie als erste Europäerin allein die syrische Wüste, begleitet von Maultiertreibern, einem Koch, einem oder mehreren Soldaten sowie einem einheimischen Führer. Fünf Monate lang ritt sie auf dem Pferd zu den byzantinischen und römischen Ruinenstätten des alten Syriens bis Konya in Kleinasien, an vielen Orten waren nur wenige Europäer (und nie eine Europäerin) gewesen. Die Reise durch das unwegsame, nicht kartographierte Gelände war nur möglich, weil Rosen sie überzeugt hatte, im Herrensattel zu reiten. Dabei trug sie weite Hosenröcke mit einer Art Schürze, die herabfiel, sobald sie vom Pferd stieg, und die »Hose« verdeckte.

Damals gehörte der gesamte Nahe Osten zum Osmanischen Reich, doch im Vielvölkerstaat gärte es überall. Darum wollten die Türken beispielsweise verhindern, dass Bell das Gebiet der kriegerischen und aufständischen Drusen durchquerte. Sie aber wollte das unbedingt und ignorierte die Anweisungen der osmanischen Verwaltungsbeamten, nicht einmal, nicht zweimal, sondern ständig.

An Bell fasziniert, wie mühelos sie vom Londoner Salon zu Beduinenzelten wechselte, wie offenbar selbstverständlich sie sich mit Scheichs und Bettlern gleichermaßen unter-

EINLEITUNG

halten konnte. Getrieben von einer umfassenden Neugier und einer tiefen Achtung vor der Würde des Menschen, begegnete sie jedem, den sie traf, vorbehaltlos und mit echtem Interesse. Furchtlos folgte sie der Einladung Fremder, sie in deren Haus zu begleiten, es scheint, als habe sie damit nur gute Erfahrungen gemacht. Wer sich pompös aufführte, konnte ihrer Verachtung sicher sein – in seiner Gegenwart aber blieb sie immer höflich, immer zuvorkommend, wahrte immer die Sitten.

Grund dafür war auch, dass sie die mächtigen Männer brauchte: Nach dem Gesetz der Wüste waren Frauen unantastbar, dennoch wurde sie auf ihren Reisen mehrfach überfallen und ausgeraubt. Ohne den Schutz der Scheiche, Stammesfürsten oder türkischen Beamten hätte sie sich nicht durch die gefährlichen Landstriche bewegen, manchmal nicht überleben können. Geschickt erwies sie allen ihre Ehrerbietung, Scheiche verschiedener Stämmen nahmen sie gastfreundlich und höflich auf und bewirteten sie. Diese Stämme waren oft auf den Tod verfeindet, doch ihr gelang es, sich aus diesen Rivalitäten völlig herauszuhalten. Sie trank mit allen starken Kaffee, rauchte mit allen schwarze Zigaretten (Bell war zeit ihres Lebens eine starke Raucherin), und war bald der einzige Außenseiter, der diese Stämme nicht nur auseinanderhalten konnte, sondern jeden Fürsten persönlich kannte und wusste, wer mit wem verfeindet, wer mit wem verbündet war. Und je mehr dieser Männer sie persönlich kannte, umso sicherer konnte sie sich bewegen.

Alle Reisen waren anstrengend und entbehrungsreich. Manchmal ritt sie auf einem Pferd oder Kamel zwölf Stunden durch Schneestürme, Wolkenbrüche, sengende Sonne und eisigen Gegenwind, durch Schlammlöcher, über Geröllwüsten, wacklige Brücken und in die Bergwand gehauene Pfade. Widrigkeiten wie Insekten, ungenießbares Wasser oder eintöniges Essen erwähnt sie nur beiläufig, Fragen der Körperhygiene gar nicht, aber man kann sich vorstellen, wie schwierig das in einer reinen Männergesellschaft gewesen sein muss.

Am Ende eines solchen Tages schrieb sie Briefe an ihre Eltern, 1.600 sind erhalten, des Weiteren detaillierte Journaleinträge, die Grundlage ihrer Bücher und wissenschaftlichen Aufsätze waren. Vor allem aber traf sie abends die örtlichen Würdenträger, sei es, dass sie sie in ihrem eigenen Lager empfing, sei es, dass sie sie in deren Zelten oder Häusern besuchte. Sie beschrieb die Begegnungen und Ereignisse ihrer Reisen geistreich, witzig, mitunter spitzzüngig, registrierte mit großer Aufmerksamkeit politische Stimmungen, Machtstrukturen, Allianzen. Und sie vergaß nichts.

Wie bei der Lektüre aller Abenteuerberichte, wundert man sich auch bei Bell darüber, dass sie darauf brannte, diese Härten und Entbehrungen zu wiederholen. Tatsächlich unternahm sie nach 1905 weitere Nahost-Expeditionen, jede ehrgeiziger und gefahrvoller, mit mehr Begleitern und Lasttieren als die vorherige. Seit der zweiten Expedition hatte sie zwei persönliche Zelte, eines zum Schreiben und Empfang der Gäste, das zweite mit ihrem Bett und einer Segeltuch-Wanne – »mein einziger Luxus«. Sie führte neben leinenen Reitröcken, Baumwollblusen und Pelzmänteln auch Abendkleider mit; zwischen Spitzenunterröcken versteckte sie die Gastgeschenke für wichtige Gastgeber: Ferngläser und Pistolen. Selbst bewirtete sie ihre Gäste an Klapptischen, die mit Damast, silbernen Kerzenständern, Kristallgläsern und einem Wedgwood Service gedeckt waren.

Das alles diente keineswegs nur ihrer Bequemlichkeit. Die Mächtigen der Wüste kannten nur Freund oder Feind, eine Frau wie Bell konnten sie nicht einschätzen. Sie sprach fließend Arabisch und brauchte nie einen Dolmetscher, war mit den Sitten des Landes vertraut. Eine große Karawane wie die ihre beeindruckte die Männer, denn sie signalisierte Bedeutung und Wohlstand. Bell trat auf wie eine Königin der Wüste. So wurde sie auch bald genannt: *Khatun.* Man ging besser vorsichtig mit ihr um, möglicherweise war sie eine mächtige Verbündete.

Sie stellte sich als Frau niemals dümmer als sie war, und kleidete sich immer elegant. Ihren Status als Engländerin nutzte sie strategisch. Einerseits weigerte sie sich, Zelte oder Häuser durch den Eingang der Frauen zu betreten, andererseits hatte sie Zugang zu den Frauengemächern, wo sie auch Klatsch und Informationen hörte, die die arabischen Männer niemals erzählt und europäische Männer niemals gehört hätten. Sie verschleierte sich grundsätzlich nicht, was mitunter zu Schwierigkeiten führte. 1920 schrieb sie aus Bagdad an ihre Mutter: »Bis vor Kurzem waren wir völlig von [den Schiiten] abgeschnitten, denn ihre Glaubenssätze verbieten es, eine unverschleierte Frau anzusehen, und meine Glaubenssätze erlauben es nicht, mich zu verschleiern … Auch der Versuch, über die Frauen Freundschaft zu schließen, misslingt – wenn sie mich sehen dürften, würden sie sich vor mir verschleiern, als sei ich ein Mann. Wie Du siehst, bin ich für das eine Geschlecht zu weiblich und das andere zu männlich.«

Sie bestand darauf, von den Männern als Ebenbürtige behandelt zu werden, die meisten Araber lösten dieses Dilemma, indem sie Bell zum »Mann ehrenhalber« ernannten. Sie selbst erwähnt selten, dass sie sich als Frau in einer Gesellschaft bewegt, in der Frauen nahezu unsichtbar waren.

Als Frau fiel es ihr auch leichter, als arglose Archäologin aufzutreten, der Politik völlig egal war. Doch schon der Bericht ihrer ersten Expedition zeugt nicht nur von einem umfassenden und fundierten Wissen der Archäologie, Geographie und Geschichte des Nahen Ostens, sondern auch seiner politischen Spannungen und Allianzen. Der plaudernde Ton lässt ihre Texte weniger fundiert erscheinen, als sie es tatsächlich sind, denn ihr Beitrag zur Archäologie des Nahen Ostens ist beträchtlich. Dazu gehört auch, dass sie mit zwei mitgeführten Plattenkameras 7.000 Fotographien machte, die heute als Quelle bedeutsam sind, weil sie den damaligen Erhaltungszustand antiker Stätten dokumentieren.

1909 bereiste sie Mesopotamien (den späteren Irak), 1911 erneut Syrien. Die forderndste Expedition führte 1913/14 auf Kamelen in das sagenumwobene, gefürchtete Ha'il (im heutigen Saudi-Arabien). Zwanzig Jahre lang war kein Europäer mehr dort gewesen, nicht alle früheren Reisenden waren lebend zurückgekehrt. Die 2.500 Kilometer-Strecke durch die Wüste war so gefährlich, dass weder die Osmanen noch die Engländer bereit waren, sie zu schützen. Sie beschloss, auf eigene Gefahr zu reisen, entging dem Tod mehrmals nur knapp und kam auch an die Grenzen ihres Frauseins: »Es ist mühsam, Frau zu sein, wenn man in Arabien ist.« Diese tollkühne Expedition dauerte sechs Monate und war unter Archäologen und Ethnologen bald legendär.

Als sie im Mai 1914 körperlich völlig erschöpft nach England zurückkehrte, brachte sie kostbare Informationen über die Machtverhältnisse in Arabien mit. Dieses Wissen sowie ihre genaue Kenntnis der Clanstrukturen, die sie in den zehn Jahren ihres Reisens zusammengetragen hatte, sollten in den folgenden Jahren den gesamten Nahen Osten prägen.

Auf dieser Reise hatte sie neben dem normalen Journal ein Tagebuch für Richard Doughty-Wylie geführt. Sie war dem britischen Konsul und seiner Frau 1907 in Konya begegnet, doch erst 1912, bei einer erneuten Begegnung, verliebten sie sich ineinander. Sie wechselten leidenschaftliche Briefe, aber mit Rücksicht auf seine Karriere konnte oder wollte er sich nicht scheiden lassen.

Nach vier gemeinsam verbrachten Tagen Ende 1914 schrieb sie ihm: »Ich kann nicht schlafen, ich kann nicht schlafen. Es ist ein Uhr am Sonntagmorgen. Ich habe versucht zu schlafen, mit jeder Nacht wird es unmöglicher. Du, Du, Du stehst zwischen mir und jeder Ruhe; aber fern von Deinen Armen gibt es keine Ruhe. Du nennst mich Leben, Du nennst mich Feuer. Ich entflamme, und ich werde verzehrt.« Auch diese Liebe endete unglücklich, Doughty-Wylie fiel im April 1915 bei der Schlacht von Gallipoli. Bell war 46 Jahre alt. So weit bekannt, hatte sie weder mit ihm noch einem anderen Mann jemals eine sexuelle Beziehung.

Das Osmanische Reich war im Ersten Weltkrieg ein Verbündeter des Deutschen Kaiserreichs und somit ebenfalls Kriegsgegner Großbritanniens und Frankreichs. Diese beiden Staaten hatten starke Interessen in der Gegend, die Engländer wollten neben Syrien auch Mesopotamien – den späteren Irak – kontrollieren, um den Weg nach Indien frei zu halten und den Zugriff auf das persische Öl zu sichern, dessen künftige Bedeutung sie klarer einschätzten als die Franzosen. Es stellten sich zwei Fragen: War es möglich, die deutschen und türkischen Truppen in einen Aufstand der Araber gegen Konstantinopel zu verwickeln und so zu schwächen? Und was würde mit Arabien geschehen, falls das Osmanische Reich zusammenbrach?

England begann 1915 die Möglichkeiten eines arabischen Aufstands zu sondieren und aktiv zu unterstützen. Es dämmerte den Zuständigen schon bald, dass sie Bell als Beraterin brauchten, um die Araber gegen das Osmanische Reich zu einigen. Sie kannte alle wichtigen arabischen Stammesfürsten persönlich, stand mit allen gut. Sie hatte die entlegensten Wüstenregionen bereist, einige der Landkarten stammten von ihr.

1915 wurde sie im Rang eines Majors nach Kairo geschickt, der erste weibliche Offizier im britischen Nachrichtendienst. Dort begann ihre Zusammenarbeit mit dem zwanzig Jahre jüngeren T. E. Lawrence, der zu Lebzeiten als *Lawrence of Arabia* zum Mythos werden sollte. Als sie sich 1911 bei Grabungen im Süden der Türkei kennenlernten, war Bell schon berühmt; ihr erstes Urteil über ihn lautete: »Ein interessanter Junge. Wird ein Reisender.« Beide waren 1,65 m groß, formidable Reiter, Wüstenfanatiker, die Paradiesvögel unter den Briten in Kairo. Sie wurden Freunde.

Lawrence war Verbindungsmann zu den Aufständischen und entwickelte mit ihnen Taktiken des Angriffs, Bells Aufgabe war es, die einflussreichen Personen des Nahen Ostens dazu zu bewegen, sich dem Aufstand anzuschließen. Eine Frau in ihren Reihen schätzten die Militärs nicht, einer schrieb, offenbar kurz vor dem Herzinfarkt: »Zur Hölle mit dieser aufgeblasenen dummen Quasselstrippe, dieser eingebildeten, überschwänglichen, flachbusigen, mannweibischen, herumzigeunernden, hinternwackelnden, Blödsinn blökenden Ziege.« Aber sie lernten, sie zu respektieren, denn »Miss Gertrude Bell weiß über die Araber und Arabien mehr, als praktisch jeder andere lebende Engländer oder auch Engländerin.«

1917/18 siegte die arabische Rebellion dank massiver britischer Unterstützung; im Herbst 1918 gingen England und Frankreich daran, das osmanische Herrschaftsgebiet unter sich aufzuteilen. Die regionalen Unabhängigkeitsbestrebungen waren zu stark, um die Bildung neuer Kolonien in Betracht ziehen zu können, es mussten andere Lösungen gefunden werden, die den Einfluss von Frankreich und England nicht gefährdeten.

Im Rahmen dieser Umwälzungen zog Bell 1917 nach Bagdad, ihre Lieblingsstadt; hier lebte sie zum ersten Mal in ihrem Leben in einem eigenen Haus, legte einen Garten an, umgab sich mit Tieren. Sie beriet die englische Regierung bei der Gründung des Iraks, verhandelte mit den Stammesfürsten, empfahl mögliche Regierungsmitglieder, baute Faisal zum irakischen König auf. Und sie skizzierte den Grenzverlauf des neuen Staates. Winston Churchill, damals Kolonialminister, berief 1920 in Kairo eine Konferenz ein, bei der England diese und weitere Details des künftigen irakischen Staatsgebildes festlegte. Bell war auch hier wieder die einzige Frau, ein berühmtes Foto zeigt die Konferenz-Teilnehmer auf Kamelen vor der Sphinx, Bell zwischen Churchill und Lawrence.

Mit dem Abstand von einem Jahrhundert fallen in Bells Büchern, Briefen und Journalen zwei Dinge auf: Ihr idealisiert-romantisches Bild vom Beduinen als edlem Wüstenkrieger, und ihre Überzeugung, dass Englands Regierungsform allen anderen weit überlegen und somit für alle Völker dieser Erde erstrebenswert sei. Bell und Lawrence teilten diese Ansichten, sie wollten eine arabische Unabhängigkeit bei unbedingter Sicherung der englischen Hegemonie. Weil die Briten die kurdische Provinz Mossul als Puffer gegen die Türkei und Russland brauchten, zwangen die Beschlüsse von Kairo die ehemaligen osmanischen Provinzen Bagdad, Mossul und Basra und die dort lebenden, seit Jahrhunderten verfeindeten Schiiten, Sunniten und Kurden in einen Staat. Nicht nur der Nahe Osten leidet bis heute unter den Folgen dieser unheilvollen Entscheidung.

Als die Staatsgründung vollbracht war, kehrte Gertrude Bell zur Archäologie zurück: Sie wollte, dass die Zeugnisse der jahrtausendealten mesopotamischen Zivilisation im Land blieben. Darum gründete sie das Irakische Nationalmuseum (damals das Archäologische Museum Bagdad) und entwarf ein Antikengesetz, das die Ausfuhr von Grabungsfunden streng kontrollierte. Das Museum wurde im Juni 1926, wenige Wochen vor Bells Tod, eröffnet.

Die Bagdader Jahre waren hektisch. Sie lebte so rastlos, wie sie es immer getan hatte, arbeitete zu viel, magerte ab, das Klima machte sie krank. Bell war in Bagdad eine geachtete, ja verehrte Persönlichkeit, jetzt aber empfand sie das Leben als einzige Frau unter Männern als sehr fordernd. Deprimiert schrieb sie an ihren Vater: »Es ist zu einsam, mein Leben hier, ich kann nicht weiterhin immer allein sein. Vor allem die Nachmittage, nach dem Tee, lasten schwer auf mir.« Nach der Staatsgründung spürte sie, dass sie entbehrlich wurde. Es gab keine neuen Ziele, und eine Umsiedlung nach England kam nicht in Frage. Sie wusste, dass die Londoner Gesellschaft sie trotz ihrer großen Verdienste nicht respektierte – für sie war und blieb Gertrude Bell eine Außenseiterin, genauer: eine exzentrische alte Jungfer.

Es kamen weitere Schläge: sie hatte mehrmals schwere Lungenentzündungen, das Bell-Vermögen war aufgrund der Wirtschaftssituation so geschrumpft, dass sie sich Sorgen um die Finanzierung ihres Alters machen musste, ihr jüngster Bruder starb an Typhus.

Am 12. Juli 1926, zwei Tage vor ihrem 58. Geburtstag, fand ihr Dienstmädchen sie morgens tot im Bett. Sie starb an einer Schlafmittelvergiftung. Die irakische Regierung ordnete ein Staatsbegräbnis an, in einem langen Trauerzug folgten hohe Vertreter Großbritanniens und des Iraks ihrem Sarg, der mit den Flaggen beider Staaten bedeckt war. Sie wurde auf Bagdads britischem Friedhof beigesetzt.

Im Archäologischen Museum Bagdad gab es eine Bronzebüste von Gertrude Bell, die seit der Plünderung des Museums im Jahre 2003 verschwunden ist, eine Plakette würdigte auf Arabisch und Englisch ihre Verdienste. Der Text beginnt mit den Worten:

GERTRUDE BELL
Derer die Araber immer mit Achtung und Zuneigung
gedenken werden
Schuf dieses Museum 1923.

EINLEITUNG

Die übrige Welt, auch England, vergaß sie schnell. T. E. Lawrence wurde noch zu Lebzeiten in mehreren Biographien heroisiert, was er selbst übrigens strikt ablehnte, und 1962 durch den mit sieben Oscars ausgezeichneten Spielfilm *Lawrence of Arabia* endgültig weltberühmt. Ein Spielfilm über Gertrude Bell kam erst 2015. Er dreht sich nicht, wie eine Filmbesprechung in der Wochenzeitung DIE ZEIT kritisierte, um »Bells außergewöhnliche Rolle als Wissenschaftlerin, Ethnologin, Pionierin, Geheimdienstmitarbeiterin und schließlich als Politikerin auf Augenhöhe mit Winston Churchill«, sondern vor allem um ihre tragisch gescheiterten Liebesbeziehungen.

Gertrude Bell war aus dem Stoff, aus dem man im Europa des 19. Jahrhunderts Abenteurer und Forscher machte. Aber sie war eben auch eine Frau. Manche Menschen macht das bis heute ratlos.

Ebba D. Drolshagen

Literatur

Howell, Georgina, *Queen of the Desert. The Extraordinary Life of Gertrude Bell*. London 2006.
Lukitz, Liora, *A Quest in the Middle East. Gertrude Bell and the Making of the Modern Iraq*. London 2006.
»Gertrude Bell«. In: Wikipedia. (Abgerufen: Mai 2015) http://de.wikipedia.org/w/index.php?title=Gertrude_Bell&oldid=140820631
Queen of the Desert (2015) Spielfilm von Werner Herzog.

Der liebste Freund ist ihm die unbekannte Ferne,
wo über ihm die Mutter aller Sternmyriaden reist
dort reist auch er.

Taabata Sharran

Für A. C. L.

DER DAS HERZ DES OSTENS KENNT

Vorwort

Wer es wagt, der bereits umfangreichen Reiseliteratur einen weiteren Band hinzuzufügen, muss, so er nicht Wissenschaftler oder Politiker ist, dafür eine Entschuldigung haben. Meine Entschuldigung habe ich formuliert, sie ist ausführlich und, wie ich hoffe, auch überzeugend. Ich wollte weniger von einer Reise berichten, als von den Menschen, denen ich begegnet bin und die mich auf meinem Weg begleitet haben, ich wollte zeigen, in welcher Welt sie leben und wie sie sie sehen. Ich lasse sie, wenn immer möglich, besser selbst sprechen, deshalb habe ich ihre Geschichten mit dem Verlauf meiner Wege verknüpft. Ich gebe wieder, was die Schafhirten und Soldaten mir erzählten, um die gemeinsamen Wegstunden zu verkürzen, Gespräche, die am Lagerfeuer, in den schwarzen Zelten der Araber und den Besuchszimmern der Drusen geführt wurden, und nicht zuletzt auch die etwas vorsichtigeren Äußerungen, die türkische und syrische Beamte machten. Ihre Staatskunst besteht darin, durchaus scharfsinnig darüber zu spekulieren, was aus einem Zusammenprall unbekannter Kräfte entstehen könnte, deren Stärke und Absichten sie nur vage erahnen. Sie schöpfen ihr Wissen aus anderen Informationsquellen und messen mit anderen Maßstäben als wir es tun, sie nähern sich einem Problem, das sich ihnen stellt, mit anderen Erfahrungen als wir.

Der Orientale ist wie ein sehr altes Kind. Viele Wissenszweige, die uns grundlegend und unverzichtbar scheinen, sind ihm unbekannt; von wenigen Ausnahmen abgesehen,

VORWORT

scheint es ihm unnötig, dieses Wissen zu erwerben, und der praktische Nutzen einer Handlung ist selten Teil seiner Erwägungen. In unserem Sinn des Wortes ist er nicht praktischer als ein Kind. Andererseits handelt er immer und bei allem nach Verhaltens- und Moralgesetzen, die an den Anfang der Zivilisation zurückgehen. Diese Traditionen sind unverändert, weil auch die Lebensweise, zu der sie gehören und aus der sie entstanden, noch keine wichtigen Veränderungen erlebt hat. Davon abgesehen, ist er wie wir: die menschliche Natur erfährt östlich des Suez keine grundlegende Wandlung, Freundschaft und Seelenverwandtschaft mit Menschen aus diesen Gegenden sind keineswegs unmöglich; sie sind in mancherlei Hinsicht sogar einfacher als in Europa.

Man stellt nämlich fest, dass im Orient die Lebensformen nicht so stark durch künstliche Fesseln eingeengt sind; es herrscht eine größere Toleranz, weil es eine größere Vielfalt gibt. Die Gesellschaft ist durch Kasten, Sekten und Stämme in zahllose Gruppen aufgeteilt, und jede folgt ihrem eigenen Gesetz. Die Regeln mögen uns sonderbar erscheinen, für einen Orientalen sind sie die schlüssige und befriedigende Erklärung für jede Eigentümlichkeit. Ein Mann kann sich, so er will, in der Öffentlichkeit bis zu den Augen verhüllen oder bis auf einen Lendenschurz entkleiden: Niemand wird das kommentieren. Warum auch? Folgt er doch, wie alle, nur seinem Gesetz. Daher kann ein Europäer die entlegensten Gegenden kreuz und quer bereisen, ohne dass man ihm besondere Neugier oder gar Kritik entgegen bringt. Man wird dem Neuen mit Interesse lauschen, man wird seinen Ansichten aufmerksam folgen, aber keiner wird ihn für merkwürdig oder verrückt halten oder auch nur seine Ansichten abtun, weil er andere Gewohnheiten und Denkweisen pflegt als jene, mit denen er gerade zusammen ist. *Adat-hu*: So ist es bei ihm Brauch.

Ein Europäer ist daher gut beraten, sich bei den Orientalen nicht einschmeicheln zu wollen, indem er ihre Sitten nachäfft, es sei denn, er beherrscht sie so gut, dass er als einer der Ihren gelten kann. Er soll die Gesetze der anderen achten, sich selbst aber strikt an die seinen halten, das sichert ihm die größte Achtung. Für eine Frau ist das die erste und die wichtigste Regel, denn eine Frau kann sich niemals wirklich verbergen. Wenn man weiß, dass sie einem bedeutenden und geachteten Haus entstammt, das zudem einen untadeligen Ruf genießt, ist ihr höchstes Ansehen sicher.

Keines der Länder, die ich bereist habe, ist für Reisende jungfräuliches Terrain, einige Gegenden wurden allerdings noch nicht oft besucht, sie sind nur in kostspieligen und schwer erhältlichen Werken beschrieben. Solche Orte habe ich kurz dargestellt. In den nordsyrischen Städten habe ich auch jene antiken Ruinen beschrieben, die auch dem flüchtigen Betrachter ins Auge fallen. In Syrien und am Rand der Wüste steht viel Forschungsarbeit aus, dort gibt es noch viele schwierige Probleme zu lösen. De Vogüé, Wetzstein, Brünnow, Sachau, Dussaud, Puchstein und Kollegen, die Teilnehmer der Princeton Expedition sowie andere haben einen guten Anfang gemacht. Wer erfahren möchte, wie unermesslich reich dieses Land an antiken Baudenkmälern und Schriftzeugnissen einer weit zurückliegenden Epoche ist, sei auf deren Werke verwiesen.

Meine Reise endete nicht, wie dieser Bericht, in Alexandretta, aber in Kleinasien widmete ich mich im Wesentlichen der Archäologie. Die Ergebnisse meiner dortigen Arbeit konnten, dank des freundlichen Entgegenkommens ihres Herausgebers Monsieur Salomon Reinach, als Essayreihe in der »Revue Archéologique« erscheinen, wohin sie viel besser passen als in dieses Buch.

Ich kenne weder die Menschen noch die Sprache Kleinasiens gut genug, um diesem Kontinent wirklich nahe zu kommen, möchte aber, trotz der recht flüchtigen Bekanntschaft, dem türkischen Bauern meine Hochachtung ausdrücken. Er ist mit vielen Tugenden gesegnet und nennt viele gute Eigenschaften sein Eigen, seine Gastfreundschaft übertrifft alle diese Eigenschaften noch.

Ich habe mich auch bei weniger bedeutenden Personen sehr bemüht, sie mit ihrem tatsächlichen politischen Rang in Verbindung zu bringen. Im direkten Umgang erscheinen sie oft gar nicht unwichtig, und ich war immer dankbar, wenn mir jemand einen Hinweis darauf gab, welcher Art ihre Beziehungen untereinander waren. Es liegt nicht in meinem Interesse, die Herrschaft der Türken zu rechtfertigen oder zu verdammen. Ich habe lange genug in Syrien gelebt, um zu wissen, dass diese Regierung alles andere als eine ideale Verwaltung ist; ich habe aber auch gesehen, wie viele Unruhe stiftende Elemente sie in Schach hält, und kann ermessen, wie schwierig die Aufgabe ihrer Beamten ist. Ich glaube nicht, dass es eine Regierung gibt, die alle zufrieden stellen könnte; dieses erstrebenswerte Ziel wird selbst in weniger zersplitterten Ländern kaum je erreicht.

Als Engländerin bin ich überzeugt, dass unsere Regierung Syrien unter seine Obhut hätte nehmen sollen, unsere Aussichten auf Erfolg wären größer gewesen als die eines nur halbwegs vernünftigen Sultans. Wir haben schon lange akzeptiert, dass uns diese Aufgabe nicht übertragen werden wird, doch bedauerlicherweise haben wir mehr als das getan: Wir haben uns damit abgefunden, dass im ganzen türkischen Herrschaftsgebiet unser ehemals großer Ruf leidet und schwindet. Wir wollten nicht die Verantwortung für ein offizielles Eingreifen übernehmen, aber wir haben die unverantwortlichen, heftig vorgetragenen Proteste zugelassen, die nur auf Gefühl basieren und die ich mich nicht scheue, ignorant zu nennen. Daher macht unser Umgang mit den Türken den Eindruck von Unentschlossenheit, worin diese verständlicherweise Hinterlist vermuten, der sie mit Feindseligkeit begegnen. Ich bin der Ansicht, dass solche Gefühle, gepaart mit einer tief sitzenden Furcht vor einem großen Asiatischen Reich, das auch Ägypten und die Meere beherrscht, die Hohe Pforte veranlasst haben, sich bei der ersten Gelegenheit offen gegen britische Forderungen zu stellen. Ob das an einer schlichten Fehleinschätzung lag, welchen gravierenden Stimmungswechsel das nach sich ziehen würde, oder ob das in der Hoffnung auf Unterstützung aus dem Ausland geschah, ist unerheblich. Das Ergebnis jedenfalls ist beklagenswert, und wenn ich die Lage richtig einschätze, liegt das alles nur daran, dass England in Konstantinopel über keinen Einfluss mehr verfügt. Die bedeutende Stellung, die wir innehatten, nimmt nun ein anderer ein, dabei sollten wir doch in der Lage sind, die uneindeutige Politik des Yildiz Kiosk zu lenken. Die größte mohammedanische Macht kann es sich nicht leisten, dass ihre Beziehungen zum Khalif des Islams so inkonsequent und so wenig entschlossen geregelt werden, und wenn uns die Unbeugsamkeit des Sultans im Tabah-Konflikt vor Augen führen würde, wie weit uns die Zügel bereits entglitten sind, hätte der Konflikt seinen Sinn erfüllt. Unsere Position am Mittelmeer, das Wohlwollen, mit dem man uns, wie ich glaube, auf türkischem Herrschaftsgebiet begegnet und die Erinnerung an eine sehr lange Freundschaft sollten es uns aber möglich machen, den einmal verlorenen Platz wiederzuerlangen.

Fragen wie diese sprengen aber den Rahmen des vorliegenden Buches. Und so schließt meine *apologia* mit den Worten, mit denen jeder orientalische Schriftsteller sie begonnen hätte: »Im Namen Gottes, des Barmherzigen und Gütigen!«

Mount Grace Priory
North Yorkshire, England

I

Von Jerusalem nach Salt

Wer in einem komplizierten sozialen Gefüge aufgewachsen ist, erlebt selten einen Moment solch überschwänglicher Freude wie am Beginn einer kühnen Reise. Die Pforte des ummauerten Gartens springt auf, die Kette am Eingang zum geschützten Raum wird heruntergelassen, unsicher blickt man nach rechts und links, wagt den Schritt über die Schwelle und da ist sie: die unermessliche Welt. Eine Welt des Abenteuers und der Wagnisse, verdunkelt von tobenden Stürmen, gleißend in grellem Sonnenlicht, in jeder Senke eines jeden Berges lauern offene Fragen und nicht zu stillende Zweifel. In diese Welt musst du allein eintreten, ohne die Freunde, die in Rosengärten wandeln, du musst den Purpur und das feine Leinen ablegen, die den Arm beim Kampf behindern, du bist ohne Dach, ohne Schutz, ohne Besitztümer. Statt der Stimme des klugen Beraters spricht die Stimme des Windes; das Peitschen des Regens und das Beißen des Frostes werden dir ein schärferer Ansporn sein als Lob und Tadel, die Erfordernisse des Augenblicks sprechen mit einer Autorität, die allen wohlfeilen Weisheiten fehlt, die der Mensch nach Gutdünken annimmt oder verwirft. So also verlässt du die Abgeschiedenheit und kaum hast du den Pfad betreten, der das Rund der Erde umläuft, spürst du, wie der Held im Märchen, die Eisenringe zerspringen, die um dein Herz geschmiedet waren.

Kapitel I

Der 5. Februar begann stürmisch. Der Westwind fegte vom Mittelmeer herein, raste über die Ebene, wo die Kanaaniter die widerspenstigen Bergbewohner Judäas bekriegt hatten, übersprang die Hürde des Gebirges, das die Könige von Assyrien und von Ägypten nicht überwinden konnten. Jerusalem rief er die Kunde vom kommenden Regen zu, raste an den unfruchtbaren Osthängen hinab, übersprang leichtfüßig das tiefe Bett des Jordans, und verschwand über den Hügeln von Moab in die Wüste. Die Meute der Stürme jagte ihm nach, ein kläffendes Rudel, übermütig ostwärts drängend.

Niemand, in dem das Leben pulsierte, konnte an einem solchen Tag im Hause bleiben, ich aber hatte gar keine Wahl. In der grauen Winterdämmerung waren die Maultiere losgezogen, auf ihrem Rücken trugen sie meine gesamte weltliche Habe – zwei Zelte, eine Feldküche und Vorräte für einen Monat, fotografische Utensilien, einige Bücher und vor allem einen Satz guter Landkarten, das alles war von so geringem Luxus, dass selbst der genügsamste Reisende kaum weniger haben dürfte. Die Maultiere und die drei Maultiertreiber hatte ich aus Beirut mitgebracht, sie waren mir lieb genug, um sie auf die weitere Reise mitzunehmen. Die Männer stammten aus dem Libanon. Zwei, Vater und Sohn, beide Christen, kamen aus einem Dorf oberhalb von Beirut. Der Vater war ein alter, zahnloser Mann, er saß rittlings über den Maultierkisten, murmelte unablässig vor sich hin, Segnungen und fromme Sprüche, dazu Beteuerungen der Ergebenheit gegen seine gnädigste Frau Auftraggeber, womit seine Anstrengungen, zum Wohle aller beizutragen, erschöpft waren. Der Greis hieß Ibrahim, sein Sohn Habib war ein junger Mann, zweiundzwanzig oder dreiundzwanzig Jahre alt, dunkel, aufrecht und breitschultrig, mit einem Profil, um das ihn jeder Grieche beneidet hätte, und einem furchtlosen Blick unter schwarzen Brauen. Der Dritte war Druse, ein großer, schlaksiger Mann, unverbesserlich träge, auf seine bescheidene Weise ein Spitzbube, der es allerdings verstand, meinen gerechten Zorn über gestohlenen Zucker und fehlende Piaster mit einem flehenden Blick zu entwaffnen, die Augen weit geöffnet und glänzend wie Hundeaugen. Er war gierig und recht stumpfsinnig, Fehler, die bei einer Ernährung aus trockenem Brot, Reis und ranziger Butter vermutlich kaum vermeidbar sind; als ich ihn zwischen seine Erzfeinde steckte, verrichtete er lustlos seine Arbeit, trottete hinter seinem Maultier und seinem Esel her, und wirkte dabei genau so unbeteiligt und abwesend wie schon in den Straßen von Beirut. Sein Name war Muhammed. Der letzte Mann der Karawane war Mikhail, der Koch, ein Christ aus Jerusalem, dem seine Religion nicht sehr schwer auf der Seele lag. Er war mit Mr. Mark Sykes gereist, der ihm folgende Beurteilung gegeben hatte: »Er versteht wenig vom Kochen, es sei denn, er hat dazugelernt, seit er zu mir kam, aber es scheint ihn niemals einen Deut zu interessieren, ob er lebt oder getötet wird.« Als ich Mikhail das übersetzte, überfiel ihn ein kaum unterdrückter Lachanfall, ich engagierte ihn auf der Stelle. Das war ein recht unzulänglicher Grund, aber nicht schlechter als die meisten anderen. Im Rahmen seiner Fähigkeiten diente er mir gut, er war ein kleiner Mann, empfindlich und stolz, immer bereit, einer möglichen Beleidigung zuvor zu kommen, mit einer großen Vorstellungsgabe, die sich in den drei Monaten unserer Bekanntschaft nie erschöpfte. Seine Anstellung bei Mr. Sykes endete, nachdem sie auf dem Vansee zusammen in Seenot geraten waren. In den Jahren seither hatte Mikhail manches andere gelernt, er machte sich aber leider nie die Mühe, mir die Geschichte dieses Abenteuers zu erzählen, als ich einmal darauf anspielte, nickte er allerdings und sagte: »Wir waren dem Tod so nah wie der Bettler der Armut. Aber wie Eure Exzellenz wissen, kann man nur einmal sterben«, während er mich andererseits ständig mit Berichten über Touristen bombardierte, die erklärt hatten, dass

KAPITEL I

sie ohne seine Kochkünste Syrien weder bereisen konnten noch wollten. Er hatte eine unheilvolle Schwäche für Arak, und nachdem ich von Schmeicheleien bis zur Jagdpeitsche alles versucht hatte, um das zu unterbinden, trennte ich mich an der kilikischen Küste abrupt von ihm, durchaus mit einem Bedauern, das nicht seinen zähen Ragouts und kalten Pfannkuchen galt.

Ich wollte die verlassene Straße nach Jericho unbedingt allein entlang reiten, wie ich es früher getan hatte, wenn ich in die Wüste aufbrach. Aber Mikhail meinte, das sei mit meiner Würde unvereinbar, und ich wusste, dass selbst sein ständiges Plappern der Straße ihre Einsamkeit nicht würde nehmen können. Um neun Uhr saßen wir im Sattel, umrundeten ernst Jerusalems Mauern, ritten in das Tal von Getsemani hinunter, am Garten Getsemani vorbei und zum Ölberg hinauf. Hier rastete ich, um auf die befestigte Stadt zu schauen, keine Vertrautheit kann den Glanz dieses Anblicks schmälern. Sie lag unter einem tiefen Himmel, grau in grauer und steiniger Landschaft, doch von der Hoffnung und dem unstillbaren Sehnen vieler Pilgergenerationen erleuchtet. Das menschliche Streben, das blinde Tasten des gefesselten Geistes nach einem Ort, wo alle Bedürfnisse gestillt werden, wo die Seele Frieden findet – das ist es, was diese Stadt wie ein Heiligenschein umgibt; und dieser Heiligenschein ist teils brillant, teils erbärmlich, von Tränen glänzend und von vielen Enttäuschungen matt. Der Westwind drehte mein Pferd, schicke es im Galopp über den Kamm des Berges, zur Straße hinunter, die sich durch Judäas Wildnis schlängelt.

Am Fuße des ersten Abstiegs liegt eine Quelle, die Araber nennen sie Ain esh Shems, Sonnenbrunnen, die Christen haben sie Apostelbrunnen getauft. Wer im Winter dort vorbeikommt, wird fast immer russische Bauern sehen, die auf ihrem beschwerlichen Weg den Jordan hinauf hier rasten. Jahr für Jahr strömen sie zu Zehntausenden ins Heilige Land, überwiegend alte Männer und Frauen, die ein Leben lang geknausert und gespart haben, bis sie etwa dreißig englische Pfund zusammen hatten, die sie nach Jerusalem führen würden. Von den entlegensten Ecken des russischen Reiches gehen sie zu Fuß an das Schwarze Meer und reisen von dort als Deckpassagiere auf schmutzigen russischen Kähnen. Ich bin mit 300 von ihnen von Smyrna nach Jaffa gereist und war der einzige Passagier mit Kabine. Es war mitten im Winter, stürmisch und kalt für alle, die an Deck schliefen, auch wenn sie Schaffellmäntel und gefütterte Stulpenstiefel trugen. Aus Gründen der Sparsamkeit hatten meine Mitreisenden ihren Proviant mitgebracht, einen Laib Brot, ein paar Oliven, eine rohe Zwiebel, daraus bestand ihr tägliches Mahl. Morgens und abends versammelten sie sich zum Gebet vor einer Ikone, die an der Kombüse hing, der Klang ihrer Litanei stieg, zusammen mit dem Stampfen der Schraube und dem Klatschen der Gischt, gen Himmel. Die Pilger erreichen Jerusalem vor Weihnachten und bleiben bis nach Ostern, um ihre Kerzen am heiligen Feuer entzünden zu können, das am Morgen der Auferstehung aus dem Heiligen Grab hervorbricht. Sie wandern zu Fuß an alle heiligen Stätten und übernachten in großen Herbergen, die die russische Regierung für sie erbaut hat. Viele sterben an Unterkühlung, Erschöpfung oder wegen des ungewohnten Klimas; aber in Palästina zu sterben, ist die größte Gnade, die der Himmlische Vater ihnen gewähren kann, denn dann ruhen ihre Gebeine friedlich im Heiligen Land und ihre Seele fliegt direkt ins Paradies. Man begegnet diesen sehr einfachen Reisenden auf jeder Landstraße, geduldig trotten sie unter brennender Sonne und eisigen Winterregen, bekleidet mit Pelzen aus ihrer Heimat, in der Hand einen Stab aus Rohr vom Jordanufer. Sie fügen dieser Landschaft, die so voll schwermütiger Poesie ist, einen grellen Klang von Pathos hinzu. Ich habe in Jerusalem eine Geschichte gehört, die das Wesen dieser Pilger besser

Kapitel I

beschreiben kann als seitenlange Schilderungen. Ein Einbrecher war auf frischer Tat ertappt und nach Sibirien geschickt worden, wo er viele Jahre Sträfling war. Als seine Zeit vorüber war, kehrte er geläutert zu seiner alten Mutter zurück und sie reisten zusammen ins Heilige Land, damit er für seine Sünden Buße tun konnte. Nun muss man wissen, dass sich zur Pilgerzeit das Gesindel aus Syrien in Jerusalem einfindet, um sie in ihrer Einfalt zu betrügen und zu Almosen zu nötigen. Einer dieser Vagabunden bettelte den russischen Büßer an, aber der hatte selbst nichts. Der Syrer, zornig über die Weigerung, schlug den andern zu Boden und verletzte ihn so schwer, dass er drei Monate im Spital bleiben musste. Als er genesen war, kam der russische Konsul zu ihm und sagte: »Wir haben den Kerl, der dich fast getötet hat; vor deiner Abreise musst du gegen ihn aussagen.« Aber der Pilger antwortete: »Nein, lasst ihn gehen. Auch ich bin ein Verbrecher.«

Hinter der Quelle war die Straße leer, und obwohl ich sie gut kannte, berührte mich ihre unglaubliche Trostlosigkeit auch dieses Mal wieder. Kein Leben, keine Blumen, die nackten Stängel der letztjährigen Disteln, die kahlen Berge, die steinige Straße. Und doch hat Judäas Wildnis den Feuereifer der Menschen geschürt. Von dort kamen grimmige Propheten, die einer Welt, die sie weder kannten noch verstanden, mit Untergang drohten; die Täler sind voll von Höhlen, in denen sie hausten; in einigen leben noch heute hungernde, abgemagerte Asketen, die an einer Art von Frömmigkeit festhalten, gegen die der gesunde Menschenverstand wenig auszurichten vermag. Vor Mittag erreichten wir die Karawanserei, auf halben Weg nach Jericho, der Legende nach ist dies der Ort, wo der Gute Samariter den Mann am Wegesrand fand. Ich ging hinein, um vor dem tobenden Wind geschützt zu essen. In der Gaststube saßen drei Deutsche, offenbar Handlungsreisende, schrieben Ansichtspostkarten und feilschten mit dem Herbergswirt um den Preis nachgemachter Beduinenmesser. Ich lauschte ihrem unsinnigen, vulgären Reden, es würde für viele Wochen das letzte Mal sein, dass ich eine europäische Sprache hörte, aber ich trauerte der Zivilisation nicht nach, die ich nun verließ. Östlich der Karawanserei fällt die Straße ab und überquert ein trockenes Flussbett, das Schauplatz vieler Tragödien war. Früher warteten dort, von der Uferböschung verborgen, Beduinen auf die vorüber ziehenden Pilger, um sie auszurauben und zu ermorden. Vor fünfzehn Jahren war die Straße von Jericho ebenso gesetzlos wie das Land jenseits des Jordans heute. In den letzten zehn Jahren hat sich der sichere Streifen um einige Meilen nach Osten erweitert. Endlich erreichten wir den Gipfel des letzten Hügels, vor uns lagen das Tal des Jordans und das Tote Meer, dahinter die dunstigen Moabiter Berge, das Grenzgebiet zur Wüste. Zu unseren Füßen lag Jericho, ein unromantisches Dorf mit baufälligen Hotels und Hütten, in denen die einzigen Araber hausen, die der Tourist je zu Gesicht bekommt, eine niedere Rasse, halb Araber, halb Negersklaven. Ich ließ mein Pferd bei den Maultiertreibern, die wir am Hang eingeholt hatten – »Möge es Gott gefallen, dass es Euch wohlergeht« – »Ehre sei Gott! Wenn es Eurer Exzellenz wohlergeht, sind wir zufrieden« – und ging den Hügel hinunter ins Dorf. Aber Jericho konnte an diesem ersten, wunderbaren Reisetag nicht unser Ziel sein. Ich wollte Touristen, Hotels und Ansichtskarten unbedingt hinter mir lassen. Zwei weitere Stunden und wir wären am Jordanufer, an der Holzbrücke, die vom Okzident hinüber führt in den Orient. Dort könnten wir an einem geschützten Platz lagern, an kleinen Lehmhügeln, in einem Dickicht aus Schilfrohr und Tamarisken. Ein kurzer Halt, um Futter für die Pferde und die Maulesel zu kaufen, dann ritten wir durch den schmalen Streifen Ackerland, der Jericho umgibt, in den Ghor, das Tal des Jordan.

Die Straße nach Jericho ist ausgesprochen karg, das Jordantal aber hat eine Unmenschlichkeit, die bösartig anmutet.

Kapitel I

Hätten die Propheten des Alten Testaments ihren Bannfluch so gegen das Jordantal geschleudert, wie sie Babylon oder Tyros verfluchten, es gäbe keinen besseren Beweis für ihre Prophezeiungen; aber sie schwiegen, und unsere Fantasie muss zu den flammenden Visionen von Sodom und Gomorra Zuflucht nehmen, zu den düsteren Legenden von Laster, die nicht nur durch unsere Kindheit spukten, sondern auch die Kindheit der semitischen Stämme heimsuchten. Auf diesem tiefsten Punkt der Erdoberfläche lastet eine schwere, stickige Atmosphäre, über uns stürmte der Wind in Gegenden, wo Menschen frische Luft atmen, in diesem Tal aber war es so luft- und leblos wie am Grund des tiefen Meeres. Wir bahnten uns den Weg durch das niedrige Buschwerk des dornigen Sidrbaumes, der Christusdorn, dessen Zweige der Sage nach zur Dornenkrone geflochten wurden. Es gibt zwei Arten des Sidrbaums, die Araber nennen sie *zakum* und *dom*. Aus dem *zakum* gewinnen sie ein Heilöl, der *dom* trägt eine kleine, dem Holzapfel ähnliche Frucht, die zu einem einladenden Rotbraun reift. Sie ist die Frucht des Toten Meeres *par excellence*, sie ist schön anzusehen und hinterlässt auf den Lippen einen Geschmack sandiger Bitterkeit. Die Sidrs wurden weniger, bis sie schließlich ganz verschwanden, dann war vor uns nur noch eine ausgetrocknete Lehmfläche, auf der nichts Grünes mehr wuchs. Sie ist von gelber Farbe und hat giftig grau-weiße Salzflecken: das Auge begreift augenblicklich, fast unbewusst, ihre Lebensfeindlichkeit. Als wir dort entlang ritten, gerieten wir in einen schweren Regenguss. Die Maultiertreiber blickten ernst, selbst Mikhails Gesicht wurde lang, denn vor uns lagen die Erdharzgruben der Genesis, die Pferde und Maulesel nur bei absoluter Trockenheit durchqueren können. Der Regen war nach wenigen Minuten vorbei, doch das hatte genügt. Plötzlich hatte der harte Lehm die Konsistenz von Butter, die Pferde sanken bis zum Fesselgelenk ein, mein Hund Kurt wimmerte, wenn er die Pfoten aus dem gelben Leim zog. Dann kamen wir zu den Harzgruben, dem befremdlichsten Merkmal dieser unheimlichen Landschaft. Eine Viertelmeile westlich des Jordans – auf der Ostseite des Flusses ist dieser Streifen erheblich schmaler – löst sich die flache Ebene plötzlich in eine Reihe steiler, durch schmale Rinnsalen getrennte, Schlammbänke auf. Sie sind nicht hoch, dreißig, höchstens vierzig Fuß, aber die Kämme sind so scharf und die Seiten so steil, dass der Reisende beim Weg über sie hinweg und um sie herum äußerste Vorsicht walten lassen muss. Durch den Regen waren die Seiten glatt wie Glas, selbst zu Fuß war man ständig in Gefahr zu straucheln. Mein Pferd stürzte, als ich es führte; zum Glück geschah das zwischen zwei Hügeln, es konnte sich unter den erstaunlichsten Verrenkungen wieder aufrichten. Als ich meine Karawane aus den Harzgruben herauskommen sah, entfuhr mir ein rasches Dankgebet; hätte es weiter geregnet, wären wir stundenlang gefangen gewesen, denn wenn ein Reiter in eine dieser schlammigen Gruben hineinfällt, muss er dort warten, bis das Loch wieder trocken ist.

Am Flussufer war Leben. Der Boden war mit frischem Gras und gelben Tausendschön bedeckt, das rostfarbene Kleid der Tamariskensträucher ließ erste Anzeichen von Frühling erkennen. Ich trabte zu der großen Brücke mit dem seitlichen Gitterwerk und dem Balkendach, es ist das inspirierendste Bauwerk der Welt, denn es ist das *Wüstentor*. Und da lag auch der Platz, wie ich ihn in Erinnerung hatte, mit kurzem Gras bedeckt, von hohen Ufern geschützt und, dem Himmel sei Dank!, leer. Wir hatten uns wegen dieses Brückenkopfes Sorgen gemacht. Gerade zu jener Zeit zog die türkische Regierung alle verfügbaren Truppen zusammen, um den Aufstand im Jemen niederzuschlagen. Die südsyrischen Regimenter marschierten über diese Brücke in Richtung Amman, wo sie in Eisenbahnzüge verladen und mit der Hedschasbahn zur damaligen Endstation Maan bei Petra ver-

Kapitel I

frachtet wurden. Von Maan aus mussten sie einen furchtbaren Marsch durch eine Sandwüste zurücklegen, bis zur Spitze des Golfes von Akabah. Hunderte von Männern und tausende Kamele starben, ehe sie dort ankamen, auf der ganzen Strecke (sagen die Araber) gibt es nur drei Brunnen, einer davon liegt etwa zwei Meilen abseits der Straße, wer das Land nicht kennt, wird ihn nicht finden.

Wir schlugen die Zelte auf, banden die Pferde an und entzündeten aus Tamarisken- und Weidenzweigen ein gewaltiges Freudenfeuer. Die Nacht war bewölkt und völlig still, in den Hügeln regnete es, bei uns nicht – die jährliche Niederschlagsmenge im Jordangraben beträgt wenige Zentimeter. Ganz allein waren wir allerdings doch nicht. Die türkische Regierung erhebt nämlich von allen, die die Brücke überqueren, eine kleine Gebühr, daher ist dort ein Wächter stationiert. Er lebt in einem Lehmhüttchen am Brückentor, ein oder zwei zerlumpte Araber aus dem Ghor teilen seine Einsamkeit. Einer war ein grauhaariger Neger, der Holz für unser Feuer sammelte und zum Dank den Abend mit uns verbringen durfte. Er war ein fröhlicher Geselle, dieser Mabuk, und tanzte vergnügt ums Lagerfeuer, ganz unbeschwert von der Tatsache, dass kein zweiter Mensch auf Gottes weiter Erde so missgestaltet sein konnte wie er. Er erzählte uns von den Soldaten, dass sie in Lumpen zur Brücke kamen, dass ihnen die Stiefel von den Füßen fielen, und das am ersten Tag des Marsches! Außerdem waren sie halb verhungert, diese armen Kerle. Am Morgen war ein Tabur (900 Mann) durchgekommen, wir hatten die Redifs, die türkische Miliz, gerade verpasst – für morgen wurden weitere erwartet. »Maschaallah!«, sagte Mikhail, »Eure Exzellenz sind vom Glück begünstigt. Erst entkommt ihr den Schlammgruben, dann den Redifs.« »Gott sei gepriesen«, murmelte Mabuk. Von diesem Tag an galt als ausgemacht, dass ich unter einem glücklichen Stern reiste. Von Mabuk hörten wir den ersten Wüstenklatsch. Unentwegt sprach er von Abdullah Ibn Rasheed, dem jungen Führer der Schammar, dem sein mächtiger Onkel als unbequemes Erbe Land in Zentralarabien hinterlassen hat. Zwei Jahre lang hatte ich nichts mehr aus Nejd gehört; wie stand es um Ibn Saud, dem Herrscher von Riyadh, Ibn Rasheeds Rivalen? Was war mit dem Krieg, den sie gegeneinander führten? Mabuk hatte viele Gerüchte gehört; Männer hatten gesagt, dass Ibn Rasheed in großer Not sei, vielleicht, wer weiß?, waren die Redifs auf dem Weg nach Nejd und nicht nach Jemen. Und hatten wir schon gehört, dass die Ajarmeh den Scheich der Sukhur ermordet hatten, und dass, sobald der Stamm von den Weiden im Osten zurückkehre … Es waren die uralten Geschichten von Blutrache und Kamelraub, das Raunen und Tuscheln der Wüste – ich hätte vor Freude weinen können, das alles wieder zu hören. An meinem Lagerfeuer herrschte an jenem Abend ein Babel arabischer Sprachen, Mikhail sprach die vulgäre, gänzlich würdelose Sprache Jerusalems, Habib, atemberaubend schnell, einen Dialekt des Libanons, Muhammed das gedehnte, langsame und monotone Beirutisch, und der Neger sprach etwas, das der virilen, schönen Sprache der Beduinen ähnelte. Auch die Männer staunten über die Unterschiede in ihrer Sprache, einmal wandten sie sich zu mir und fragten, welche die richtige sei. Ich konnte nur antworten, »Das weiß Gott allein!, denn Er ist allwissend!«, was mit Lachen quittiert wurde. Ich gestehe allerdings, dass ich mich dabei nicht ganz wohl fühlte.

Der nächste Tag begann windstill und grau. Grundsätzlich sollten zwischen meinem Aufwachen und dem Aufbruch der Maulesel anderthalb Stunden liegen, manchmal brachen wir zehn Minuten früher auf, manchmal, leider!, etwas später. Ich verbrachte die Zeit im Gespräch mit dem Brückenwächter, der aus Jerusalem stammte. Meinen mitfühlenden Ohren vertraute er seine Sorgen an, die üblen Tricks, mit

Kapitel I

denen die osmanische Regierung ihn zu betrügen pflege, und die furchtbare Last der Existenz in der Hitze des Sommers. Und der Lohn!, wenig mehr als nichts! Seine Einnahmen waren allerdings höher, als er einzuräumen bereit war, denn später entdeckte ich, dass er mir für jedes meiner sieben Tiere nicht zwei, sondern drei Piaster berechnet hatte. Es ist einfach, mit Orientalen im besten Einvernehmen zu sein, und wenn ihre Freundschaft einen Preis hat, ist er meist sehr niedrig. Also überschritten wir den Rubikon für drei Piaster pro Kopf und nahmen die nördliche Straße nach Salt. Die südliche führte nach Madeba in Moab, die mittlere nach Heshban, wo Sultan ibn Ali id Diab ul Adwan lebt, Scheich aller Belka-Araber und ein wahrer Schurke. Die Ostseite des Jordangrabens ist erheblich fruchtbarer als die Westseite. Von den schönen Hängen des Ajlun fließt genug Wasser, um die Ebene in einen Garten zu verwandeln, aber es gibt keine Wasserspeicher und die Araber der Adwan-Stämme begnügen sich damit, ein wenig Getreide anzubauen. Noch blühte nichts, Ende März aber verwandelt sich der östliche Ghor in einen bunten, wunderbaren Blütenteppich. Wegen der Gluthitze in diesem Tal ist nach einem Monat alles vorbei, die Pflanzen haben nur diesen einen Monat, um zu knospen, zu erblühen und ihre Samen auszustreuen.

Ein zerlumpter Araber zeigte uns den Weg. Er war hier, weil er sich den Redifs hatte anschließen wollen, ein wohlhabender Einwohner von Salt hatte ihm fünfzig Liras gegeben, damit er als sein Ersatzmann einzieht. Aber an der Brücke musste er feststellen, dass er zu spät kam, sein Regiment war vor zwei Tagen vorbei gezogen. Das tat ihm leid, er wäre gern in den Krieg marschiert (außerdem würde er vermutlich die fünfzig Liras zurückgegeben müssen), aber seine Tochter werde sich freuen, sagte er. Sie habe geweint, als er fort ging. Er blieb stehen und zog einen seiner Lederschlappen aus dem Schlamm.

»Im nächsten Jahr, wenn es Gott gefällt«, sagte er, als er mich wieder eingeholt hatte, »fahre ich nach Amerika.«

Erstaunt betrachtete ich die halbnackte Gestalt. Die Schuhe fielen ihm von den bloßen Füßen, das zerrissene Gewand glitt von der Schulter, er trug die Kopfbedeckung der Wüste, ein mit einem Kamelhaarseil befestigtes Tuch.

»Sprichst du Englisch?«, fragte ich.

»Nein«, antwortete er ruhig, »aber in einem Jahr habe ich das Geld für die Reise zusammen, denn bei Gott, hier ist kein Fortkommen!«

Ich fragte ihn, was er in den Vereinigten Staaten tun wolle.

»Kaufen und verkaufen«, sagte er; »und wenn ich 200 Liras gespart habe, komme ich zurück.«

Diese Geschichte hört man überall in Syrien. Jahr für Jahr brechen Hunderte auf, und wohin sie auch kommen, überall finden sie Landsleute, die ihnen helfen. Sie bieten auf der Straße billige Waren an, schlafen unter Brücken, ernähren sich von einer Kost, die niemand aus freien Stücken zu sich nehmen würde. Sobald sie um die 200 Liras haben, kehren sie in die Heimat zurück, damit sind sie in den Augen ihres Dorfes reiche Männer. Östlich des Jordans wandern nicht so viele aus, aber einmal hielt ich in den Hauranbergen einen Drusen an, um ihn nach dem Weg zu fragen, und er antwortet mir in reinstem Yankee-Englisch. Ich hielt mein Pferd an, während er mir seine Geschichte erzählte, am Ende fragte ich ihn, ob er zurückgehen werde. Er stand knietief in Schlamm und Schneematsch, sah auf die Steinhütten seines Dorfs: »Und ob!« antwortete er, und als ich mich abwandte, rief er mir ein fröhliches »So long!« nach.

Nach einem zweistündigen Ritt erreichten wir die Berge und nahmen den Weg durch ein enges, gewundenes Tal, das mein Freund, nach dem gleichnamigen Stamm, Wadi el Hassaniyyeh nannte. Es war voller Anemonen, weißem Ginster (die Araber nennen ihn Rattam), Zyklamen, Traubenhyazin-

KAPITEL I

then und wilden Mandelbäumen. Für Pflanzen ohne Nutzen, so schön sie sein mögen, hat das Arabische keine Namen; sie sind alle *hashish*, Gras; andererseits benennt und unterscheidet ihre Sprache noch das kleinste Pflänzchen, sofern es von Nutzen ist. Der Weg, wenig mehr als ein Ziegenpfad, stieg langsam an. Unmittelbar bevor wir in den Nebel eintauchten, der den Berggipfel einhüllte, sahen wir unter uns im Süden das Tote Meer, es lag unter dem grauen Himmel wie eine riesige Milchglasscheibe. Um vier Uhr nachmittags erreichten wir bei typischem Bergwetter mit nassem, dahinjagendem Nebel Salt. Der Boden rund um das Dorf war sumpfig, hier war der Regen gefallen, der in der Nacht über uns hinweggezogen war. Ich zögerte, das Lager aufzuschlagen, weil ich auf eine trockenere Unterkunft hoffte. Als erstes suchte ich das Haus von Habib Effendi Faris, denn ich war nach Salt gekommen, um ihn zu besuchen, auch wenn ich ihn nicht kannte. Für die Fortführung meiner Reise war ich völlig von seiner Unterstützung abhängig und hoffte sie wegen folgender Verbindung zu bekommen: Er war mit der Tochter eines aus Haifa gebürtigen Predigers verheiratet, Abu Namrud, und dieser würdige alte Mann war ein enger Freund von mir. Seine Familie stammt aus Urfa am Euphrat, aber er hatte lange in Salt gelebt und kannte die Wüste. Er sollte mich Grammatik lehren, aber den überwiegenden Teil der Unterrichtsstunden verbrachte ich damit, seinen Geschichten über die Araber zu lauschen – und über seinen Sohn Namrud. Dieser arbeitete mit Habib Faris zusammen, einen Namen, den jeder Araber der Belka-Hochebene kannte.

»Solltet Ihr jemals in die Wüste wollen«, hatte Abu Namrud gesagt, »geht zu meinem Sohn.« Also ging ich zu Namrud.

Man musste nicht viel herumfragen, um zu erfahren, wo Habib Faris' Haus lag. Ich wurde herzlich empfangen, Habib war nicht da und Namrud fort (verließ mein Glück mich?)

Aber ob ich nicht hereinkommen und mich ausruhen wolle? Das Haus war klein, die Kinder zahlreich; während ich mich noch fragte, ob die schlammige Erde vielleicht doch das bessere Bett sei, kam ein prachtvoller, alter Mann, ganz arabisch gekleidet, griff die Zügel meines Pferdes, und erklärte, dass niemand anders als er mich bewirten werde. Dann führte er mich fort. Ich ließ mein Pferd an der Karawanserei, erklomm eine lange, schlammige Treppe und stand schließlich in einem gepflasterten Innenhof. Yusef Efendi eilte voran und öffnete die Tür zu seinem Gastzimmer. Fußboden und Diwan waren mit dicken Teppichen bedeckt, in den Fenstern war Glas (auch wenn viele Scheiben zerbrochen waren), an der Wand stand eine europäische Chiffoniere: Das war mehr, als ich erhofft hatte. Binnen Minuten hatte ich mich eingerichtet, trank Yusefs Kaffee und aß meinen eigenen Kuchen.

Yusef Effendi Sukkar (Friede sei mit ihm!) ist Christ und einer der reichsten Männer Salts. Er ist wortkarg, aber als Gastgeber sucht er seinesgleichen. Er servierte mir ein hervorragendes Mahl, und als ich gegessen hatte, bekam Mikhail die Reste. Mein Gastgeber hatte für mein körperliches Wohl gesorgt, aber meine Ängste hinsichtlich meiner Weiterreise konnte oder wollte er mir nicht nehmen. Zum Glück kamen just in diesem Augenblick Habib Faris und seine Schwägerin Paulina, eine alte Bekannte, sowie einige weitere Würdenträger. Alle wollten sich unbedingt ›die Ehre geben‹, weil sie auf einen Abend mit Gesprächen hofften. (»Bei Gott dem Herrn! Die Ehre ist ganz die Meine!«) Wir setzten uns und tranken den bitteren schwarzen Kaffee der Araber, der jeden Nektar übertrifft. Die Tasse wird mit einem »Geruhet anzunehmen« gereicht, man gibt sie, geleert, mit einem gemurmelten »Mögest du leben!« zurück. Während man nippt, ruft jemand, »Auf doppelte Gesundheit!«, worauf man »Auf Euer Herz!« entgegnet. Als die Tassen ein- oder zweimal herumgegangen und alle erforderlichen Höflichkeitsformeln ge-

Kapitel I

sprochen waren, machte ich mich daran, meine Aufgabe für diesen Abend zu lösen. Wie konnte ich ins Drusengebirge kommen? Die Regierung würde mir vermutlich die Erlaubnis verweigern und in Amman, am Anfang der Wüstenstraße, gab es einen Militärposten. In Bosra kannte man mich, ich war ihnen vor fünf Jahre durch die Finger geschlüpft, ein zweites Mal würde mir das wohl kaum gelingen. Habib Faris dachte nach, schließlich schmiedeten wir beide einen Plan. Ich sollte am nächsten Tag nach Tneib, seinem Ackerland am Rand der Wüste, reiten; dort würde ich Namrud antreffen, er würde einen der großen Stämme benachrichtigen. Von ihnen eskortiert käme ich sicher durch die Berge. Yusef hatte zwei kleine Söhne, sie lauschten mit großen Augen, am Ende des Gesprächs brachte mir einer der beiden eine ausgerissene Zeitungsseite mit einer Landkarte von Amerika. Daraufhin zeigte ich ihnen meine Landkarten, erzählte ihnen, wie groß und wie schön die Welt sei, bis sich um zehn Uhr die Gesellschaft auflöste. Yusef begann, die Decken für mein Bett auszubreiten, erst da sah ich meine Gastgeberin. Sie war eine Frau von außergewöhnlicher Schönheit, groß und blass, das Gesicht ein perfektes Oval, die großen Augen wie Sterne. Sie trug ein arabisches Gewand, schmal und dunkelblau, das sich beim Gehen um ihre nackten Fesseln fing, ein tiefblauer Baumwollschleier war mit einem roten Band um ihre Stirn gebunden und fiel ihr über den Rücken, fast bis zum Boden. Wie es bei den Beduinenfrauen Sitte ist, waren ihr mit Indigo auf Wangen und Hals feine Muster tätowiert. Sie brachte Wasser und goss es über meine Hände, bewegte sich lautlos durch den Raum, eine dunkle und würdevolle Gestalt, als sie alle Aufgaben erledigt hatte, verschwand sie so still wie sie gekommen war. Ich sah sie nie wieder, und ich dachte an die Zeilen des Dichters, den man in Mekka in Haft gehalten hatte: »Sie trat ein und grüßte mich, dann erhob sie sich, um Abschied zu nehmen, und als sie meinen Blicken entschwand, folgte ihr meine Seele.« Niemand sieht Yusefs Ehefrau. Er mag Christ sein, doch seine Ehefrau hält er in größerer Abgeschiedenheit als jede Muslima. Vielleicht, wer weiß, tut er gut daran.

Der Regen schlug gegen die Fenster, ich legte mich auf die Decken und hörte Mikhail sagen: »Maschaallah! Eure Exzellenz sind vom Glück begünstigt.«

II

Von Salt nach Tneib

Salt ist eine wohlhabende Gemeinde mit über 10.000 Seelen, die Hälfte Christen. Es liegt in einem reichen, für seine Trauben und Aprikosen berühmten Landstrich, seine Gärten wurden schon im vierzehnten Jahrhundert vom arabischen Geographen Abul Fida erwähnt und gepriesen. Auf einem Hügel über den dicht gedrängten Hausdächern liegt die Ruine einer Festung, ich weiß nichts Näheres über sie. Die Bewohner halten ihre Stadt für sehr alt; die Christen behaupten, Salt sei eine der ersten Glaubensgemeinden gewesen, der Legende nach soll sogar Christus selbst hier das Evangelium gepredigt haben. Die Äste der Aprikosenbäume waren noch kahl, und doch spürte ich, als ich durch das Tal ritt, eine Atmosphäre freundlichen Wohlstands. Begleitet wurde ich von Habib Faris, der auf seinem Pferd mit mir geritten war, um sicherzugehen, dass ich den richtigen Weg fand. Er selbst besaß einige dieser Aprikosenhaine und Weinberge, und er, der angenehme Mann, lächelte erfreut, als ich sie lobte. Wer hätte an einem solchen Morgen nicht gelächelt? Die Sonne schien, am Boden glitzerte Reif, die Luft hatte jene perlende Transparenz, die klare Wintertage nach einem Regenschauer haben können. Ich sage das nicht nur, weil mich ein allgemeines Gefühl von Wohlwollen beschwingte: die Christen von Salt und Madeba sind intelligente und fleißige Menschen, die Lob verdienen. Seit meinem letzten Besuch waren fünf Jahre vergangen, in denen sie die Grenze des kultivierten Landes um die Breite eines zweistündigen Ritts nach Osten verschoben haben. Dies bewies die Qualität des Bodens so unwiderlegbar, dass der Sultan, als die Hedschasbahn eröffnet wurde, einen großen Landstrich im Süden für sich beanspruchte, der bis Maan reichte. Er will ihn in eine *Chiflik* verwandeln, eine königliche Farm. Das wird ihn und seine Pächter reich machen, denn er mag ein mittelmäßiger Herrscher sein, aber er ist ein guter Landwirt.

Eine halbe Stunde hinter Salt verließ Habib mich und übergab mich der Fürsorge seines Knechts Yusef, ein kräftiger Mann, der neben mir her lief, die Holzkeule über der Schulter (die Araber nennen sie Gunwa). Wir kamen durch breite Täler, baumlos, unbewohnt, fast unbewirtschaftet, die die Belka-Ebene umgeben, und passierten den Eingang zum Wadi Sir, der, immer durch Eichenwälder, bis ins Jordantal führt. Auch hier auf den Höhen würden Bäume wachsen, wenn die Köhler sie nur stehen ließen, wir kamen durch einige Eichen- und Schwarzdornwäldchen, aber ich würde an der herrlichen Landschaft östlich des Jordans nichts ändern wollen. Ein oder zwei Generationen später wird hier Getreide stehen, überall sind Dörfer, das Wasser des Wadi Sir dreht Mühlräder, vielleicht gibt es bald sogar Straßen. Dann werde ich – gelobet sei Gott! – nicht mehr hier sein, um das zu sehen. So lange ich lebe, wird das Hochland jene wunderbare Landschaft bleiben, die Omar Chajjam besingt: »Ein schmales Band gesäten Grüns, trennt Wüste hier von Ackerland.« Es wird menschenleer sein, vereinzelte Schäfer ausgenommen, die mit einer langläufigen Flinte ihre Herde bewachen. Und wenn mir, selten genug, ein Reiter begegnet, der in diesen Bergen unterwegs ist, und wenn ich ihn frage, woher er kommt, wird er weiter antworten: »Möge deine Welt weit sein! Ich komme von den Arabern.«

Dorthin waren wir unterwegs: zu den Arabern. In der Wüste gibt es keine Beduinen, alle Zeltbewohner sind *'Arab*

Kapitel II

(mit leichtem Rollen des Gutturalanlauts), und es gibt auch keine Zelte, sondern Häuser – wenn eine genauere Bezeichnung nötig ist, sagen sie ›Fellhaus‹, normalerweise aber nur ›Haus‹, und übergehen damit souverän jede andere Bedeutung als eines Daches aus schwarzem Ziegenfell. Auch wer zwischen Mauern lebt, kann in gewisser Weise *'Arab* sein. Die Männer von Salt gehören zu den Stämmen der Belka-Ebene, das sind die Abadeh, die Da'ja, die Beni Hasan und einige andere, die zusammen die große Gruppe der Adwan bilden. Zwei mächtige Gruppen machen sich hier die Herrschaft über die syrische Wüste streitig, die Beni Sakhr und die Anazeh. Zwischen den Sukhur und den Belka herrscht traditionell eine, allerdings durch bedauerliche Zwischenfälle getrübte, Freundschaft. Das mag der Grund sein, warum man in dieser Gegend sagt, die Anazeh seien den Beni Sakhr zwar zahlenmäßig überlegen, aber bei weitem nicht so mutig wie sie. Mit einem der Söhne des Talal ul Faiz, Herrscher der Beni Sakhr, bin ich sehr flüchtig bekannt. Ich habe ihn vor fünf Jahren hier in dieser Ebene kennengelernt, das war aber einen Monat später als jetzt, um diese Zeit zieht sein Stamm von den heißen östlichen Weidegebieten zum Jordan. Damals ritt ich in Begleitung eines tscherkessischen Saptieh von Madeba nach Mschatta, die Deutschen hatten die reliefgeschmückte Fassade dieses wunderbaren Bauwerks noch nicht abgenommen. Überall auf der Ebene sah man Herden und die schwarzen Zelte der Sukhur, als wir hindurch ritten, preschten drei Reiter heran, mit finsteren Mienen, bis an die Zähne bewaffnet, bedrohlich anzusehen. Sie wollten uns aufhalten und riefen uns von weitem einen Gruß zu, doch als sie den Soldaten sahen, machten sie kehrt und ritten langsam zurück. Der Tscherkesse lachte. »Das war Scheich Faiz«, sagte er, »Talals Sohn. Wie Schafe, wallah! wenn sie einen von uns sehen, sind sie wie Schafe!« Die Anazeh kenne ich nicht, weil ihre üblichen Winterorte näher am Euphrat liegen, aber bei aller Achtung vor den Sukhur glaube ich doch, dass ihre Rivalen die wahren Aristokraten der Wüste sind. Ihr Herrscherhaus, die Beni Shaala, trägt den stolzesten Namen, ihre Pferde sind die besten in ganz Arabien. Selbst die Schammar, Ibn Rasheeds Volk, wollen sie haben, um ihre Zucht zu verbessern.

Aus den tief eingeschnittenen, den Ghor überragenden Bergen kamen wir in eine flache Hügellandschaft, die von kleinen antiken Ruinenstätten geradezu übersät war. Eine lag am Eingang des Wadi Sir. Eine Viertelstunde, bevor wir dorthin kamen, waren wir auf viele Fundamente samt einem großen Wasserbecken gestoßen, das die Araber Birket Umm el 'Amud (Becken der Mutter der Säule) nennen. Yusef sagte, der Name leite sich von einer Säule ab, die früher einmal mitten im Wasser gestanden habe; ein Araber habe darauf geschossen und sie zerbrochen, die Bruchstücke lägen am Boden des Beckens. Der Siedlungshügel von Amereh oder *Tell*, um ihn mit dem heimischen Namen zu bezeichnen, ist ruinenbedeckt, etwas weiter, in Yadudeh, sahen wir am Rand des Wasserbeckens steinerne Grabmale und Sarkophage. Überall in diesem Grenzland der Wüste finden sich solche Zeugnisse einer bevölkerungsreichen Vergangenheit, Dörfer aus dem fünften und sechsten Jahrhundert, als Madeba eine reiche, blühende christliche Stadt war, einige dürften noch älter sein, vielleicht vorrömisch.

In Yadudeh, dem Ort mit den Grabmalen, wohnte ein Christ aus Salt, er war der größte Kornproduzent der Gegend und lebte in einem sehr einfachen Haus am Gipfel des Tells. Auch er war einer dieser energischen neuen Männer, die darum kämpfen, die Grenzen des kultivierten Landes immer weiter hinauszuschieben. Hier verließen wir die bergige Landschaft und kamen an den Rand einer endlosen, mit spärlichem Grün bewachsenen Ebene. Hier und da gab es einen kegeligen Tell oder einen niedrigen Höhenzug – und dann

Kapitel II

wieder Ebene. Sie ist beruhigend anzusehen, nie monoton, in den Zauber des winterlichen Sonnenuntergangs gehüllt, weich gerundete Senken fangen den Nebel, weich schwellende Hügel das Licht, über allem ist die Himmelskuppel, die Wüste und Meer gleichermaßen überwölbt. Das erste Hügelchen war Tneib. Wir kamen nach neun Stunden an, es war 17 Uhr 30, die Sonne ging gerade unter, wir schlugen am Südhang die Zelte auf. Der ganze Abhang war ruinenübersät, niedrige Mauern aus grob behauenen, ohne Mörtel gelegten Steinen, in den Fels gehauene Zisternen, einige mit Sicherheit nicht für Wasser, sondern Getreide bestimmt, wofür sie auch jetzt benutzt wurden, und ein offenes, mit Erde aufgefülltes Wasserbecken. Namrud war unterwegs, um einen benachbarten Bauern zu besuchen, aber einer seiner Männer brach auf, um ihn von meiner Ankunft zu informieren. Um zehn Uhr kehrte Namrud bei eisigem Sternenschein zurück, mehrfach beteuerte er seine Freude und versicherte, dass meine Wünsche sehr einfach zu erfüllen seien. So schlief ich von der kalten Stille der Wüste umhüllt ein, und wachte am folgenden Morgen in einer glitzernden Welt voll Sonnenschein und angenehmen Aussichten wieder auf.

Als erstes musste zu den Arabern geschickt werden. Nach einigen Überlegungen entschieden wir uns für die Da'ja, ein Stamm der Belka-Hochebene. Sie waren uns am nächsten und vermutlich auch am ehesten von Nutzen, also schickten wir einen Boten zu ihren Zelten. Den Morgen verbrachten wir damit, den Hügel zu erkunden und eine großen Menge Kupfermünzen zu begutachten, die unter Namruds Pflug aufgetaucht waren. Sie waren alle römisch, eine mit dem schwachen Konterfei Konstantins, einige älter, keine stammte aus der jüngeren byzantinischen Periode oder der Zeit der Kreuzzüge; diesen Münzen nach zu urteilen, war Tneib seit den Zeiten der arabischen Invasion verlassen. Namrud hatte die Nekropolis entdeckt, aber in den Gräbern war nichts zu finden, sie waren vermutlich schon vor Jahrhunderten geplündert worden. Sie waren in den Fels gehauen und ähnelten Zisternen. Dicht über dem Erdboden waren zwei massive Steinsäulen, dazwischen ein schmaler Durchgang, an den Seitenwänden einige unregelmäßige Vorsprünge, Stufen für jene, die hinabsteigen müssen, im unteren Raum Nischen, eine über der anderen, die wie Regale an den Wänden entlang laufen – so sahen sie aus. In der Nähe des Südhangs waren Grundmauern eines Bauwerks, das eine Kirche gewesen sein könnte. Ein mageres Ergebnis für einen ganzen langen Tag, darum ritten wir in der goldenen Nachmittagssonne zwei Stunden nach Norden in ein breites, von flachen Hängen gesäumtes Tal. Seine Ränder waren mit Ruinen gesäumt, nach Osten hin standen einige Mauerfundamente in der Mitte des Tals – Namrud nannte den Ort Kuseir es Sahl, das Schlösschen der Ebene. Unser Ziel waren Gebäude am westlichen Ende, Khureibat es Suq. Das erste, zu dem wir kamen, war klein (41 mal 39 Fuß und 8 Zoll, die größte Ausdehnung in Ost-West-Richtung) und halb im Boden versunken. Zwei Sarkophage davor ließen vermuten, dass es ehemals ein Mausoleum war. In der Westwand war ein Rundbogentor, der Bogen von einem flachen Relief verziert. In Höhe des Bogens verjüngten sich die Mauern um die Breite eines kleinen Rücksprungs, zwei Steinlagen höher umlief eine geschweifte Kranzleiste das Gebäude. Einige hundert Meter westlich des Kasr oder Schlosses (die Araber nennen die meisten Ruinen Schloss oder Kloster) stand die Ruine eines Tempels. Er war im Laufe der Zeit offenbar für andere Zwecke benutzt worden als für den, für den er ursprünglich gebaut worden war, denn die beiden Reihen von sieben Säulen waren von Mauerresten umgeben und am westlichen Ende der Kolonnaden gab es unerklärliche Querwände. Dahinter scheint ein doppelter Hof gelegen zu haben, noch weiter westlich lag ein ganzer Komplex zerfallener Grundmauern. Das Tor ging

Kapitel II

nach Osten, die Pfeiler trugen feine Steinmeißelungen: ein Band, eine Palmette, ein zweites glattes Band, ein Torus mit Weinranke, Perlschnur, Eierstab, auf der oberen Zierleiste schließlich eine zweite Palmette. Das Ganze erinnerte stark an Arbeiten in Palmyra – mit den Reliefs der Fassade von Mschatta konnte das allerdings nicht konkurrieren, auch war der Gesamteindruck nüchterner und den klassischen Vorbildern enger verwandt als es dort der Fall ist. Nördlich des Tempels, etwas erhoben, erwies sich eine weitere Ruine als ein zweites Mausoleum. Ein längliches Rechteck, aus großen Steinen sorgfältig und ohne Mörtel erbaut. Eine Treppe an der Südostseite führte in eine Art Vorraum hinab, er lag aufgrund des abfallenden Hügels an der Ostseite mit dem Erdboden auf gleicher Höhe. An der Außenwand des Vorraums standen Säulenstümpfe, vermutlich Überreste einer kleinen Kolonnade, die die Ostfassade schmückte. Längs der noch vorhandenen Mauern standen sechs Sarkophage, je zwei nach Norden, Süden und Westen. Unter den Säulenschäften lief beiderseits der Treppe ein Fries, er bestand aus einem kühnen Torus zwischen zwei Leisten, dieses Motiv zierte auch das Innere der Sarkophage. Die Stützmauer auf der Südseite zeigte zwei Vorsprünge, im Übrigen war das Bauwerk ganz schlicht, einige der im Gras liegenden Fragmente trugen allerdings ein fließendes Weinrankenmuster. Dieses Mausoleum erinnerte an eine in Nordsyrien verbreitet Art des Pyramidengrabs; ich kann mich nicht erinnern, so weit südlich schon einmal eines gesehen zu haben. Vielleicht ähnelte es einmal jenem wunderbaren Grabmonument mit säulenbestandener Vorhalle, das eines der Höhepunkte von Dana-Süd ist, die Weinranken-Fragmente waren vielleicht Teil des Gebälks.

Als ich kurz vor Sonnenuntergang zu meinen Zelten zurückkam, erfuhr ich, dass der Junge, den wir am Morgen losgeschickt hatten, auf dem Weg getrödelt hatte und, erschrocken über die vorgerückte Stunde, unverrichteter Dinge umgekehrt war. Das war ärgerlich genug, aber nichts im Vergleich dazu, wie sich das Wetter am folgenden Tag aufführte. Beim Erwachen stellte ich fest, dass die Ebene völlig in Nebel und Regen verschwunden war. Der Wind fegte uns den ganzen Tag von Süden entgegen, Sturm zerrte an unseren Zelten. Am Abend kam Namrud mit der Neuigkeit, dass Gäste in seine Höhle eingefallen seien. Ein oder zwei Meilen entfernt von uns standen Zelte der Sukhur, (der überwiegende Teil des Stammes befand sich noch weit im Osten, wo die Winter milder sind), und der heftige Regen war den männlichen Bewohnern zu viel geworden. Sie waren auf ihre Pferde gestiegen und nach Tneib geritten, Frauen und Kinder hatten sie allein zurückgelassen, sie mussten zusehen, wie sie durch die Nacht kamen. Ein wenig Gesellschaft nach diesem langen, nassen Tag schien verlockend, also schloss ich mich ihnen an.

Namruds Höhle läuft tief in den Berg hinein, so tief, dass sie möglicherweise bis in die Mitte des Tneib-Berges reicht. Der erste große Raum ist offenbar eine natürliche Höhle, nur die niedrigen Schlafplätze und die Futtertröge für das Vieh sind in den Fels gehauen. Ebenfalls in den Fels gehauen ist eine Öffnung, die in einen kleineren Raum führt, hinter dem, wie man mir versicherte, weitere liegen. Ich habe sie nicht in Augenschein genommen, die heiße, stickige Luft und die dichten Fliegenschwärme hielten mich von weiteren Erkundungen ab. Das wilde und ursprüngliche Bild, das die Höhle an jenem Abend bot, hätte selbst das abenteuerlustigste Gemüt zufrieden gestellt. In der Mitte der Höhle saßen zehn, zwölf Männer in regennassen, gestreiften Gewändern und roten Lederstiefeln um ein Reisigfeuer, in dessen Glut drei Kaffeetöpfe standen, unverzichtbar für jede Wüsten-Geselligkeit. Hinter ihnen kochte eine Frau Reis auf einem helleren Feuer, das ein Flackern auf die hintere Höhlenwand warf

KAPITEL II

und Namruds Vieh beschien, das aus den Felskrippen gehäckseltes Stroh fraß. Man räumte mir im Kreis einen nahezu schlammfreien Platz ein und reichte mir eine Tasse Kaffee, dann ging das Gespräch weiter, es dauert so lange, wie ein Mann braucht, um fünf Mal seine arabische Pfeife zu rauchen. Es ging vor allem um die Missetaten der Regierung, denn der Arm des Gesetzes, besser gesagt: die gepanzerte Faust einer unfähigen Regierung, ist für die Wüstenränder eine ständige Bedrohung. Die war in diesem Jahr noch größer geworden, weil die Erfordernisse des Krieges zu einigen furchtbaren Maßnahmen geführt hatten.

Ohne Aussicht auf eine Entschädigung finanzieller oder sonstiger Art waren entlang der Grenzen Kamele und Pferde in großer Zahl requiriert worden. Die Araber hatten all ihre verbliebenen Tiere versammelt und fünf oder sechs Tagesreisen weit nach Osten getrieben, wohin die Soldaten nicht vorzudringen wagten, Namrud war dem Beispiel gefolgt und hatte nur das Vieh behalten, das er zum Pflügen brauchte. Ein Gast nach dem anderen ergriff das Wort, ihr hartes, gutturales Arabisch hallte von den Höhlenwänden wider. Bei Gott und Mohammed, seinem Propheten, ließen wir Verwünschungen auf die tscherkessische Kavallerie niederprasseln, auf dass die kräftigen Reiter in ihren Sätteln taumeln mögen! Hin und wieder neigte sich ein turbanumwickelter Kopf, dem die schwarzen, verfilzten Locken unter dem gestreiften Tuch um die Augen hingen, nach einem glimmenden Zweiglein für seine Pfeife, eine Hand streckte sich nach den Kaffeetassen, das Kochfeuer flammte unter frisch aufgelegtem Reisig auf, die plötzliche Helligkeit ließ die Fliegen summen und das Vieh unruhig werden. Namrud war nicht sehr erfreut darüber, dass sein gerade gesammeltes Feuerholz so rasch abnahm und seine Kaffeebohnen händeweise in den Mörser wanderten. (»Wallah! sie essen wenig, wenn es vom eigenen geht, aber viel, wenn sie Gäste sind, sie und ihre Pferde. Dabei ist das Korn in diesem Jahr knapp.«) Aber zwischen Jordan und Euphrat ist das Wort ›Gast‹ heilig, und Namrud wusste sehr wohl, dass er seine Stellung und seine Sicherheit weitgehend einer Gastfreundlichkeit verdankte, die er allen Besuchern gewährte, so ungelegen sie sein mochten. Ich trug meinen Teil zur Geselligkeit bei, indem ich ein Kistchen Zigaretten verteilte. Als ich aufbrach, war zwischen den Männern der Beni Sakhr und mir ein gegenseitiges Wohlwollen entstanden.

Der folgende Tag war kaum vielversprechender als der vorherige. Die Maultiertreiber waren entschieden dagegen, die schützenden Höhlen zu verlassen und ihre Tiere in der offenen Wüste einem solchen Regen auszusetzen. Also willigte ich widerwillig ein, die Abreise zu verschieben, schickte sie nach Madeba, drei Stunden entfernt, um Hafer für die Pferde zu kaufen, schärfte ihnen aber ein, keinesfalls zu sagen, woher sie kamen. Am Nachmittag klarte es etwas auf, und ich ritt Richtung Süden nach Kastal, einem befestigten römischen Lager, das auf einem Hügel liegt.

Diese Art Fort war an den Ostgrenzen des Reichs nicht ungewöhnlich, die Ghassanids bauten es auf die gleiche Weise nach, als sie die syrische Wüste besiedelten; es wird ja vermutet, dass Mschatta nur ein besonders schönes Beispiel für diesen Gebäudetypus ist. Kastal hat eine starke Befestigungsmauer, die nur von einem Tor im Osten sowie an den Ecken und Seiten von runden Bastionen durchbrochen ist. Im Inneren bilden parallellaufende Gewölbekammern einen Hof, der ganze Grundriss entspricht, leicht abgewandelt, dem von Kala'et el Beida in der Safa, aber auch der modernen Karawansereien.[1] Im Norden liegt ein einzelnes Gebäude, ver-

---

[1] Brünnow und Domaszewski haben in Bd. II ihres großartigen Werkes »Die Provincia Arabia« bewundernswerte Grundrisse und Fotografien der Festung veröffentlicht. Als ich Kastal besuchte, war dieser Band noch nicht erschienen.

mutlich das Prätorium, die Wohnung des Festungskommandanten. Es besteht aus einer riesigen Gewölbekammer, die auf einen ummauerten Hof geht, an der Südwestecke steht ein Rundturm mit einer Wendeltreppe im Inneren. Das Turmäußere ist mit einem Fries geschmückt, der oben Laubwerk, unten gekehlte Triglyphen und dazwischen schmale leere Metopen zeigt. Die Mauerarbeit ist ungewöhnlich gut, die Wände sehr dick; angesichts solcher Verteidigungsanlagen, die es noch im letzten Winkel des Reiches gab, konnten die Einwohner Roms ruhig schlafen.

Als ich vor fünf Jahren nach Kastal kam, war es unbewohnt, das Land rundum aber nicht bestellt. Jetzt waren Fellachenfamilien in die zerfallenen Gewölbe eingezogen, und auf den ebenen Flächen unterhalb der Festung spross Getreide. Solche Veränderungen wärmen fraglos das Herz des Menschenfreundes, das des Archäologen lassen sie eisig erschauern. Nichts vernichtet so gründlich wie die Pflugschar, nichts zerstört so schnell wie der Bauer, der behauene Steine für seine Hütte sucht. Als weiteres Anzeichen der nahenden Zivilisation fielen mir zwei halb verhungerte Soldaten auf, Wächter der nahen Haltestelle der Hedschasbahn, die man, nach den wenigen Meilen davon entfernt im Osten liegenden Ruinen, mit dem Namen Mschatta geadelt hatte. Der Grund ihres Besuches war das magere Huhn, das einer der beiden in Händen hielt. Er hatte es den noch dünneren Gefährten im Festungshof entrissen, nach den Umständen fragt man besser nicht, Hunger kennt kein Gesetz. Mir war nicht daran gelegen, dass meine Anwesenheit in dieser Grenzregion den Behörden in Amman zu Ohren kam, daher brach ich recht rasch auf und ritt ostwärts nach Jiza weiter (oder Ziza, wie manche es nennen).

Die Regengüsse hatten die Wasserläufe der Wüste gefüllt, sie sind selten so tief und reißend wie der, den wir an jenem Nachmittag durchqueren mussten. Der Regen hatte auch das große römische Wasserbecken von Jiza bis zum Rand gefüllt, die Sukhur würden dort den ganzen kommenden Sommer Wasser vorfinden. Hier gab es viel mehr Ruinen als in Kastal, die Fundamente erstreckten sich über ein großes Areal, das muss eine große Stadt gewesen sein. Vielleicht war Kastal die Festung, die sie schützte, immerhin teilen Festung und Stadt den Namen Ziza, der in der Notitia erwähnt wird: »Equites Dalmatici Illyriciana Ziza«.

Es gibt hier auch ein sarazenisches Kal'ah, eine Festung, die Soktan, ein Scheich der Sukhur, wie Namrud berichtete, wiederherstellte und mit einer für die Wüste ganz unbekannten Pracht ausstatten ließ. Dann war sie allerdings an den Sultan gegangen, weil sie auf dem Land steht, das er sich für seinen Landsitz ausgesucht hatte. Seither verfällt sie. Die Hänge dahinter sind voller Fundamente, darunter eine Moschee, deren Mihrab auch noch weit im Süden zu erkennen war. Zu Ibrahim Pashas Zeiten war Jiza ägyptische Garnison, es waren im Wesentlichen seine Soldaten, die die Zerstörung der antiken Bauten vollends übernahmen. Bevor sie kamen, berichteten die Araber, waren viele Gebäude, darunter christliche Kirchen, noch vollständig erhalten. Auf dem Rückweg folgten wir dem Eisenbahndamm und sprachen über die möglichen Vorteile, die dem Land aus der Eisenbahnlinie erwachsen könnten. Namrud äußerte Zweifel. Beamten und Soldaten misstraute er samt und sonders. Tatsächlich hatte er guten Grund, diese offiziellen Räuber zu fürchten. Deren Raubgier konnte er nicht durch seine Gastfreundschaft mildern, die Araber hingegen hatte er sich auf vielfache Weise zu sehr verpflichtet, als dass sie ihm ernstlich hätten schaden wollen. Im Jahr zuvor hatte er einige Wagenladungen Getreide mit der Bahn nach Damaskus geschickt. Ja, ein solcher Transport war einfacher und auch schneller als mit Kamelen, sofern die Waren ankamen; für gewöhnlich aber waren die Säcke bei ihrer Ankunft in der Stadt so viel leich-

Kapitel II

ter als beim Aufladen, dass jeder Gewinn dahin war. Vielleicht würde das ja einmal besser werden – wenn auch die Lampen, Polster und all die anderen Einrichtungsgegenstände der Wüsten-Bahn, von den nackten Bänken abgesehen, an dem Platz blieben, für den sie angefertigt und gekauft worden waren.

Wir sprachen auch über Aberglauben und Ängste, die das Herz des Nachts befallen. Es gibt Orte, sagte er, die jeder Araber nach Einbruch der Dunkelheit meide – verhexte Brunnen, denen sich kein Durstiger zu nähern wagt, Ruinen, wo kein Müder Schutz suchen würde, Senken, die für den allein Reisenden kein guter Lagerplatz sind. Was fürchteten sie? *Jinneh*! Nun, wer wusste schon zu sagen, was der Mensch fürchtet? Er selbst hatte einmal einen Araber fast zu Tode erschreckt, als er im schwachen Licht der Morgendämmerung völlig nackt vor ihm aus einem Tümpel stieg. Der Mann rannte zu seinen Zelten und schwor, einen Jinn gesehen zu haben, man dürfe die Tiere nicht zum Wasser hinunter lassen, denn dort hause er. Daran hielt er fest, bis Namrud kam, lachte und die Geschichte aufklärte.

Wir kehrten nicht direkt ins Lager zurück. Für diesen Abend hatte mich Scheich Nahar von den Beni Sakhr zum Abendessen eingeladen, das war der Scheich, der am Vorabend in Namruds Höhle gewesen war; wir besprachen das lange und entschieden schließlich, dass es mich nicht kompromittieren würde, die Einladung anzunehmen.

»Grundsätzlich gesprochen«, erläuterte Namrud, »solltet Ihr aber immer nur die Zelte bedeutender Scheiche besuchen. Sonst fallt Ihr Leuten in die Hände, die Euch nur wegen Eurer Gastgeschenke einladen. Nahar – nun ja, er ist ein ehrlicher Mann, wenn auch ein *Meskin* ...«, diese Bezeichnung deckt alle Formen leiser Verachtung ab, ob ehrbare Armut, Schwachsinn oder erste Anzeichen einer gewissen Lasterhaftigkeit.

Der Meskin empfing mich würdevoll wie ein Fürst und geleitete mich zu dem Ehrenplatz auf dem zerschlissenen Teppich, er lag zwischen dem viereckigen Loch im Boden, das als Kochstelle dient, und der Abtrennung zwischen Männer- und Frauenbereich. Wir hatten unsere Pferde an eines der langen Zelttaue gebunden, die diesen leichten Behausungen eine solch bewundernswerte Stabilität verleihen, der Blick schweifte von der Stelle, wo wir saßen, gen Osten über die weite Hügellandschaft – die sich in Wellen hob und senkte, als atme die Wüste in der hereinfallenden Nacht leise ein und aus. Die windabgewandte Seite eines arabischen Zeltes steht immer offen, damit Luft hereinkommt, dreht der Wind, nehmen die Frauen die Zeltwand herunter und bringen sie an anderer Stelle wieder an, so bekommt das Haus binnen weniger Augenblicke eine andere Blickrichtung und wendet sich vergnügt der besseren Aussicht zu. Es ist so klein, so zart und dabei so fest verankert, dass die Stürme ihm wenig anhaben können; das dichte Gewebe der Ziegenfell-Planen quillt bei Feuchtigkeit auf und wird dicht, erst bei Dauerregen mit Sturm sickern kalte Rinnsale in die Behausung.

Die Kaffeebohnen waren geröstet und gemahlen, die Kaffeetöpfe simmerten in der Glut, da kamen aus dem Osten drei Reiter und machten am offenen Zelt Halt. Es waren untersetzte, breitschultrige Männer, die Gesichtszüge auffallend unregelmäßig, die Zähne standen vor, sie froren und waren regendurchnässt. Man machte ihnen im Kreis um das Feuer Platz, sie streckten die Hände in die Wärme, die Unterhaltung wurde ohne Unterbrechung geführt, denn es waren nur Männer der Sherarat, die heruntergekommen waren, um in Moab Korn zu kaufen. Die Sherarats sind zwar einer der größten und mächtigsten Stämme und die berühmtesten Kamelzüchter, aber sie haben schlechtes Blut, kein Araber aus der Belka würde sich durch Heirat mit ihnen verbinden. Sie

Kapitel II

haben keine festen Weideplätze, selbst während der Sommerdürre ziehen sie durch die innere Wüste, dabei ist es ihnen gleichgültig, wenn sie mehrere Tage hintereinander kein Wasser haben. Das Gespräch an Nahars Feuer drehte sich um meine Reise. Ein Neger der Sukhur, ein gewaltiger Mann mit klugem Gesicht, wollte mich gern als Führer ins Drusengebirge begleiten, räumte aber ein, dass er umdrehen und fliehen müsse, sobald er das Gebiet dieser tapferen Bergbewohner erreicht habe, die Drusen und die Beni Sakhr lagen immer im Streit miteinander. Die Negersklaven der Sukhur werden von ihren Herren gut behandelt, denn die kennen ihren Wert, und sie genießen in der Wüste einen guten Ruf, weil etwas vom Glanz des großen Stammes, dem sie dienen, auch auf sie fällt. Ich war halb geneigt, sein Angebot zu akzeptieren, auch wenn das bedeutet hätte, dass ich mich beim ersten Drusendorf eventuell um einen toten Neger würde kümmern müssen, als meine Überlegungen durch die Ankunft eines weiteren Gastes unterbrochen wurden. Es war ein junger Mann, hoch gewachsen, mit schönem, zarten Gesicht, der Teint fast weiß, die langen Locken fast braun. Als er sich näherte, erhoben sich Nahar und die anderen Scheiche der Sukhur, um ihn zu begrüßen, bevor er das Zelt betrat, küsste ihn jeder auf beide Wangen. Auch Namrud stand auf und rief ihm entgegen:

»Alles gut? Gebe es Gott! Wer ist bei dir?«

Der junge Mann hob die Hand und sagte:

»Gott.«

Er war allein.

Ohne der übrigen Gesellschaft größere Beachtung zu schenken, musterte er kurz die drei Scheiche der Sherarat, die am Eingang saßen, wo sie Hammel und Joghurt aßen, sowie die fremde Frau am Feuer, dann ging er mit einer gemurmelten Begrüßung in den hinteren Bereich des Zeltes. Nahars Frage, ob er essen möchte, verneinte er. Der junge

Mann war Gablan, er stammte aus der Herrscherfamilie der Da'ja und war ein Verwandter des regierenden Scheichs. Er hatte, wie ich später erfuhr, gehört, dass Namrud für einen Fremden einen Führer brauchte, Neuigkeiten reisen in der Wüste schnell, und war gekommen, um mich zum Zelt seines Onkels zu bringen. Keine fünf Minuten nach seiner Ankunft flüsterte Nahar Namrud etwas zu, daraufhin neigte dieser sich zu mir und sagte, da wir bereits gegessen hätten, sollten wir jetzt zusammen mit Gablan aufbrechen. Es überraschte mich, dass diese Abendgesellschaft ein so jähes Ende nehmen sollte, war aber klug genug, nicht zu widersprechen, und als wir über Namruds Felder und die Hügel von Tneib galoppierten, erfuhr ich den Grund. Die Da'ja und die Sherarat waren auf den Tod verfeindet. Gablan hatte mit einem Blick die Herkunft der anderen Gäste erkannt und sich schweigend in die Tiefen des Zeltes zurückgezogen. Er würde unter keinen Umständen vom selben Hammelgericht essen wie sie. Nahar erkannte (wer hätte das nicht?), wie heikel die Situation war, wusste aber nicht, wie die Männer der Sherarat sie deuteten. Und so hatte er uns, aus Angst vor einem Unglück, fortgeschickt. Am folgenden Morgen hatte sich die Atmosphäre (metaphorisch, nicht buchstäblich) geklärt, aufgrund des strömenden Regens saßen die Todfeinde den ganzen Tag in der Höhle, friedlich um Namruds Kaffeetopf versammelt.

Der dritte Regentag war mehr, als die menschliche Geduld ertragen konnte. Ich hatte bereits vergessen, was es hieß, nicht klamm zu sein, warme Füße und trockenes Bettzeug zu haben. Gablan war am Morgen eine Stunde lang bei mir, um zu erfahren, was ich von ihm erhoffte. Ich erklärte, dass ich mir nichts anderes wünschte, als dass er mich durch die Wüste führen und zum Fuß der Berge bringen werde, ohne dass ich einen Militärposten zu Gesicht bekam. Gablan dachte einen Augenblick lang nach.

Kapitel II

»Verehrte Lady« sagte er dann, »glaubt Ihr, Ihr werdet mit Soldaten in Konflikt geraten? Denn dann nehme ich mein Gewehr mit.«

Ich antwortete, dass es nicht meine Absicht sei, der gesamten Kavallerie des Sultans den offenen Krieg zu erklären, sondern vielmehr hoffte, ein solches Zusammentreffen mit etwas Vorsicht vermeiden zu können. Aber Gablan war der Ansicht, eine Kugel beflügelte jedes Vorhaben und beschloss, das Gewehr auf jeden Fall mitzunehmen.

Da ich am Nachmittag nichts anderes zu tun hatte, sah ich zu, wie die Sherarat von Namrud Korn kauften. Sah man davon ab, dass ich gar nicht dorthin passte, und dass seither mehrere tausend Jahre vergangen waren, dann hätten diese Männer auch die Söhne Jakobs sein können, die nach Ägypten gekommen waren, um sich mit ihrem Bruder Joseph über das Gewicht eines Sacks Getreide zu zanken. Das Getreide lagerte in einer trockenen, in den Fels gehauenen Zisterne, aus der es, wie Wasser, in goldgelb gefüllten Eimern heraufgezogen wurde. Zur besseren Konservierung wurde es mit der Spreu aufbewahrt, daher musste es als erstes am Beckenrand gesiebt werden, was nicht ohne wortreiche und zornige Diskussionen ablief. Nicht einmal die Kamele waren still, sobald die Araber sie mit den vollen Säcken beluden, beteiligten sie sich mit Grunzen und Blöken am Streit. Die Scheiche der Sukhur und der Sherarat saßen im Nieselregen auf Steinen, murmelten, »Gott! Gott!«, riefen »Er ist gnädig und barmherzig!« Nicht selten wurde gesiebtes in ungesiebtes Korn zurück geschüttet, dann entstand eine Szene wie die folgende:

Namrud: »O nein! O nein! Unglückseliger Knabe! Möge dein Haus zu Staub zerfallen! Möge das Unglück dich heimsuchen!«

Beni Sakhr: »Beim Angesichte aller Propheten Gottes! Gelobt sei sein Name!«

Sherarat (in gedämpftem Chor): »Bei Gott! und bei Mohammed, seinem Propheten! Friede sei mit ihm!«
Eine barfüßige, in Schaffelle gehüllte Person: »Kalt, o je so kalt! Wallah! Regen und kalt!«
Namrud: »Schweige, Bruder! steig ins Becken hinunter und zieh das Getreide hoch. Dort ist es warm.«
Beni Sakhr: »Gelobet sei Gott der Allmächtige!«
Chor der Kamele: »B-b-b-b-b-b-dd-Gru-u-u-u-nzzz.«
Kameltreiber: »Seid still, Verfluchte! möget ihr im Schlamm stürzen! Möge Gottes Zorn auf euch herabregnen!«
Sukhur (alle zusammen): »Gott! Gott! Beim Lichte seines Angesichts!«

In der Abenddämmerung ging ich zum Zelt meiner Leute. Dort fand ich Namrud vor, er zischte Mordpläne in das Feuer, auf dem mein Abendessen köchelte.

»Als ich noch jung war«, sagte er (das war nicht lange her), »konnte man den Ghor nicht in Frieden durchqueren. Aber ich hatte ein Pferd – Wallah! was konnte das Pferd laufen! Es brachte mich zwischen Sonnenaufgang und Sonnenuntergang von Mezerib nach Salt, immer im gleichen Schritt. Und ich war mit den Ghawarny (den Bewohnern des Ghor) gut bekannt. Einmal musste ich im Sommer nach Jerusalem – ich hatte keine Wahl! Ich musste also reiten. Der Jordan war niedrig, ich ging durch eine Furt, damals gab es noch keine Brücken. Als ich am anderen Ufer war, hörte ich Schreie und das Pfeifen von Kugeln. Ich versteckte mich über eine Stunde lang in den Tamariskenbüschen, erst als der Mond tief stand, ritt ich leise weiter. Aber da, wo die Erdharzgruben anfangen, scheute mein Pferd, ich blickte zu Boden, auf dem Pfad lag ein Mann, nackt und von Messerstichen übersät. Er war sehr, sehr tot. Und wie ich so auf ihn hinab sehe, preschen sie aus den Erdharzgruben auf mich zu, zehn Reiter, und ich allein. Ich flüchte in das Dickicht und feure meine Pistole ab, zwei

Kapitel II

Mal, aber sie umringen mich, werfen mich vom Pferd, fesseln mich, dann setzen sie mich wieder aufs Pferd und führen mich fort. Und als sie an ihrem Rastplatz ankommen, beraten sie, ob sie mich jetzt töten sollen, und einer sagt: ›Wallah! machen wir ein Ende.‹ Er kommt näher und sieht mir ins Gesicht, es dämmerte schon. Und er sagt: ›Das ist Namrud!‹.

Er kannte mich, ich war ihm einmal zu Hilfe gekommen. Da banden sie mich los und ließen mich gehen, und ich ritt nach Jerusalem.«

Eine Geschichte folgte der anderen, die Maultiertreiber und ich lauschten mit atemloser Spannung.

»Die Araber haben gute Sitten und schlechte Sitten«, sagte Namrud, »aber es gibt viele gute. Wenn sie zum Beispiel eine Blutfehde beenden wollen, kommen die Feinde im Zelt dessen zusammen, dem Unrecht zugefügt wurde. Der Herr des Zeltes zieht sein Schwert, wendet sich nach Süden und malt einen Kreis in den Sand, dabei ruft er Gott an. Dann nimmt er einen Streifen von der Zeltwand und etwas Asche aus dem Herd, wirft alles in den Kreis und tippt sieben Mal mit seinem Schwert auf den Strich. Der Täter springt in den Kreis und ein Verwandter seines Feindes ruft laut: ›Ich nehme den Mord, den er begangen hat, auf mich!‹ So ist der Frieden wieder hergestellt.

Werte Dame! die Frauen haben viel Macht im Stamm, und die jungen Mädchen sind sehr geachtet. Wenn ein junges Mädchen sagt: ›Ich will den und den zum Gatten‹, dann muss er sie heiraten, sonst fiele Schande auf sie. Und wenn er schon vier Ehefrauen hat, muss er sich von einer trennen und statt ihrer das Mädchen heiraten, das ihn erwählt hat. So ist es Sitte bei den Arabern.«

Dann sah er meinen drusischen Maultiertreiber an und sagte:

»Muhammad! Mich plagt eine Sorge. Die Zelte der Sukhur sind nah, und zwischen den Beni Sakhr und den Drusen hat es noch nie Frieden gegeben. Wenn sie von dir wüssten, würden sie dich töten, sie würden dich nicht nur töten, sie würden dich bei lebendigem Leibe verbrennen. Weder die Lady noch ich könnten dich schützen.«

Das warf ein düsteres Licht auf den Charakter meines Freundes Nahar, der mir als Zeichen der Gastfreundschaft einst ein Tuch geschenkt hatte. Die kleine Schar am Feuer schaute erschrocken, aber Mikhail war der Lage gewachsen.

»Das soll Eure Exzellenz nicht bekümmern«, sagte er und servierte ein Gemüsegericht. »Bis wir das Djebel el-Druz erreicht haben, ist er Christ, und so lange heißt er nicht Muhammad, sondern Tarif, denn das ist ein Name, wie ihn die Christen tragen.«

So hatten wir den verblüfften Muhammad bekehrt und getauft, noch bevor die Rippchen aus der Pfanne auf den Teller kamen.

III

VON TNEIB NACH NAJEREH

Am Morgen des 12. Februar, ein Sonntag, stürmte es noch, aber ich beschloss, aufzubrechen. Die in Tneib verbrachten Tage waren nicht vergebens gewesen, hatten sie mir doch die seltene Gelegenheit geboten, den Alltag auf einer dieser entlegenen Farmen Stunde um Stunde mitzuerleben. Aber meine Gedanken waren schon vorausgeeilt, und ich brannte darauf, ihnen zu folgen. Ich hatte sie wohl eingeholt, als Gablan, Namrud und ich die Hufe unserer Pferde auf den Schienen der Hedschasbahn klingen hörten und wir uns der offenen Wüste zuwandten. Wir ritten nach Ostnordost, im Süden, gar nicht weit entfernt, lag Mschatta. Wer dessen Schönheit mit eigenen Augen gesehen hat, wird es nicht ertragen, die geplünderten Mauern noch einmal zu besuchen. Aber man sollte nicht vergessen, dass Einiges für den Abbau der Fassade spricht, auch wenn das fraglos ein Akt des Vandalismus war. Wäre man ganz sicher gewesen, dass die Ruinen dieses Wüstenschlosses für immer blieben, wo sie seit einem Jahrtausend und länger stehen, dass, von winterlichen Regenstürmen abgesehen, nichts sie beschädigen würde: Man hätte sie unangetastet in dieser Hügellandschaft stehen lassen müssen, der sie ein solches Maß an fragiler und wunderbarer Schönheit verliehen. Aber die Eisenbahn rückt heran, neues Leben strömt in die Ebene, weder syrische Fellachen noch türkische Soldaten würden Mauern verschonen, deren Steine ihnen von Nutzen sein könnten. Darum mögen alle, die das unbeschädigte Mschatta kennen, dankbar und ohne allzu tiefes Bedauern daran zurückdenken.

Namrud und Gablan redeten pausenlos. Spät am Vorabend waren noch zwei Soldaten am Höhleneingang vorstellig geworden und hatten, nachdem man sie eingelassen hatte, eine eigenartige Geschichte erzählt. Sie hatten, sagten sie, zu den Truppen gehört, die der Sultan von Bagdad geschickt hatte, um Ibn Rasheed gegen Ibn Saud zu unterstützen. Dieser, berichteten sie, habe sie Schritt für Schritt bis an die Tore von Ha'il, Ibn Rasheeds Hauptstadt, zurückgedrängt. Als sich die beiden Heere so gegenüberstanden, sei Ibn Saud mit einigen Begleitern zum Zelt seines Feindes geritten und habe die Hand auf die Zeltstange gelegt, so dass dem Fürst von Schammar keine andere Wahl blieb, als ihn einzulassen. Dann seien sie an Ort und Stelle zu einer Einigung gelangt. Ibn Rasheed habe alle Gebiete bis ein oder zwei Meilen vor Ha'il an Ibn Saud abgetreten, die Stadt selbst und das Land nördlich davon, wozu auch Jof gehörte, aber behalten. Und er habe Ibn Sauds Herrschaft über Riyadh und die dazu gehörenden, ausgedehnten Machtbereiche anerkannt. Die beiden Soldaten hatten sich nach Westen durch die Wüste geschlagen, die meisten ihrer bewaffneten Kameraden seien gefallen, die anderen geflohen. Das war die mit Abstand authentischste Nachricht, die mir je aus Nejd zu Ohren gekommen war, ich habe Grund zu der Annahme, dass sie im Wesentlichen zutreffend war.[2] Ich habe viele Araber nach Ibn Rasheeds Charakter befragt, die Antwort lautete fast immer: »Shatir jid-

---

2 Soweit ich weiß, hat Ibn Saud seit den berichteten Ereignissen und nach einem vergeblichen Appell an einen stärkeren Verbündeten, mit dem Sultan eine Einigung erzielt. Ibn Rasheed versucht jetzt angeblich, die türkische Garnison los zu werden, die offiziell zu seiner Hilfe abkommandiert worden war. Jüngsten Gerüchten zufolge ist Ibn Rasheed verstorben.

Kapitel III

dan« (»er ist sehr schlau«), gefolgt von »majnun« (»aber verrückt«). Ich hatte ihn als kühnen und hitzköpfigen Mann erlebt, rastlos, von geringer Urteilskraft, und nicht stark, möglicherweise nicht grausam genug, um den aufsässigen Stämmen seinen Willen aufzuzwingen, die sein Onkel Muhammad unter der Knute der Furcht gehalten hatte (die Geschichte dieses Krieges war eine Aneinanderreihung von Verrat durch die eigenen Verbündeten). Aber Ibn Rasheed ist, falls das Urteil der Wüste über ihn zutrifft, zu stolz, um sich den Bedingungen des gegenwärtigen Friedens zu beugen. Er ist überzeugt, dass die englische Regierung Ibn Saud gegen ihn bewaffnet hat. Diese Annahme stützt er auf die Tatsache, dass der Scheich von Kuwait, der unser Verbündeter sein soll, dem heimatlosen und verbannten Ibn Saud half, wieder in dem Land Fuß zu fassen, das seine Ahnen einst regiert hatten. Das sei in der Hoffnung geschehen, den Einfluss des Sultans an der Grenze zu Kuwait zu schwächen. Die Probleme begannen aber möglicherweise damit, dass Ibn Rasheed bereit war, eine Freundschaft mit dem Sultan einzugehen, eine Freundschaft, die der Welt durch Schammari-Stuten in Konstantinopel und junge Tscherkassinnen in Ha'il mitgeteilt wurde. Was das Ende von all dem angeht, so kann man nur sagen, dass Kriege in der Wüste kein Ende haben. Noch der geringste Zwischenfall kommt der Hitzigkeit irgendeines jungen Scheichs entgegen.

Die Ebene, durch die wir ritten, war nahezu unbesiedelt und für ein ungeschultes Auge ohne besondere Merkmale. Aber kaum je legten wir mehr als eine Meile zurück, ohne eine Stelle zu passieren, die mit einem eigenen Namen bezeichnet war. Wer arabischen Gesprächen lauscht, staunt über den großen Reichtum an Namen. Wenn man fragt, wo ein bestimmter Scheich seine Zelte aufgeschlagen hat, erhält man sofort eine präzise Antwort. Die Landkarte ist leer, und auch die Landschaft um das Lager herum ist leer. Eine kleine Erhebung, ein großer Stein, Reste einer Ruine, insbesondere natürlich jede noch so geringfügige Vertiefung, wo es winters oder sommers Wasser geben könnte – all dies sieht das Auge des Nomaden als Zeichen. Wer mit Arabern reitet, wird zum einen bald verstehen, warum es in der vorislamischen Dichtung vor Namen wimmelt, und zum anderen, dass zu den allermeisten Namen kein fester Ort gehört, denn der gleiche Name taucht hundertfach auf. Wir kamen zu einem kleinen Hügel, Gablan nannte ihn *Thelelet el Hirsheh*, wenig später zu einem weiteren, noch kleineren, der *Theleleh* hieß. Dort brachte Gablan sein Pferd zum Stehen und deutete auf einige feuergeschwärzte Steine am Boden.

»Dies«, sagte er, »war einmal meine Feuerstelle. Hier stand vor vier Jahren mein Lager. Dort drüben war das Zelt meines Vaters, der Sohn meines Onkels schlug das seine am Fuße des Hügels auf.«

Ich hätte mit Imra'alqais oder einem anderen der großen Dichter aus dem Zeitalter der Unwissenheit unterwegs sein können, deren Oden in ihrem hohen Ton solche Fragen umkreisen. Immer geht es darum, dass im Wüstenleben alles im ewigen Wandel ist.

Die Wolken überschütteten uns mit Regen, wir verließen Theleleh und bewegten uns sehr gemächlich nach Osten (ein reisender Araber bewegt sich selten schneller als im Schritttempo). Wie es seine Art war, verkürzte Namrud uns die Zeit mit Geschichten.

»Werte Dame«, sagte er. »Ich werde Euch eine Geschichte erzählen, die Arabern wohlbekannt ist, Gablan hat sie sicher schon gehört. Es war einmal ein Mann, jetzt ist er tot, aber seine Söhne leben noch, der eine Blutfehde hatte. Nachts überfiel ihn sein Feind mit vielen Reitern, sie trieben sein Vieh, seine Kamele und seine Pferde fort, nahmen seine Zel-

Kapitel III

te und alles, was er besaß. Und er, der ein reicher und hoch geachteter Mann gewesen war, besaß kaum noch das Nötigste. Also ging er, bis er zu den Zelten eines Stammes kam, der weder Freund noch Feind seines Volkes war, am Zelt des Scheichs legte er die Hand auf die Zeltstange und sagte: ›Werter Scheich! Ich bin Euer Gast!‹ (*Ana dakh'lak*, das sind die Worte dessen, der Gastfreundschaft und Schutz sucht). Der Scheich erhob sich und bat ihn hinein, ließ ihn am Feuer sitzen und behandelte ihn mit Freundlichkeit. Er gab ihm Schafe, ein paar Kamele und Stoff für ein Zelt, der Mann ging fort und das Glück war mit ihm, zehn Jahren später war er so reich wie zuvor. Noch einmal zehn Jahre später aber befiel das Unglück den Scheich, der einmal sein Gastgeber gewesen war, nun war er es, der alles verlor: ›Ich werde zu den Zelten des So-und-So gehen. Er ist jetzt reich und wird mir helfen, wie ich ihm geholfen habe.‹ Als er zu dessen Zelt kam, war der Mann fort, aber sein Sohn war da. Der Scheich legte die Hand auf die Zeltstange und sagte: *Ana dakh'lak*, und der Sohn des Mannes antwortete: ›Ich kenne Euch nicht, aber da Ihr Schutz verlangt, kommt herein. Meine Mutter wird Euch Kaffee bereiten.‹ Also trat der Scheich ein. Die Frau rief ihn an ihre Feuerstelle und machte ihm Kaffee, aber es gilt bei den Arabern als Beleidigung, wenn der Kaffee von den Frauen zubereitet wird. Während er an der Kochstelle der Frauen saß, kehrte der Herr des Zeltes zurück, sein Sohn ging ihm mit der Nachricht entgegen, dass der Scheich gekommen sei. Er antwortete: ›Wir behalten ihn über Nacht, weil er unser Gast ist, aber bei Morgengrauen schicken wir ihn fort, wir wollen nicht in seine Fehden hineingeraten.‹ Dann wiesen sie dem Scheich eine Ecke des Zeltes zu und gaben ihm nichts als Brot und Kaffee, am Morgen baten sie ihn, zu gehen. Sie schickten zwei Reiter mit, die ihn einen Tag lang begleiteten, so ist es bei den Arabern Brauch, wenn jemand um Schutz gebeten hat und in Furcht um sein Leben weiterzieht. Dann überließen sie ihn seinem Schicksal, sollte er doch verhungern oder seinen Feinden in die Hände fallen. Aber eine solche Undankbarkeit ist selten, Gott sei gelobt, darum wird uns diese Geschichte immer in Erinnerung bleiben.«

Wir näherten uns einigen Erhebungen, die fast die Bezeichnung Hügel verdient hätten. Diese Hügel bildeten einen weiten Halbkreis nach Süden, in deren schützendem Rund Fellah ul'Isa seine Zelte aufgeschlagen hatte. Als ich beim Stamm der Da'ja war, beherrschten sie die ganze Ebene unterhalb des Amphitheaters von Djebel el'Alya und auch das Land im Nordwesten zwischen den Bergen und dem Fluss Zerka. Mujemir, der junge Scheich, lagerte im Norden, in der Ebene nach Süden seine beiden Onkel, Fellah ul'Isa und Hamud, Gablans Vater. Hamud traf ich nicht an, er war unterwegs, um nach einer Herde zu sehen, Gablan gab seinem Pferd die Sporen und ritt vor, um unsere Ankunft anzukündigen. Als wir vor dem großen Scheichszelt ankamen, trat ein weißhaariger Mann heraus, um uns willkommen zu heißen. Es war Fellah ul'Isa, mein Gastgeber. Der Scheich war in der ganzen Belka für seine Weisheit bekannt, seine Autorität ging weit über jene hinaus, die der Patriarch eines Herrscherhauses über seinen eigenen Stamm ausübt. Sechs Monate zuvor hatten ihn die Drusen, die nicht im Rufe stehen, freundschaftlich mit arabischen Scheichen zu verkehren, als hochgeehrten Gast empfangen. Darum, meinte Namrud, sei er der beste Berater für meine Reise. Wir saßen in seinem Zelt, bis der Kaffee zubereitet war. Die Zeremonie beanspruchte eine volle Stunde und geschah in ehrwürdiger Stille, unterbrochen nur vom Geräusch des Stößels, der die Bohnen im Mörser zerstieß. Das ist Musik in den Ohren der Wüste und übrigens keine einfache Aufgabe. Als der Kaffee getrunken war, kam die Sonne heraus, ich ritt mit Gablan und Namrud in die Hügel nördlich des Lagers, um einige Ruinen zu besichtigen, von denen die Araber berichtet hatten.

KAPITEL III

Die Djebel el' Alya ist ein hügeliges Hochland, das sich über viele Meilen erstreckt und gegen Norden und Nordosten langsam abfällt. Die Gebirgskette verläuft von West nach Südost; sie steigt jäh aus der Ebene auf, auf dem Kamm liegen mehrere Ruinen, von denen ich zwei besichtigte. Es handelte sich offenbar um eine Reihe von Forts, die eine Grenze schützten, es gab aber keinerlei Inschriften, man kann also nur vermuten, dass die Anlage ghassanidisch war. Das erste Ruinenfeld lag direkt oberhalb von Fellah ul'Isas Lager, es könnte jenes Kasr el Ahla sein (die Da'ja kennen den Namen nicht), das auf der Karte des britischen Palestine Exploration Fund unweit der Hadsch-Straße vermerkt ist. Wenn es das war, dann liegt es allerdings vier oder fünf Meilen weiter östlich als auf der Karte angezeigt, und die korrekte Schreibweise des Namens wäre Kasr'el 'Alya. Ein kleiner Tell war von Mauerresten umgeben, die nicht näher bestimmbare Ruinen umschlossen. Etwa drei bis vier Meilen weiter nach Osten, am Eingang zu einem flachen Tal auf der Nordseite des Djebel el'Alya, stießen wir auf ein großes Wasserbecken, etwa 120 mal 150 Fuß. Es war äußerst sorgfältig aus Hausteinen erbaut und halb mit Erde gefüllt. Weiter oben, der Spitze des Hügels zu, lag eine Ruinengruppe, die die Araber El Muwaggar Qasr Al Muwaqqar nennen.[3] Es muss ein Militärposten gewesen sein, denn es handelte sich offenbar um die Ruinen kleiner Wohnhäuser, was auf eine Siedlung hinweist. Im Osten lag ein Gebäude, nach Meinung der Araber ein Stall. Der Grundriss war allerdings der einer Kirche, mit drei parallelen Schiffen, das Mittelschiff war von den Seitenflügeln durch Arkaden getrennt, auf beiden Seiten standen noch jeweils sechs Bögen, Rundbögen, die auf gemauerten Säulen ruhten. Auf der Innenseite der Säulen befanden sich Löcher, durch

---

3 Es wird El Muwaggar geschrieben, aber die Beduinen betonen das harte k als hartes g. Diese Stätte ist in ›Die Provincia Arabia‹, Band II, beschrieben.

die man Seile zum Anbinden von Tieren hätte führen können. Es ist also durchaus möglich, dass man zwischen den Bögen einmal Pferde eingestellt hatte. Über die drei Schiffe wölbte sich eine fassbogenförmige Decke, Mauern und Gewölbe bestanden aus kleinen, mit sprödem, zerbröckelndem Mörtel verbundenen Steinen. Einige hundert Meter nordwestlich davon fanden wir eine Zisterne, groß, offen und leer, mit gemauerten Seitenwänden und mehreren Stufen in einer der Ecken. Die größte Ruine lag etwas weiter nordwestlich, fast auf dem Gipfel; die Araber nennen sie Kasr, sie war vermutlich eine Festung oder Kaserne. Der Haupteingang geht gen Osten; wegen des abschüssigen Geländes wurde die Fassade durch einen Unterbau aus acht Gewölben getragen, über ihnen befinden sich Spuren von drei, möglicherweise vier Toren, die nur über Treppen erreichbar gewesen sein können. Zu beiden Seiten des Haupteingangs hatten kannelierte Säulen gestanden, einige waren noch vorhanden, die Fassade war mit Säulen und einem Gesims geschmückt. Fragmente lagen noch am Boden, daneben auch Kapitelle verschiedener Art, alle im korinthischen Stil, viele wichen allerdings stark von der klassischen Form ab. Einige Friese wiesen einfache Rankenornamente auf, wie ein Kleeblatt an jedem Außenbogen eines gewundenen Stängels; andere wiederum waren torusförmig und mit dem Schuppenmuster des Palmenstamms bedeckt. Die Fassade war vierzig Schritte breit; dahinter lag ein Vorraum, der durch eine Kreuzmauer von einem quadratischen Innenhof abgetrennt war. Dieser Hof war so ruinenübersät und von Gras überwuchert, dass ich nicht ausmachen konnte, ob er einmal von Räumen umgeben gewesen war. An jeder Seite der acht parallelen Gewölbe lag eine weitere Gewölbekammer, es waren also insgesamt zehn; aber die beiden zusätzlichen Kammern trugen vermutlich keinen Oberbau, denn die dicken Seitenwände des Vorraums ruhten auf den Außenmauern der acht mittleren Gewölbe. Deren Mauern bestanden aus viereckigen Steinen und Geröll, durch Mörtel verbunden.

Wir ritten direkt den Berg hinunter und an dessen Fuß die Ebene entlang, wobei wir eine weitere Ruinenstätte namens *Najereh* passierten. Die Araber nennen solche Anhäufungen von Hausteinen *rujm*, es wäre interessant zu wissen, wie weit nach Osten sie zu finden sind, oder anders gesagt: wie weit östlich die Wüste feste Siedlungen hatte. Gablan sagte, eine Tagesreise von 'Alya entfernt liege ein Fort namens Qasr Kharana, und nicht weit davon entfernt ein drittes, Umm er-Rasas und einige andere. Manche wären mit Bildern verziert und seien im Winter, wenn die westlichen Weidegebiete vergleichsweise leer waren, alle leicht zu erreichen.[4] Bei unserem Ritt lehrte er mich die Wüste zu lesen, er zeigte mir die aus großen Steinen gelegten Vierecke, wo junge Araber gelagert hatten, die halbrunden Nester, die Kamelmütter für ihre Jungen in die Erde scharren. Er lehrte mich die Namen der Pflanzen, die den Boden bedeckten. Ich stellte fest, dass die Wüstenflora karg, aber von großer Artenvielfalt ist, und dass die Araber für fast alle Arten eine Verwendung gefunden haben. Mit den Blättern des *utrufan* würzen sie ihre Butter, aus dem stachligen *kjursaaneh* machen sie einen köstlichen Salat, die Kamele fressen die trockenen Zweige des *billan*, die Schafe die des *shih*, die Asche des *gali* wird zum Seifensieden benutzt. Die Rolle des Lehrers gefiel Gablan, kaum hatten wir den einen stachligen blaugrauen Busch passiert, blieb er beim nächsten ebenso stachligen und blaugrauen Busch stehen und sagte: »Nun, verehrte Dame, was ist das?«, und wenn die Antwort richtig war, lächelte er vergnügt.

An jenem Abend sollte ich in Fellah ul'Isas Zelt zu Abend essen, als Gablan kam, um mich zu holen, leuchtete der Wes-

---

[4] Musil hat einige dieser Ruinen besucht, aber sein Buch ist noch nicht erschienen.

ten noch rot. Das kleine Lager war schon von den vielen Geräuschen erfüllt, die die Wüste nach Einbruch der Dunkelheit belebt, das Grunzen und Stöhnen der Kamele, das Blöken der Schafe und Ziegen, das pausenlose Bellen der Hunde. Im Zelt des Scheichs war das Feuer die einzige Lichtquelle; mein Gastgeber saß mir gegenüber, manchmal verschwand er in einer Säule beißenden Rauchs, manchmal strahlte ihn eine aufschießende Flamme an. Wenn eine wichtige Persönlichkeit zu Besuch kommt, muss zu seinen Ehren ein Schaf geschlachtet werden, und so aßen wir mit den Fingern ein üppiges Mahl aus Hammel, Joghurt und Fladenbrot. Aber selbst bei einem Festmahl wie diesem essen die Araber erstaunlich wenig, viel weniger als eine Europäerin mit herzhaftem Appetit, wenn keine Gäste im Lager sind, brauchen sie nicht mehr als Brot und eine Schale Kamelmilch. Es stimmt schon, dass sie den größten Teil des Tages damit verbringen, zu schlafen oder in der Sonne zu plaudern, doch ich habe selbst gesehen, dass die 'Agel während eines viermonatigen Fußmarschs auch nicht mehr zu sich nahmen. Auch wenn die Beduinen mit einer so schmalen Kost auszukommen scheinen, dürften sie selten ohne Hungergefühl sein; sie sind alle dünn, ja mager, und wenn eine Krankheit einen Stamm trifft, rafft sie immer viele von ihnen dahin. Auch meine Diener fasteten, und da wir Muhammad, nein: Tarif, den Christen, zurückgelassen hatten, um in unserer Abwesenheit die Zelte zu bewachen, wurde eine Holzschale mit Essen gefüllt und »für den Gast, der nicht kam« in die Nacht hinaus geschickt.

Beim Kaffee begannen Fellah ul'Isa und Namrud ein interessantes Gespräch, das viel Licht auf die Situation der Belka-Stämme warf. Die vorrückende Zivilisation bedrängt sie sehr. Auf ihren Sommerweiden siedeln immer mehr Fellachen, noch schlimmer ist, dass ihre Sommer-Wasserstellen jetzt von tscherkassischen Siedlern besetzt sind; der Sultan

Kapitel III

hatte sie in Ostsyrien angesiedelt, nachdem die Russen sie im Kaukasus von Haus und Hof vertrieben hatten. Die Tscherkassen sind unangenehme Menschen, mürrisch und streitlustig, aber sie sind ungeheuer fleißig und sehr findig, aus ihren täglichen Auseinandersetzungen mit den Arabern gehen sie immer als Sieger hervor. Unlängst haben sie die Wasserentnahme aus dem Zerka, von dem die Beduinen im Sommer völlig abhängig sind, zum *casus belli* gemacht. Mit der Zeit wurde es auch immer schwieriger, nach Amman, dem Hauptquartier der Tscherkassen, zu kommen, um dort ein paar wenige Dinge wie Kaffee, Zucker und Tabak zu besorgen, die für ein Araberleben unverzichtbar sind. Namrud meinte, die Belka-Stämme sollten die Regierung bitten, speziell für ihren Distrikt einen Kaimakam zu ernennen, dessen Aufgabe es wäre, ihre Interessen zu schützen. Aber Fellah ul'Isa zögerte, den Unterdrücker anzurufen, weil er fürchtete, dass ein Kaimakam den Militärdienst, die Zwangsregistrierung des Viehs und weitere verhasste Maßnahmen verhängen könnte. Die Wahrheit ist, dass die Tage der Belka-Araber gezählt sind. Die Ruinen zeigen, dass möglich ist, was in früheren Jahrhunderten möglich war: In ihrem ganzen Stammesgebiet können feste Siedlungen entstehen, sie werden wählen müssen, ob sie Dörfer bauen und das Land bestellen, oder sich weiter nach Osten zurückziehen. Aber dort gibt es im Sommer kein Wasser, und es ist viel heißer, als sie es wahrhaben wollen.

Namrud wandte sich von diesen drängenden Fragen ab und begann, die Herrschaft der Engländer in Ägypten zu loben. Er war nie dort gewesen, aber ein Verwandter, der in Alexandria angestellt war, hatte ihm erzählt, dass die Fellachen jetzt reich seien und die Wüste so friedlich wie die Städte.

»Es gibt keine Blutrache mehr«, sagte er, »und auch keine Überfälle. Sieh nur, was geschieht, wenn ein Mann Kamele eines anderen stiehlt: Der Eigentümer der Kamele geht in den nächsten Konak und trägt seine Beschwerde vor, daraufhin reitet ein Saptieh allein durch die Wüste, bis er zum Zelt des Diebes kommt. Er entbietet seinen Salaam und tritt ein. Was tut der Herr des Zeltes? Er kocht Kaffee und ist bemüht, den Saptieh als Gast zu behandeln. Aber wenn der Soldat seinen Kaffee getrunken hat, legt er Geld neben die Feuerstelle und sagt, ›Nimm diesen Piaster‹. Denn er bezahlt für alles, was er trinkt und isst und nimmt nichts an. Wenn er am Morgen aufbricht, hinterlässt er den Befehl, dass die Kamele dann-und-dann im Konak sein müssen. Der Dieb hat Angst, treibt die Kamele zusammen und bringt sie zurück, aber vielleicht fehlt eines. Der Richter fragt den Eigentümer der Kamele: ›Sind alle Tiere hier?‹, und der antwortet, ›Eines fehlt.‹ Dann sagt der Richter: ›Was ist es wert?‹ und er antwortet, ›Acht Liras.‹ Dann sagt der Richter zu dem Anderen: ›Gib ihm acht Liras!‹ Und Wallah! er bezahlt.«

Fellah ul'Isa hieß die Vorteile dieses Systems nicht ausdrücklich gut, aber er lauschte interessiert, als ich, so weit ich sie selbst verstand, die Prinzipien der Fallahin Bank erläuterte. Am Ende fragte er, ob man Lord Cromer nicht bewegen könne, seine Herrschaft auf Syrien auszudehnen. Ich würde es nicht wagen, diese Einladung an seiner Statt anzunehmen; vor fünf Jahren hatte man mir im Hauran-Gebirge eine ähnliche Frage gestellt, ihre Beantwortung hatte mein diplomatisches Geschick auf das äußerste strapaziert. Damals hatten sich die Drusenscheiche aus Kanawar im Schutze der Nacht in meinem Zelt versammelt. Nachdem sie lange um den heißen Brei herumgeredet hatten und ich ihnen mehrfach versichert hatte, dass wir nicht belauscht würden, fragten sie, ob die Drusen bei Lord Cromer in Ägypten Schutz suchen könnten, falls die Türken ihre Verträge mit dem Bergland erneut brechen sollten. Und ob ich es übernehmen könne, ihm diese Nachricht zu überbringen? Ich tat, als wägte ich alle Seiten dieses Vorschlags sorgfältig gegeneinander ab, und sagte

Kapitel III

dann, dass die Drusen Bewohner der Berge, Ägypten aber eine Ebene sei. Ich könne mir nur schwer vorstellen, dass es ihnen dort gefiele. Da warf Scheich el Balad dem Scheich ed Din einen Blick zu, vor ihrem inneren Augen tat sich vermutlich die furchtbare Vorstellung eines Landes auf, das ohne Berge war, in die man fliehen, und ohne Bergpfade, die man leicht verteidigen konnte. Jedenfalls antworteten sie, die Sache wolle gründlich erwogen werden, und ich hörte nie mehr etwas davon. Die Moral der Geschichte ist offenkundig: Wenn irgendwo in Syrien, und sogar in der Wüste, jemand unter der Ungerechtigkeit anderer oder seiner eigenen Unfähigkeit zu leiden hat, sehnt er die Herrschaft herbei, die Ägypten Wohlstand beschert hat. Unsere Besatzung dieses Landes, die uns bei den Mohammedanern zunächst so viele Sympathien kostete, erweist sich jetzt als die beste Reklame für das englische Regierungssystem.[5]

Als ich dort saß, der Unterhaltung lauschte und in die sternenklare Nacht hinaus blickte, kehrte ich zu den Gedanken zurück, die mir jetzt wie der Grundton dieses Tages erschienen. Gablan hatte ihn angeschlagen, als er sein Pferd anhielt und auf die Spuren seines früheren Lagers deutete. Ich sagte:

---

[5] Man könnte meinen, dass die gegenwärtigen Unruhen Zweifel an der Richtigkeit dieser Beobachtung aufwerfen, aber diese Ansicht teile ich nicht. Die Ägypter haben das Elend vergessen, aus dem unsere Verwaltung sie errettete, die Syrier und die Wüstenbewohner hingegen leiden noch darunter. Für sie scheint das Leben ihrer Nachbarn ungetrübt und beneidenswert angenehm. Doch sobald der Wolf von der Schwelle vertrieben ist, werden die Einschränkungen, die ein festes Gesetzeswerk bedeuten, die Gemüter einer rastlosen, unsteten Bevölkerung reizen. Sie sind an Misswirtschaft gewöhnt und verstehen es, die häufigen Laxheiten und die Chancen eines unverdienten Vorankommens, die damit einhergehen, zu ihrem Vorteil zu nutzen. Die Justiz ist eine feine Sache, wenn sie die eigenen Rechte schützt, aber äußerst verdammenswert, wenn man anderen nach ihren Rechten trachtet. Fellah ul'Isa und Männer wie er würden diese Schattenseiten bald erkennen.

»In den Zeiten vor dem Propheten sprachen Eure Väter, wie Ihr es tut, in der Sprache, die Ihr sprecht. Wir aber, die wir Eure Sitten und Gebräuche nicht kennen, haben die Bedeutung der Worte verloren, die sie gebrauchten. Also sagt mir, was bedeutet So-und-so? Und was So-und-so?«

Die Männer, die um das Feuer saßen, beugten sich vor, manchmal flackerte es hell auf, dann sah ich ihre dunklen Gesichter, sah, wie sie lauschten und antworteten:

»Bei Gott! *das* haben sie schon vor dem Propheten gesagt?«

»Maschaallah! dieses Wort benutzen wir noch. Es bezeichnet die Spuren am Erdboden, wo man ein Zelt aufgeschlagen hatte.«

So ermutigt, zitierte ich die Strophe des Imra'alqais, an die Gablans Bemerkung mich erinnert hatte:

»Laßt hier zum Angedenken mich weinen einer Buhl',
Am sand'gen Abhang zwischen Haumal und Aldachul.«

Gablan stand an der Zeltstange, er hob den Kopf und rief: »Maschaallah! das ist Antara.«

Ein ungebildeter Araber schreibt jedes Gedicht Antara zu, nur diesen Namen kennt er in der Literatur.

Ich antwortete: »Nein, Antaras Worte waren andere. Er sagte: ›Haben die Sänger der Vorzeit mir etwas Neues zu singen gelassen? oder kommt dir ihr Haus zurück, wenn du seine Stätte betrachtest?‹ Am besten aber formulierte es Labid: ›Und was ist ein Mensch, wenn nicht ein Zelt und sein Bewohner? Der Tag kommt, wo sie gehen, und die Stätte ist verlassen.‹«

Gablan machte eine zustimmende Geste.

»Bei Gott«, sagte er. »Die Ebene kennt zahllose Stellen, an denen ich gerastet habe.«

Dies brachte in mir eine Saite zum Schwingen. Ich blickte an ihm vorbei und sah die Wüste mit seinen Augen, nicht

Kapitel III

mehr leer, sondern mit Hinweisen auf Menschen, dichter gestreut als in jeder Stadt. Jede Linie dort draußen nahm eine Bedeutung an, in jedem Stein lebte der Geist einer Feuerstelle, in deren Wärme das Araberleben nicht erkaltete, auch wenn das Feuer schon seit hundert Jahren erloschen war. Es war eine Stadt, in der sich schattenhafte Umrisse überlagerten, der eine wurde sichtbar unter dem anderen, fließend und unstet, Elemente, so alt wie die Zeit, verknüpften sich in ihr zu neuen Formen, aber das Neue war vom Alten ebenso wenig zu unterscheiden wie das Alte vom Neuen.

Dafür gibt es kein Wort. Die Araber sprechen nicht wie wir von Wüste oder Wildnis. Warum auch? Für sie ist sie weder Wüste noch Wildnis, sondern ein Land, das sie bis ins kleinste kennen, eine Heimat, wo noch das kleinste Ding eine Verwendung findet. Sie wissen, zumindest wussten sie es in den Tagen, als ihre Gedanken zu zeitlosen Versen wurden, wie sie an dieser weiten Fläche Freude haben, das Rasen des Sturmes ehren können. Sie priesen in zahllosen Strophen die Schönheit der Wasserstellen. Sie besangen die Fliege, die brummt, wenn ein vom Wein beseelter Mann ein Lied vor sich hinsummt, oder die Regenpfütze, die, wenn der Wind sie kräuselt, wie Silberstücke glänzt oder dunkel schimmert wie des Kriegers Rüstung. Wenn sie ausgetrocknete Wasserläufe überqueren, achten sie auf die sachten Wunder der Nacht, wenn es scheint, als seien die Sterne so fest an den Himmel geschmiedet, dass es niemals dämmert. Imra'alqais nannte die Plejaden Juwelen, die in einem Netz hängen, er sprach von der Gemeinschaft mit dem Wolf, der in der Dunkelheit heult: »Du und ich, wir sind verwandt; sieh, die Furche, die du ziehst, wird mit der meinen die gleiche Ernte geben.« Weder Nacht noch Tag kannten übermächtige Schrecken, sinnlose Furcht oder einen unbesiegbaren Feind. Diese Dichter des Zeitalters der Unwissenheit flehten weder Gott noch Mensch um Hilfe an; im Augenblick der Gefahr verließen sie sich auf den Schmied ihres Schwertes, die Abstammung ihrer Pferde und die Tapferkeit ihres Stammes, die eigene rechte Hand allein führte sie zum Sieg. Dann frohlockten sie, wie es Männern geziemt, in deren Adern heißes Blut fließt, und die keinen Dank aussprachen, wenn sie keinen Dank schuldeten.

Dies ist der Ton einer Dichtung, deren Schönheit allem gleich kommt, was je von Menschen ersonnen wurde. Jeder Aspekt im Leben eines Arabers kommt zur Sprache, innigste Gefühle werden zum Schwingen gebracht. Es gibt keine schöneren Verse als die, mit denen Labid den Wert des Lebens preist, jede der vierzehn Strophen dieses Gedichtes besitzt eine ernste, tragische, über jedes Lob erhabene Würde. Er blickt dem Kummer, dem Alter und dem Tod ins Gesicht, und schließt mit dem schwermütigen Eingeständnis der Grenzen menschlichen Wissens: »O du, dessen Augen dem Fluge des Vogels folgt und dem Wege des Kiesels, der deiner Hand entflohen, wie kannst du wissen, was Gott vorhat?« Die warnende Stimme ist niemals die Stimme der Angst, so oft sie sich von Neuem erhebt, nie gelingt es ihr, den kühnen Mut des Sängers zum Schweigen zu bringen. »Der Tod wählt nicht!« ruft Tarafa, »er schlingt sein Seil um den flüchtigen Fuß des Geizhalses wie um den des Verschwenders.« Aber er fügt hinzu: »Was fürchtest du? Das Heute ist dein.« Auch Zuhair beschreibt seine Erfahrungen ohne Furcht: »Das Heute, das Gestern und die verronnenen Tage kenne ich, aber in die Zukunft blickt mein Auge nicht. Denn ich habe gesehen, wie das Verhängnis, einem blinden Kamel gleich, im Finstern schlich; wen es traf, der fiel, wen es verschonte, dem blühte langes Leben.« Der Hauch der Inspiration traf alle, Alte wie Junge, Männer wie Frauen, zum Schönsten aber, was uns dieses Wüstenerbe geschenkt hat, zählt die Klage einer Schwester über den Tod ihres Bruders. Sie ist nicht nur in ihren Gefühlen bewunderungswürdig, sie dient auch als wertvolles historisches Dokument. Nach der Schlacht von Badr nahm Mohammed in Uthail einen gewissen Nadr Ibn al-Harith gefangen und ließ ihn töten. Kutailas Verse zeigen den Sturm der Gefühle, den der Befehl des Propheten bei jenen Zeitgenossen auslöste, die sich ihm nicht unterwerfen wollten. Zugleich bezeugt das Gedicht den Respekt, den sie einem Mann schuldeten, dessen edle Herkunft der ihren entsprach.

Noch ungezügelter flattert der freie, wilde Geist der Wüste in seiner Brust, als er in Mekka gefangen war. Die Qualen des Gefangenen, die Vorstellung des größten Herzenswunsches, die keine Gefängnisgitter verhindern können, der feine Protest gegen den Glauben seiner Feinde, dass sein Widerstandsgeist gebrochen sei, und die furchtlose Erinnerung eines Mannes an die Leidenschaft, die sein Leben erschütterte und seine Seele darauf vorbereitet, den Tod zu besiegen – das ist der Inbegriff edler Gefühle! Die Sänger des Zeitalters der Unwissenheit kamen in der Wüste zur Welt, sie lebten in der Wüste. Die Zeugnisse ihres Volkes zu übertreffen, die sie uns hinterlassen haben, dürfte auch reicheren und gebildeteren Nationen schwer fallen.

IV

Von Djebel el'Alya nach Salchad

Im Arabischen sagte man: *Hajja ribda wa-la daif mudha* – weder aschgraue Schlange noch Mittagsgast. Wir wollten keinesfalls unhöflich sein, indem wir unseren Besuch zu lange ausdehnten, daher herrschte in unserem Lager schon vor Sonnenaufgang reges Treiben. In der Wüstendämmerung zu erwachen, ist, als erwache man in einem Opal. Die Nebel, die aus den Senken steigen, der Tau, der in flüchtigen Girlanden an den schwarzen Zelten hinunter perlt – alles wird erst vom sanften Leuchten des östlichen Himmels, dann vom strahlenden Gelb der aufgehenden Sonne durchflutet. Ich schickte Fellah ul 'Isa »für sein Söhnchen«, das so ernst am Feuer gespielt hatte, ein silber-purpur durchwirktes Tuch, nahm dankbar Abschied von Namrud, trank eine letzte Tasse Kaffee, stieg auf mein Pferd, wobei mir der alte Scheich die Steigbügel hielt, und ritt mit Gablan davon. Wir erklommen den Djebel el'Alya und ritten über den Kamm des Höhenzuges; die Landschaft ähnelte dem Grenzdistrikt in England, war aber größer, das wogende Hügelland gedehnter, die Entfernungen weiter. Die wunderbar kalte Luft belebte alle Sinne und ließ das Blut in den Adern pochen, ginge es nach mir, müsste man den bekannten Spruch über den Golf von Neapel abändern: »Die Wüste an einem schönen Morgen sehen und sterben – wenn man kann!« Selbst die tumben Maulesel spürten etwas davon, sie liefen so schnell über die federnde

Kapitel IV

Erde (»Verrückt! die Verfluchten!«), dass ihre Lasten ins Schleudern gerieten und sie in die Knie zwangen. Wir mussten zweimal anhalten, um sie neu zu beladen. Weit im Norden glitzerte schneebedeckt das Kleine Herz, der höchste Gipfel des Djebel el-Druz, und sah vergnügt auf uns herunter.

Am Fuße der nördlichen Alya Berge öffnete sich eine sanfte Hügellandschaft, ähnlich der, die wir im Süden vorgefunden hatten, und wir passierten viele dieser geheimnisvollen *rujm*, die die Fantasie zu Mutmaßungen über die frühere Geschichte dieses Landes anregt. Schließlich sahen wir die weit verstreuten Lager der Hassaniyyeh, die mit den Da'ja gut befreundet sind und der gleichen Stammesgruppe angehören. Gablan ritt zwei Reitern entgegen, die über die Ebene kamen, führte mit ihnen ein längeres Gespräch und kehrte dann mit ernster Miene zurück. Am Tag zuvor, wirklich nur einen Tag zuvor, als wir friedlich von Tneib unterwegs gewesen waren, hatten vierhundert Reiter der Sukhur und der Howeitat, zu Bösem verbündet, diese Ebene gestürmt, ein abseits kampierendes Grüppchen der Beni Hassan überrascht und deren Zelte sowie zweitausend Stück Vieh geraubt. Fast schade, dachte ich, dass wir einen Tag zu spät gekommen waren, aber als ich das sagte, verdüsterte sich Gablins Miene noch mehr. Dann, sagte er, hätte er sich dem Kampf anschließen, mich sogar verlassen müssen, obwohl ich seinem Schutze anvertraut sei, denn die Da'ja mussten den Beni Hassan gegen die Sukhur beistehen. Vielleicht brauchte es nicht mehr als den gestrigen Vorfall, um den kaum besiegelten Waffenstillstand zwischen diesem mächtigen Stamm und den Verbündeten der Anazeh zu beenden und die ganze Wüste wieder in einen Kriegszustand zu versetzen.

In den Zelten der Kinder Hassans herrschte Trauer. Ich sah einen Mann, der, die Hände vor das Gesicht geschlagen, an einer Zeltstange weinte, er hatte seinen gesamten Besitz verloren. Wir ritten weiter und sprachen lange über *ghazu* (Raub) sowie darüber, welchen Regeln er folgte. Das Vermögen eines Arabers ist ebenso unbeständig wie das eines Spekulanten an der Londoner Börse. An einem Tag ist er der reichste Mann der Wüste, am nächsten Morgen nennt er nicht einmal mehr ein Kamelfohlen sein Eigen. Er lebt in ständigem Kriegszustand, und selbst wenn ihn mit den Nachbarstämmen die heiligsten Schwüre verbinden, kann er nie wissen, ob nicht aus vielen hundert Meilen Entfernung eine Räuberbande kommt und nachts sein Lager überfällt. So hatten vor zwei Jahren die Beni Awajeh, ein in Syrien unbekannter Stamm, das Gebiet südöstlich von Aleppo überfallen, alles Vieh gestohlen und viele Menschen getötet. Dafür waren sie aus ihrer Heimat jenseits von Bagdad gekommen und dreihundert Meilen durch die Wüste *Marduf* geritten, also zu zweit auf einem Kamel. Wie viele tausend Jahre das schon so geht, werden uns jene sagen können, die sich in das Studium der ältesten Berichte vertieft haben, die über die innere Wüste existieren. Sicher ist, dass es diese Form von Raub vermutlich schon immer gegeben hat, doch in all diesen Jahrhunderten hat der Araber keine Lehren daraus gezogen. Er kann niemals sicher sein und benimmt sich doch, als sei Sicherheit das Fundament seines Lebens. In einem weiten Land, das weder verteidigt wird noch verteidigt werden kann, schlägt er ein kleines Lager aus zehn, vielleicht fünfzehn Zelten auf. Er ist zu weit von den Kameraden entfernt, um sie zu Hilfe holen zu können, meist auch zu weit, um Reiter zur Verfolgung der Räuber zusammenrufen zu können. Dabei behindert das geraubte Vieh deren Rückzug so stark, dass bei schneller Verfolgung der Erfolg sicher wäre. Nachdem er seine gesamte weltliche Habe verloren hat, zieht er bettelnd durch die Wüste, jemand gibt ihm ein Ziegenfell oder zwei, ein anderer einen Kaffeetopf, hier bekommt er ein Kamel, dort einige Schafe, bis er schließlich ein Dach über dem Kopf und so viele Tie-

Kapitel IV

re hat, dass er seine Familie vor Hunger bewahren kann. Wie Namrud sagte: Unter den Arabern herrschen gute Sitten. Dann wartet er einige Monate, vielleicht auch Jahre, und wenn die Gelegenheit günstig ist, überfallen die Reiter seines Stammes mit ihren Verbündeten die Feinde, holen das gestohlene Vieh und vielleicht noch etwas mehr zurück. So geht die Fehde in die nächste Runde. In Wahrheit kennt die Wüste nur ein Gewerbe und ein Spiel: *Ghazu*. Jeder kaufmännisch Denkende weiß, dass es als Gewerbe auf einer falschen Auslegung des Gesetzes von Angebot und Nachfrage beruht, aber als Spiel hat es viel für sich. Die Abenteuerlust kommt zu ihrem Recht, man sieht es förmlich vor sich: Die Erregung des nächtlichen Ritts durch die Wüste, das Vorwärtsstürmen der Pferde beim Angriff, das herrliche (und vergleichsweise harmlose) Knallen der Gewehre, und schließlich, wenn man mit der Beute heimwärts zieht, der Glückstaumel der Gewissheit, dass man ein toller Bursche ist. Wie man in der Wüste sagt: Die besten Fantasien sind mit einer Prise Gefahr gewürzt. Nicht, dass diese Gefahr alarmierend groß wäre; dergleichen bringt auch ohne viel Blutvergießen ein beträchtliches Maß an Vergnügen, denn der raubende Araber ist selten darauf aus, zu töten. Gegen Frauen und Kinder erhebt er niemals die Hand, und wenn ein Mann stirbt, dann meist aus Versehen. Wer kennt das letzte Ziel einer Gewehrkugel, wenn sie auf ihrer Zufallsbahn fliegt? So denken die Araber über *Ghazu*; die Drusen allerdings sehen das völlig anders. Sie spielen das Spiel nicht nach diesen Regeln, für sie ist das blutiger Krieg. Sie ziehen los, um zu morden, und verschonen keinen. So lange sie Pulver in den Flaschen und Kraft genug zum Abdrücken haben, töten sie jeden, der vor ihnen auftaucht, ob Mann, Frau oder Kind.

Ich kenne die Unabhängigkeit der arabischen Frauen ebenso gut wie die Ungezwungenheit, mit der zwischen gleichrangigen Stämmen Ehen ausgehandelt werden, und habe oft

Beziehungen erlebt, in denen sich, wie bei den Montagues und Capulets, aufgrund von Zuneigung Liebe und Hass mischten. »Ich ward ihr gut aus Zufall«, schreibt Antara, »als ich die Ihren schlug.« Gablan antwortete, solch schwierige Verbindungen kämen vor, manche endeten in einer Tragödie. Wenn sich die Liebenden aber in Geduld fassten, gebe es meist einen Kompromiss, manche könnten während eines kurzen, aber doch häufig sich einstellenden Waffenstillstands heiraten. Wirklich gefährlich werde es, wenn es innerhalb eines Stammes zu Blutrache komme. Ein Mann, der einen der Seinen getötet hat, wird in ein heimat- und freundloses Exil verstoßen, er muss bei Fremden oder Feinden unterkommen. Und so klagt Imra'alqais, der einsame Geächtete, in die Nacht: »O lange Nacht, wann wirst du der Dämmerung weichen? Doch ist auch der Tag nicht besser als du.«

Im Lager der Hassaniyyeh, wenige Meilen weiter nördlich, wusste man noch nichts von dem gestrigen Schicksalsschlag, wir hatten das Vergnügen, ihnen die schlechte Nachricht überbringen zu dürfen. Gablan ritt zu jeder Gruppe hin, an der wir vorüber kamen, und erleichterte sein Herz. Auf unserem Weg vervielfachte sich die Zahl der Angreifer, vermutlich hätte ich schon die ursprünglich genannte Zahl von vierhundert nicht ernst nehmen sollen, hatten sie doch in den vierundzwanzig Stunden zwischen ihrem Verschwinden und unserer Ankunft viel Zeit zur Vermehrung gehabt. In allen Zelten war man mit Vorbereitungen beschäftigt, aber nicht für den Krieg, sondern für ein Fest. Am nächsten Tag war das Opferfest, der wichtigste Feiertag im mohammedanischen Jahreskreis, an dem die Pilger in Mekka ihre Opfertiere schlachten und alle Rechtgläubigen es ihnen zu Hause gleichtun. Neben jedem Zelt türmte sich bereits ein großer Reisighaufen, über dem das Schaf oder Kamel gebraten werden würde. Alle Hemden des Stammes lagen in der Sonne zum Trocknen ausgebreitet, sie waren gewaschen worden;

Kapitel IV

ich habe Grund zu der Vermutung, dass dies nur einmal im Jahr geschieht.

Kurz vor Sonnenuntergang erreichten wir ein großes Lager der Beni Hassan, Gablan entschied, dass wir dort übernachten würden. In einem nahen, schlammigen Tümpel gab es Wasser, oberhalb der Bodensenke, wo die Araber lagerten, einen guten Platz für unsere Zelte. Im Lager war kein wichtiger Scheich, also beherzigte ich Namruds Warnung, schlug alle Einladungen aus und verbrachte den Abend zu Hause. Ich verfolgte den Sonnenuntergang, das Entzünden der Kochfeuer, den blauen Rauch, der im Zwielicht schwebte. Das zu opfernde Kamel graste, wunderbar geschmückt, zwischen meinen Maultieren, nach Einbruch der Dunkelheit begannen die Festlichkeiten mit ausgedehntem Gewehrfeuer. Gablan saß schweigend am Lagerfeuer, seine Gedanken kreisten um die Feiern, die bei ihm zu Hause vorbereitet wurden. Es bekümmerte ihn, dass er an einem solchen Tag nicht dort sein konnte. »Wie viele Reiter«, sagte er, »steigen morgen am Zelt meines Vaters vom Pferd! Und ich bin nicht da, um sie willkommen zu heißen oder meinem kleinen Sohn ein gutes Fest zu wünschen!«

Wir brachen vor Beginn des Festes auf. Ich hatte kein Bedürfnis, den letzten Minuten des Kamels beizuwohnen, außerdem hatten wir einen langen Tag durch eine recht unsichere Gegend vor uns. Um die Sicherheit meiner Karawane musste ich allerdings nicht fürchten, lag doch in meiner Satteltasche ein Schreiben von Fellah ul'Isa an Nasib al-Atrasch, Scheich von Salkhad im Djebel el-Druz. »An den gerühmten und ehrenwerten Scheich, Nasib al-Atrasch«, stand da (ich hatte zugehört, als mein Gastgeber das Namrud diktierte, und gesehen, wie er das Schreiben mit seinem Siegel verschloss), »an den Hochverehrten, Gott schenke Euch ein langes Leben! Wir schicken Grüße, Euch und dem Volk von Salkhad, Eurem Bruder Jada'llah, dem Sohn Eures Onkels Muhammad al-Atrasch in Umm er Rumman, all unseren

Freunden in Imtain. Sodann: Es reist eine Dame von uns zu Euch, sie entstammt einer der vornehmsten Familien Englands. Und wir grüßen Muhammad und unsere Freunde ... usw. usw. (es folgte eine lange Namensliste). Darüber hinaus ist nichts vonnöten, Friede sei mit Euch.« Neben diesem Schreiben schützte mich auch meine Nationalität, denn die Drusen haben nicht vergessen, dass wir in den 1860er Jahren zu ihren Gunsten eingegriffen haben, außerdem war ich mit mehreren Scheichen der Turshan persönlich bekannt, zu denen auch die mächtige Familie Nasib gehörte. Mit Gablan verhielt es sich allerdings anders, er war sich der Ungewissheit seiner Lage bewusst. Auch wenn sein Onkel das Bergland besucht hatte, konnte er nicht wissen, wie die Drusen ihn empfangen würden; jetzt verließ er den letzten Vorposten seiner Verbündeten und begab sich in ein Grenzgebiet, das seit jeher feindlich war und das er selbst nur von gelegentlichen Raubzügen kannte, die er dorthin unternommen hatte. Selbst wenn die Drusen ihm freundlich begegneten, könnte er umherschweifenden Hassana oder ihresgleichen in die Hände fallen, die östlich der Berge lagerten und erbitterte Feinde der Da'ja waren.

Nach ein oder zwei Stunden veränderte die Landschaft völlig das Gesicht, weicher Wüstenboden wich dem Vulkangestein des Hauran. Eine Zeitlang folgten wir einer Lavarinne, in einer zwischen Hügeln gelegenen, kleinen Senke sahen wir die letzten Hassaniyyeh-Zelte, und dann standen wir am Rand einer Ebene, die sich bis zum Djebel el-Druz erstreckt: gänzlich unbewohnt, fast vegetationslos, mit schwarzem Vulkangestein übersät. Man sagt, die Grenze der Wüste gleiche einer Steilküste, an der ein Seemann auch nach erfolgreicher Meeresüberquerung noch Schiffbruch erleiden kann, wenn er sein Schiff in den sicheren Hafen zu bringen versucht. Diese Landung stand uns nun bevor. Irgendwo zwischen uns und den Bergen lagen die Ruinen von Umm-el-

Kapitel IV

Gemal, wo ich mit den Drusen in Kontakt zu kommen hoffte. Aber wir hatten nicht die geringste Ahnung, wo sie lagerten, denn diese Ebene war hügelig genug, um ihre Zelte zu verbergen. Umm-el-Gemal genießt keinen guten Ruf; ich glaube, mein Lager war erst das zweite westliche Lager, das jemals dort aufgeschlagen wurde, das erste gehörte einer amerikanischer Archäologengruppe, die zwei Wochen vor meiner Ankunft abgereist waren. Gablans deutliches Unbehagen verstärkte den düsteren Ruf des Ortes. Zweimal wandte er sich zu mir und fragte, ob wir wirklich dort bleiben müssten. Ich antwortete, dass er es übernommen habe, mich nach Umm-el-Gemal zu führen, und es stehe außer Frage, dass ich dorthin müsse: Beim zweiten Mal stützte ich mein Beharren auf den Hinweis, dass die Tiere am Abend Wasser bräuchten, und dass wir es vermutlich nur in den Zisternen der Ruinenstadt finden würden. Daraufhin holte ich meine Landkarte hervor, versuchte abzuschätzen, wo auf dem weißen Papier unser Standort sein mochte, und zog mit meiner Karawane auf eine westlich gelegene, kleine Anhöhe, von wo aus wir vielleicht unser Ziel sehen würden. Gablan fügte sich meiner Entscheidung ohne Murren und bedauerte, dass er bei der Suche nicht von größerem Nutzen sein konnte. Er war erst einmal in Umm-el-Gemal gewesen, auf einem Raubzug in tiefster Nacht. Er und seine Leute hatten eine halbe Stunde Rast gemacht, um ihre Pferde zu tränken, waren nach Osten weitergeritten und auf einem anderen Weg zurückgekehrt. Ja, Gott sei gelobt!, der Beutezug sei erfolgreich gewesen, im Übrigen war das einer der ersten, an denen er beteiligt gewesen war. Mikhail lauschte unseren Überlegungen mit völligem Desinteresse, die Maultiertreiber wurden nicht gefragt. Aber als wir wieder aufbrachen, steckte Habib seinen Revolver griffbereit in den Gürtel.

Wir ritten weiter. Ich hielt ständig nach der *Rasif* Ausschau, der gepflasterten Römerstraße, die von Kalaat ez Zerka nach Bosra führte, und überlegte auch, wie ich, falls nötig, meinen Freund und Führer schützen könnte, dessen Gesellschaft die Reisestunden angenehm belebt hatte und der unter keinen Umständen zu Schaden kommen sollte, so lange er mit uns zusammen war. Als wir uns der Anhöhe näherten, sahen wir an deren Gipfel erst Schafhürden und dann Männer, die ihre Tiere hinter die schwarzen Mauern trieben. Ihre hastigen Bewegungen verrieten Unruhe. Wir bemerkten auch einige Gestalten, die sich aus einer Senke zur Linken auf uns zu bewegten, ob zu Pferd oder zu Fuß, war zunächst nicht auszumachen. Einen Moment später stiegen vor ihnen zwei Rauchwölkchen auf, wir hörten das Knallen von Gewehren.

Gablan wandte sich mit einer schnellen Geste zu mir hin.
»*Darabuna!*«, sagte er. »Sie schießen auf uns.«
Laut sagte ich, »Sie haben Angst«, insgeheim dachte ich, »Jetzt sind wir dran.«

Gablan stellte sich in die Steigbügel, zog den fellgefütterten Umgang von den Schultern, wickelte ihn um den linken Arm und schwenkte ihn über dem Kopf. Dann ritten er und ich sehr langsam auf die Männer zu. Es fielen weitere Schüsse, wir ritten weiter, Gablan wedelte immer noch die Friedensfahne. Das Schießen hörte auf; das alles war, wie sich zeigte, nicht mehr gewesen als die übliche Begrüßung von Fremden, die allerdings mit der bei Barbaren üblichen Sorglosigkeit geschah. Unsere Angreifer waren zwei Araber. Sie grinsten von einem Ohr zum anderen und nachdem sie davon ausgingen, dass wir keine Schafe stehlen wollten, waren sie gern bereit, sich mit uns zu verbünden, und mehr als willens, uns den Weg zur Ruinenstadt Umm-el-Gemal zu zeigen. Kaum hatten wir den Tell umrundet, lag die Stätte vor uns: Die schwarzen Türme und Mauern ragten trutzig aus der Wüste, es schien undenkbar, dass der Ort seit eintausenddreihundert Jahren zerstört und verlassen war. Erst als wir

Kapitel IV

näher kamen, erkannten wir Risse und Spalten in den Tuffsteinwänden und Brüche in der Stadtmauer. Ich wäre am liebsten sofort mitten in die Stadt hineingeritten, aber Gablan holte mich ein und legte seine Hand auf meinen Zügel.

»Verehrte Lady, Ihr steht unter meinem Schutz«, sagte er. »Ich gehe vor.«

Er war als Einziger von uns in Gefahr, und das wusste er auch. Daher rechnete ich ihm diesen Entschluss hoch an.

Wir klapperten über die zerfallene Stadtmauer, umrundeten den viereckigen Klosterturm, das Kennzeichen der Mutter der Kamele (das bedeutet der arabische Name), und ritten auf einen Platz zwischen leeren Straßen: Es war niemand da, den wir hätten fürchten müssen, das einzige Anzeichen von Leben waren zwei kleine schwarze Zelte, deren Bewohner uns enthusiastisch begrüßten, bevor sie uns, auf sehr liebenswürdige Weise, Milch und Eier verkauften. Die Araber, die am Fuße des Hauran-Gebirges wohnen, werden Dschebeliyyeh genannt, Bergaraber. Sie sind ohne Bedeutung, denn sie sind die Diener und Schäfer der Drusen. Im Winter hüten sie Herden, die in die Ebene geschickt werden, im Sommer dürfen sie auf den nicht bestellten Hängen ihr eigenes Vieh weiden.

Es blieb eine Stunde Tageslicht, die ich außerhalb der Stadtmauer dieser wunderbaren nabatäischen Nekropolis verbrachte. Monsieur Dussaud hat vor fünf Jahren mit ihrer Erforschung begonnen, Mr. Butler und Dr. Littmann, deren Besuch dem meinen unmittelbar voranging, haben das fortgeführt, wie eingehend sie das taten, werden ihre in Kürze erscheinenden Bände zeigen. Ich sah mir die Grabstätten an, die sie frei gelegt hatten, und bemerkte einige Hügel, die vermutlich weitere Gräber verbergen. Dann schickte ich meine Begleiter fort und streifte in der Dämmerung allein durch die verfallenen Straßen der Stadt, betrat große Räume und stieg über bröckelnde Treppen aufwärts, bis Gablan kam, um mich zu holen. Er sagte, wenn die Leute nach Einbruch der Dunkelheit eine Gestalt sähen, die im Pelzmantel diesen unheimlichen Ort erkunde, könne es leicht sein, dass sie diese Gestalt für einen Ghul hielten und auf ihn schössen. Zudem wolle er mich bitten, nach Tneib zurückkehren zu dürfen. Einer der Araber würde uns am nächsten Morgen zum ersten Drusendorf bringen, er selbst käme dem Bergland lieber nicht noch näher. Ich stimmte gleich zu, es war eine Erleichterung, nicht mehr für seine Sicherheit verantwortlich zu sein. Für seine Mühen bekam er drei Napoleons sowie einen freundlichen Dankesbrief an Fellah ul 'Isa, wir trennten uns mit vielen Beteuerungen, dass wir, so es Gott gefällt, wieder zusammen reisen würden.

Das steinige Land am Fuße des Dschebel Hauran ist von kleinen Siedlungen übersät, die seit der muslimischen Invasion im siebten Jahrhundert verlassen sind. Ich habe zwei besichtigt, die nicht allzu weit von meiner Route entfernt waren, Shabha und Shabhiyyeh, beide waren Umm-el-Gemal sehr ähnlich. Aus der Ferne wirkten sie wie solide gebaute Städte mit Viereckürmen und zweistöckigen Häusern. Die Mauern liegen noch so, wie sie zusammengestürzt sind, keine Hand hat sich gerührt, um die Trümmer fortzuräumen. Monsieur de Vogüé hat als Erster die Architektur des Hauran beschrieben; sein herausragendes Werk ist bis heute die wichtigste Informationsquelle. Die Wohnhäuser sind um einen Innenhof errichtet, meist führt eine Außentreppe von dort in das obere Stockwerk. Die Häuser sind ohne Holz gebaut, sogar die Türen bestehen aus Steinplatten und hängen in Steinangeln, dünne Steinplatten mit einem Durchbruchmuster dienen als Fenster. Hier und da sind Reste eines säulenflankierten Tores erkennbar, einige Wände sind von Zwillingsfenstern durchbrochen, deren Bögen von einem schmalen Mittelpfosten und einem schlichten, grob ausgeführten Kapitell getragen werden. Die Türstürze sind oft mit einem

KAPITEL IV

Kreuz oder Christusmonogramm geschmückt, allgemein aber ist wenig Schmuck vorhanden. Die Zimmerdecken bestehen aus Steinplatten, die auf querlaufenden Bogen ruhen. Die nabatäischen Inschriften und Grabstätten sind, soweit sich das überhaupt mit einiger Sicherheit sagen lässt, die ältesten geschichtlichen Zeugnisse, die in diesem Landstrich entdeckt wurden. Auf sie folgen viele wichtige Monumente aus der Zeit des vorchristlichen Roms, die wahre Blütezeit fällt aber offenbar in die christliche Ära.

Nach der muslimischen Invasion endete der Wohlstand des Hügellands von Hauran. Danach wurden nur wenige Dörfer neu besiedelt, als die Drusen vor etwa einhundertfünfzig Jahren kamen, fanden sie keine sesshafte Bevölkerung vor. Sie eigneten sich das Bergland an, bauten die alten Städte wieder auf, wodurch sie das Original natürlich zerstörten, und weiteten ihre Herrschaft auf die Ebene im Süden aus. Sesshaft wurden sie an den antiken Orten dieses umstrittenen Gebietes allerdings nicht, daher kommen Archäologen besonders gern zum Graben hierher. Die amerikanische Expedition wird die immense Menge an vorhandenem Material gut zu nutzen wissen. Da ich wusste, dass Berufenere als ich diese Aufgabe schon erledigt hatten, faltete ich meinen Zollstock zusammen und rollte das Metermaß auf. Dem natürlichen Impuls, hier und da eine Inschrift zu transkribieren, konnte ich allerdings nicht widerstehen. Die wenigen (es waren wirklich außerordentlich wenige), die Dr. Littmanns wachsamem Augen entgangen, mir aber zufällig aufgefallen waren, fanden ihren Weg zu ihm, als wir uns in Damaskus trafen.

Fendi, unserem neuen Führer, fiel die angenehme Aufgabe zu, mich über den neuesten Klatsch aus dem Bergland zu informieren. Seit meinem letzten Besuch vor fünf Jahren hatte der Tod in der großen Familie der Turshan reiche Ernte gehalten. Faiz al-Atrasch, Scheich von Kreyeh, war tot, vergiftet, wie man munkelte, ein oder zwei Wochen vor meiner

Ankunft war Shibley Beg al-Atrasch, der berühmteste aller Drusenführer, an einer rätselhaften und langwierigen Krankheit gestorben, auch hier wurde von Gift getuschelt. Es gab diesen und jenen Krieg, ein furchtbarer Raubzug der Araber aus dem Wadi as-Sirhan musste gerächt, Händel mit den Sukhur geschlichtet werden. Im Großen und Ganzen aber herrschte Wohlstand und gerade so viel Frieden, wie ein Druse ertragen kann. Wir unterbrachen die Unterhaltung und schossen auf Kaninchen, die in der Sonne schliefen; das ist kein sehr eleganter Sport, füllt aber unseren Kochtopf und bringt etwas Abwechslung in den Speiseplan. Später ließ ich Fendi und die Maultiertreiber den Weg allein fortsetzen und machte mit Mikhail einen langen Umweg, um die Ruinenstätten zu besuchen. Wir saßen an einer verfallenen Mauer, weit von meinen Leuten entfernt, und beendeten gerade unser Mittagessen, als wir sahen, dass zwei Reiter über die Ebene auf uns zu ritten. Wir rafften die Reste des Mahls zusammen und saßen rasch auf, es schien ratsam, jeden Gruß, den sie uns entbieten würden, im Sattel sitzend entgegenzunehmen. Sie hielten vor uns an, grüßten und fragten barsch, wohin wir wollten. Ich antwortete: »Nach Salchad, zu Nasib al-Atrasch«, woraufhin sie uns ohne weitere Bemerkung passieren ließen. Es waren keine Drusen, denn sie trugen nicht den Drusenturban, sondern Christen aus Kreyeh, wo es eine große christliche Gemeinde gibt; von Fendi, der ihnen kurz vor uns begegnet war, erfuhren wir später, dass sie auf dem Weg zu den Winterquartieren ihrer Herden in Umm-el-Gemal waren.

Schon Stunden, bevor wir die heutige Grenze des Ackerbaus erreichten, waren deutlich Spuren antiker Landwirtschaft zu erkennen. Es handelte sich um Steine, die aus der ehemals fruchtbaren Erde gelesen und zu langen, parallel laufenden Mäuerchen aufgeschichtet worden waren. Diese Stapel wirken wie die Raine und Gräben einer riesigen Wiese, wie diese, sind

Kapitel IV

sie nahezu unvergänglich und zeugen von mühevoller Arbeit, die vermutlich mit der arabischen Invasion endete.

Am Fuß des ersten Ausläufers der Berge, dem Tell esj Shih (benannt nach der weiß-grauen Shih-Pflanze, dem besten Schaffutter), verließen wir die brache Wüste und kamen in die Region des Ackerbaus; wir verließen auch die klaren Flächen der offenen Wüste und versanken knöcheltief im Schlamm einer syrischen Straße. Sie führte uns bergauf nach Umm er Rumman, Mutter der Granatäpfel, das am Rande des niedrigsten Djebel el-Druz-Plateaus liegt, ein noch trostloserer Lehmfleck ist kaum vorstellbar. Ich fragte am Dorfrand Drusen nach einem Lagerplatz, sie wiesen mir den Weg zu einem außerordentlich schmutzigen Platz unterhalb des Friedhofs. Überall sonst, sagten sie, würde ich die Saat oder Gras zerstören, obwohl die Saat, Gott ist mein Zeuge, noch unter der Erde war, und das Gras aus ein paar braunen Halmen bestand, die mit Mühe aus der schmelzenden Schneedecke herausragten. Der Gedanke, meine Zelte so nah beim Friedhof aufzuschlagen, behagte mir nicht, also verlangte ich, dass man mir den Weg zu Muhammad al-Atraschs Haus zeige, Scheich von Umm er Rumman. Der Fürst von Turshan saß auf seinem Dach und überwachte Feldarbeiten, die schräg unterhalb von ihm im Matsch vor sich gingen. Er war in den vergangenen Jahren sehr aus dem Leim gegangen, die zahllosen Kleidungsstücke, die seinen alten, dicken Körper vor der Winterkälte schützen sollten, ließen ihn nicht besser aussehen. Ich ging so nah zu ihm hin, wie der Matsch es erlaubte, und rief:

»Friede sei mit Euch, werter Scheich!«

»Und Friede mit Euch«, brüllte er zurück.

»Wo finde ich in Eurem Dorf einen trockenen Platz für mein Lager?«

Der Scheich beriet sich lautstark mit seinen Leuten, die unten im Matsch standen, und antwortete schließlich, dass er das, bei Gott! nicht wisse. Während ich mich noch fragte, was nun zu tun sei, trat ein Druse vor und sagte, er könne mir eine Stelle außerhalb des Dorfes zeigen. Der Scheich, über diese Verlagerung der Verantwortung sehr erleichtert, verabschiedete sich mit dem laut gerufenen Wunsch, ich möge in Frieden gehen, und wandte sich wieder seinen Tätigkeiten zu.

Mein Führer war ein junger Mann mit den klar geschnittenen und intelligenten Gesichtszügen seines Volkes. Er war auch, wie alle seine Stammesgenossen, außerordentlich neugierig, und während er von einer Straßenseite auf die andere hüpfte, um den Pfützen aus Matsch und Schneewasser auszuweichen, entlockte er mir meine ganze Geschichte: woher ich kam, wohin ich ging, wer im Djebel el-Druz meine Freunde waren und wie mein Vater hieß. Das war ganz anders als bei den Arabern, für sie ist das entscheidende Merkmal einer guten Erziehung, nicht mehr zu erfragen, als der Fremde zu erzählen bereit ist. In den Annalen des Tabari findet sich die schöne Geschichte von einem Mann, der bei einem arabischen Scheich Schutz suchte. Er blieb, der Scheich starb, danach regierte sein Sohn viele Jahre lang. Eines Tages kam der Enkelsohn des ursprünglichen Gastgebers zu seinem Vater und sagte: »Wer ist dieser Mann, der bei uns wohnt?« Und sein Vater antwortete: »Sohn, er kam zu Zeiten meines Vater, mein Vater wurde alt und starb, er blieb unter seinem Schutz, jetzt bin auch ich alt. In all diesen Jahren habe ich ihn nie gefragt, wie er heißt oder warum er bei uns Schutz gesucht hat. Das wirst auch du nicht tun.«

Und doch freute ich mich, wieder bei den forschenden, Kohl-geschwärzten Augen des Berglands zu sein, wo man sich eines scharfen Verstandes bedient und jede Frage nach einer schlagfertigen Entgegnung oder schnellem Parieren verlangt. Wenn mein Gesprächspartner allzu neugierig wurde, musste ich nur sagen:

»Nun hört her! Ich bin nicht ›Ihr‹, ich bin ›Eure Exzellenz‹«, dann lachte er, verstand und nahm sich die Rüge zu Herzen.

Kapitel IV

In Umm er Rumman sind viele Inschriften erhalten, einige nabatäisch, die übrigen kufisch, ein Beweis dafür, dass diese Stadt auf dem Hochplateau zu einer jener frühen Siedlungen gehört, die die Araber nach der Invasion in Besitz genommen haben. Ein Grüppchen ausgelassener kleiner Buben folgte mir von Haus zu Haus, sie purzelten fast übereinander vor lauter Eifer, mir beschriebene Steine zu zeigen, die in Mauern oder den Boden um eine Feuerstelle eingefügt waren. In einem Haus umfasste eine Frau meinen Arm und flehte mich an, ihren Mann zu heilen. Er lag in einer dunklen Ecke des fensterlosen Raums, das Gesicht in schmutzige Binden gehüllt. Als diese abgenommen worden waren, kam eine furchtbare Wunde zum Vorschein, eine Kugel hatte die Wange durchschlagen und den Kiefer zertrümmert. Ich konnte ihm nur ein antiseptisches Mittel geben und die Frau ermahnen, die Wunde zu waschen, die Binden sauber zu halten und vor allem aber dafür zu sorgen, dass er die Arznei nicht trank. Tatsächlich spielte es kaum noch eine Rolle, was er damit tat, denn der Tod hatte die Hand schon nach ihm ausgestreckt. Er war der erste in einer langen Reihe Leidender, die jedem Reisenden an entlegenen Orten unter die Augen kommen und die verzweifelt an sein Mitleid appellieren. Männer und Frauen, von Geschwülsten und furchtbaren Ausschlägen befallen, mit Fieberanfällen und Rheumatismus, verkrüppelt geborene Kinder, Blinde und Alte, keiner, der nicht hoffte, dass die unermessliche Weisheit des Westens ein Heilmittel für ihn kennt. Man steht erschüttert vor dem Ausmaß menschlichen Leidens und der eigenen Hilflosigkeit.

Der archäologische Rundgang brachte mich schließlich auch zur Tür des Scheichs, und ich trat ein, um einen offiziellen Besuch abzustatten. Jetzt, wo die Alltagspflichten hinter ihm lagen, war er ein sehr aufmerksamer Gastgeber; wir saßen im Mak'ad, das Audienzzimmer war ein recht dunkles und schmutziges Nebengebäude mit einem eisernen Ofen in der Mitte, und sprachen über den Krieg in Japan, die Wüsten-*Ghazus* und andere aktuelle Themen, während uns Selman, der charmante sechzehnjährige Sohn des Scheichs, Kaffee machte. Muhammad ist der Schwager von Shibly und Yahya Beg al-Atrasch, letzterer war vor fünf Jahren mein Gastgeber, als ich vor dem türkischen Mudir in Bosra in sein Dorf Areh fliehen musste. Selman ist der einzige Sohn seines alten Vaters und der einzige Nachkomme des berühmten Turshan-Zweigs der Areh, denn der verstorbene Shibly und auch Yahya sind kinderlos. Der Junge begleitete mich zu meinem Lager, leichtfüßig lief er durch den Matsch, er war fröhlich, aufgeweckt und hatte jene Aura von Vornehmheit, die eine edle Herkunft verrät. Doch obwohl es in Kreyeh, fünfzehn Meilen entfernt, eine große drusische Maktab unter Leitung eines halbwegs gebildeten Christen gab, hatte er keine Schule besucht.

»Mein Vater liebt mich so sehr«, erklärte er, »dass er mich nicht von seiner Seite lassen möchte.«

»Selman«, begann ich …

»O Gott!«, erwiderte er, so ist es üblich, wenn man mit Namen angesprochen wurde.

»Die Geisteskraft der Drusen gleicht erlesenem Stahl. Was aber ist Stahl, der nicht zum Schwert geschmiedet wird?«

Selman antwortete: »Mein Onkel Shibly konnte weder lesen noch schreiben.«

Ich sagte: »Die Zeiten haben sich geändert. Das Haus der Turshan wird gebildete Männer brauchen, wenn es das Bergland weiterhin führen will wie bisher.«

In Wirklichkeit ist es mit dieser Führerrolle bereits für immer vorbei; Shibly ist tot, Yahya kinderlos, Muhammad alt, Selman unreif. Faiz hat vier Söhne hinterlassen, die aber keinen guten Ruf genießen, Nasib ist gerissen, aber zugleich ausgesprochen dumm; dann sind da noch Mustafa as-Imtain, der als ehrenwerter Mann mit geringer Intelligenz gilt, sowie

Kapitel IV

Hamud as-Suwaida, der sich vor allem durch seinen Wohlstand hervortut. Der fähigste Mann der Drusen ist ohne Zweifel Abu Tellal aus Shaba, und Scheich Muhammad en Nassar ist der mit Abstand Gelehrteste.

Die Nacht war bitter kalt. Mein Thermometer war kaputt, daher war die genaue Temperatur nicht festzustellen, aber bis wir Damaskus erreichten, war das Wasser in der Tasse neben meinem Bett an jedem Morgen zum Eisblock gefroren, einmal fror ein sprudelnder Bach vor dem Lager binnen einer Nacht zu. So lange Frost herrschte, nächtigten Tiere und Maultiertreiber in Karawansereien. Kaum stand unser Lager, verschwand Muhammad der Druse, der hier zu seinem wahren Namen und Glauben zurückgekehrt war, um den Abend in der Gastfreundschaft seiner Verwandten zu genießen. »Es verhält sich nämlich so«, spottete Mikhail, »dass er jeden für den Sohn seines Onkel hält, der ihm etwas zu essen gibt.«

Am folgenden Morgen musste ich die Abreise hinauszögern, um der Frühstückseinladung des Scheichs Folge leisten zu können, die für etwa neun Uhr ausgesprochen worden war. Der genaue Wortlaut war ›zwei Stunden nach Sonnenaufgang‹, wer aber weiß schon, wann dieser Himmelskörper zu erscheinen geruht? Es war eine angenehme Zusammenkunft. Wir besprachen alle Aspekte des Krieges im Jemen, jedenfalls theoretisch, denn ich verfügte als Einzige über Neuigkeiten, sie stammten aus einer *Weekly Times*, die einen Monat alt war. Dann fragte Muhammad, warum Europäer eigentlich Inschriften suchen.

»Aber ich glaube, dass ich es weiß«, fuhr er gleich fort. »Sie wollen das Land seinen Herrschern zurückgeben.«

Ich versicherte ihm, dass die letzten Nachkommen der ehemaligen Herrscher des Hauran seit eintausend Jahren tot seien. Er hörte höflich zu und wechselte das Thema mit der verächtlichen Miene eines Mannes, der keine wahre Antwort bekommen hat.

Der junge Mann, der uns den Lagerplatz gezeigt hatte, ritt mit uns nach Salchad. Er habe dort etwas zu erledigen und wolle den Weg lieber in Gesellschaft zurücklegen. Er hieß Saleh, stammte aus einer Familie von Geistlichen und war selbst Leser und Schreiber. Ich beging die Taktlosigkeit, ihn zu fragen, ob die Familie 'akil sei, Eingeweihte. Bei den Drusen gibt es Eingeweihte und Unwissende, diese Trennung entspricht nicht der gesellschaftlichen Stellung, denn die meisten Turshan sind Unwissende. Er warf mir einen scharfen Blick zu und antwortete:

»Was meint Ihr?« Ich erkannte meinen Fehler und wechselte das Thema.

Aber Saleh ließ sich keine Gelegenheit entgehen, etwas zu lernen. Er befragte mich genauestens nach unseren Gebräuchen, bis hin zu Ehe- und Scheidungsgesetzen. Er fand es außerordentlich amüsant, dass in England der Vater einem Mann Geld geben musste, damit dieser seine Tochter heiratete (so interpretierte er die Sitte der Mitgift), und wir lachten zusammen über die Absurdität dieser Regelung. Er wollte unbedingt erfahren, wie man im Westen die Entstehung der Welt und den Ursprung der Materie sieht, ich unterbreitete ihm einige unorthodoxe Gedanken. Die Geistesklarheit, mit der er sie erfasste, überstieg bei weitem jene, mit der sie vorgetragen worden waren. Und so war es, trotz Matsch und Geröll, ein angenehmer Vormittag. Neben den Schneehügelchen blühten einige vorwitzige, kleine Krokusse und auch Bärlauch – es gibt im Bergland außerordentlich viele Frühlingsblumen. Der Blick nach Süden, über die große Hochebene, die wir überquert hatten, war bezaubernd; im Norden zog sich eine durchgehende Kette schneebedeckter Berge, Kuleib, das Kleine Herz, lag halb im Nebel und wirkte mit seinem eisigen Gipfel fast alpin. Zwei Stunden nach Mittag erreichten wir Salchad, das erste Ziel unserer Reise.

V

SALCHAD

Salchad, die Stadt des König Og in Bashan, muss seit Anbeginn der Geschichte kontinuierlich besiedelt gewesen sein. Das moderne Dorf drängt sich am Fuß eines kleinen Vulkans, an dessen Gipfel, in den Krater hineingebaut, die Festungsruine liegt. Die Burg war, wie ihre Vorgänger an eben diesem Ort, ein Grenzposten des Hauran-Berglands zur Wüste, ein Grenzposten der frühesten Zivilisation gegen die ersten Marodeure. Das Gelände fällt nach Süden und Osten jäh ab und läuft dann, von einer oder zwei vulkanischen Erhebungen in unmittelbarer Nähe abgesehen, in die weiten Ebenen aus, die bis zum Euphrat reichen. Von Salchad führt die Römerstraße pfeilgerade in die Wüste hinein, kein moderner Reisender ist über die ersten ein oder zwei Stationen dieses Weges hinaus gekommen. Hier beginnt der Karawanenweg nach Nejd, der durch Kaf und Ethreh und dann, am Wadi as-Sirhan entlang, bis Jof und Ha'il führt. Dies ist eine gefährliche Route, auch wenn die Blunts sie ebenso erfolgreich bewältigt haben wie Euting nach ihnen. Eutings Schilderung ist die beste, die wir haben, sie zeugt von der umfassenden Bildung und genauen Beobachtungsgabe des Deutschen. Südlich von Salchad, mitten in einer Oase, in deren Dickichten es vor Wildschweinen wimmelte, liegt die interessante Festungsruine Qasr al-Azraq; Dussauds Bericht über seine Reise dorthin ist ausgezeichnet. Es gibt ohne

Zweifel noch viel mehr zu entdecken; die Wüste ist voller unerzählter Geschichten. Und die großen Ebenen mit ihren Geheimnissen üben einen so großen Sog aus, dass es in Salchad nahezu unmöglich schien, nicht gen Süden aufzubrechen.

Ich suchte sofort Nasib al-Atraschs Haus auf und legte Fellah ul 'Isas Brief vor. Nasib ist siebenundzwanzig Jahre alt, wirkt aber zehn Jahre älter, er ist klein und flink, hat den für Drusen typischen, schlauen Gesichtsausdruck, eher durchtrieben als gefällig. Er empfing mich in seinem Mak'ad, wo er mit seinem Bruder Jada'llah saß, ein großer, junger Mann, mit schönem, allerdings recht dummem Gesicht, der mich mit »Bon jour« begrüßte und dann wieder verstummte, weil damit seine Französischkenntnisse erschöpft waren. Genauso verhielt es sich auch mit seiner Kleidung, auch hier hatte er nur ein einziges Teil aus der europäischen Garderobe übernommen: Das Stück seiner Wahl war ein hoher Stehkragen, der zu seiner arabischen Kleidung recht seltsam aussah. Neben weiteren Drusen, die im Mak'ad Kaffee tranken, saß dort ein Gast, den ich sofort als Fremden erkannte. Es handelte sich, wie sich herausstellte, um den Mudir el Mal der türkischen Regierung, seine genaue Funktion kenne ich nicht, dem Titel nach müsste er ein Beamter der Schatzkammer sein. Salchad ist (neben as-Suwaida und 'Areh) einer von drei Orten im Djebel el-Druz, wo der Sultan einen Kaimakam und eine Telegraphenstation unterhält. Kaimakam Yusef Effendi und Mudir el Mal Milhem Ilian waren nicht wenig überrascht, als ich ohne Vorwarnung oder Genehmigung aus der Wüste auftauchte; sie schickten dem Wali von Damaskus drei Telegramme täglich, in denen sie alles berichteten, was ich sagte und tat. Ich stand mit beiden auf bestem Fuß, Milhem erwies sich sogar als der mit Abstand intelligenteste und angenehmste Mann des Dorfes, aber ich fürchte, dass ich ihnen dennoch viel Kopfzerbrechen bereitet habe.

Kapitel V

Ich habe übrigens die Erfahrung gemacht, dass nur wenige Menschen so höflich und entgegenkommend sind wie türkische Beamte. Legt man ihnen die richtigen Dokumente vor, lassen sie nichts unversucht, um zu helfen; widersetzen sie sich, dann nur, weil sie Befehlen einer höheren Instanz gehorchen müssen. Selbst wenn man ihren – übrigens stets äußerst verbindlich formulierten – Ablehnungen zuwiderhandelt, was sich nicht immer vermeiden lässt, verbergen sie ihre berechtigte Verärgerung und beklagen sich nicht darüber, dass man ihnen Unannehmlichkeiten verursacht hat. Die Regierungsbeamten in Salchad bekleiden schwierige Posten. Im Bergland herrscht zwar seit fünf Jahren Frieden, aber die Drusen sind ein launenhaftes Volk und fühlen sich schnell in ihrer Ehre verletzt. Milhem verstand sie gut, die Entscheidung des Wali, ihn auf diesen neuen Posten in Salchad zu berufen, beweist dessen ehrlichen Wunsch, künftige Schwierigkeiten zu vermeiden. Bevor Milhem nach Salchad kam, war er viele Jahre in as-Suwaida gewesen; ihn und die Drusen trennte nicht der unversöhnliche Hass, der Drusen und Moslems trennt, denn er war selbst Christ. Zudem war ihm bewusst, dass die türkische Herrschaft im Djebel Hauran sich nur durchsetzen konnte, wenn sie von diesem Volk, das offiziell untertan, in Wirklichkeit aber unabhängig war, nicht zu viel verlangte. Selbst Kaimakam Yusef Effendi teilte die Sicht weitestgehend, er wusste nur zu gut, wie wenig Rückhalt seine Autorität genoss. Im ganzen Bergland sind gerade einmal zweihundert türkische Soldaten stationiert, die übrigen osmanischen Kräfte bestehen aus drusischen Saptiehs. Diese tragen zwar sehr gern die türkische Uniform und streichen auch gern den Sold ein, so er denn bei seltenen Gelegenheiten tatsächlich bis zu ihnen gelangt, können aber kaum als vertrauenswürdige Soldaten gelten, falls es zwischen ihren eigenen Leuten und dem Sultan zu ernsten Auseinandersetzungen kommen sollte.

Es wirkte, als seien Nasib und sein Bruder mit dem Kaimakam freundschaftlich eng verbunden, ständig saßen sie in Nasibs Mak'ad zusammen und tranken Kaffee. Aber als wir einmal zufällig allein waren, sagte Yusef Effendi theatralisch, in seinem gestelzten, türkischen Arabisch: »Ich weiß nie, was sie gerade tun, sie sehen mich als Feind. Wenn sie den Befehlen von Damaskus nicht folgen wollen, durchschneiden sie die Telegraphenleitung und tun, was sie wollen. Welche Macht habe ich, sie daran zu hindern?«

Allerdings deutete einiges darauf hin, dass das aufrührerische Volk des Berglands zurzeit an andere Dinge denkt als an einen Krieg gegen die Osmanen. An erster Stelle wären die Dampfwerke zu nennen, die das Getreide von Salchad und anderen Dörfern mahlen. Der Besitzer einer Dampfmühle will die bestehende Ordnung erhalten. Er hat seine Mühle mit beträchtlichen Kosten erbaut und möchte nicht mit ansehen müssen, wie eine einfallende türkische Armee sie zerstört und sein Kapital vernichtet. Er will im Gegenteil Geld damit verdienen und wird daher eifrig und beharrlich nach neuen, profitablen Märkten suchen. Ich habe den Eindruck, dass der Frieden jetzt viel stabiler ist als vor fünf Jahren, und dass die osmanische Regierung aus dem letzten Krieg Lehren gezogen hat – hätte der Wali in Damaskus auch nur geahnt, wie positiv diese *ränkevolle Engländerin* seine jüngsten Maßnahmen sah, er hätte seinen Telegraphisten viele Stunden Arbeit ersparen können.

Es gibt vermutlich kaum ein besseres Beispiel für die Freiheit, mit der die Drusen ihre eigenen Angelegenheiten regeln, als ein Vorfall am Abend meiner Ankunft. Fendi hatte schon angedeutet, dass die Beziehungen zwischen Bergland und Wüste wieder einmal durch die Möglichkeit einer bewaffneten Auseinandersetzung getrübt waren. Wir waren noch keinen Nachmittag in Salchad, da wussten wir schon, dass nichts Nasib und seinen Bruder so sehr interessierte wie

Kapitel V

ein großer Raubzug, der vor einigen Monaten stattgefunden hatte. Im Gespräch mit mir erwähnten sie dieses Thema nicht, hörten aber aufmerksam zu, als wir von dem Überfall auf die Hassaniyyeh sprachen und der Rolle, die die Sukhur dabei spielten. Sie entlockten uns alles, was wir über die gegenwärtigen Lagerorte des Stammes wussten oder vermuteten, wie weit die Räuber gekommen waren, in welcher Richtung sie sich zurückgezogen hatten. Meine Maultiertreiber hatten Männer an Straßenecken flüstern hören, sie tuschelten über kriegsähnliche Vorbereitungen; die Leute um Mikhails Lagerfeuer, immer ein Zentrum sozialer Aktivitäten, sprachen von Vergehen, die nicht ungesühnt bleiben dürften. Obendrein hatte einer der vielen Söhne von Muhammads Onkel meinen ausgehungerten Beirutern ein Mahl serviert, das mit vagen Andeutungen eines Paktes zwischen den Wadi as-Sirhan und den Beni Sakhr gewürzt war; das war etwas, was im Keime erstickt werden musste, bevor es alarmierende Ausmaße annahm. Diese *Ghazu*-Welle wird kaum jemals bis Salchad vordringen, aber der Schaden ist schon lange davor angerichtet, ganz besonders im Winter, wenn, von den Reitpferden abgesehen, alle Vierfüßler in der weit entfernten südlichen Ebene sind.

Mein Lager stand außerhalb der Stadt, auf einem Feld am östlichen Fuß des Zitadellenhügels. Dessen Nordhänge waren bis zu den verfallenen Festungsmauern hinauf tief verschneit, sogar an unserem Lagerplatz glitzerten im Schein des Vollmonds kleine Schneeflecken. Ich hatte gerade das Abendessen beendet und überlegte, ob es zu kalt sei, um mein Journal zu schreiben, als wilder Gesang die Stille der nächtlichen Ruhe störte und an der obersten Festungsmauer Flammen in den Himmel loderten. Es war ein Leuchtfeuer, das den vielen Drusendörfern in der Ebene die Nachricht eines Raubzuges bringen sollte, der Gesang war ein Ruf zu den Waffen. An meinem Lagerfeuer saß ein drusischer Saptieh; er sprang auf, blickte erst zu mir, dann zu dem roten Feuerschein über uns. Ich sagte:

»Ist es mir erlaubt, hinaufzugehen?«

Er antwortete, »Es liegt kein Verbot vor. Wenn Ihr uns die Ehre erweisen wollt.«

Zusammen kletterten wir über den halb gefrorenen Matsch und umrundeten auf der schneebedeckten Nordseite und in völliger Dunkelheit die Festungsmauern. Die Lavaasche unter unseren Füßen gab nach, dann tat sich im hellen Mondlicht das wildeste Schauspiel auf, das je ein Auge erblickt hat. Eine Gruppe Drusen, junge Männer und Knaben, standen auf dem schmalen Rücken des Hügels, am Rand des Festungsgrabens. Alle waren mit Schwertern und Messern bewaffnet, alle brüllten, Satz für Satz, ein furchtbares Lied. Jede Zeile wurde zwanzig Mal und öfter wiederholt, bis es dem Zuhörer schien, als habe sie sich, wie Säure in Metall, in die tiefsten Tiefen seines Denkens eingeätzt.

Auf sie, auf sie! Herr unser Gott! möge der Feind vor unserem Schwert in Schwaden fallen!
Auf sie, auf sie! mögen sich unsere Speere in ihren Herzen satt trinken!
Der Säugling soll die Brust der Mutter verlassen!
Der Jüngling soll sich erheben und fallen!
Auf sie, auf sie! Herr unser Gott! mögen sich unsere Speere in ihren Herzen satt trinken!

So sangen sie, und es schien, als würde ihr Zorn niemals enden, als würden die Festungsmauern nie mehr ohne den Widerhall ihrer entfesselten Wut sein, als würde die Nacht nie mehr Stille kennen. Da brach das Singen abrupt ab. Die Sänger bildeten einen Kreis und fassten sich an den Händen. Drei junge Drusen traten mit gezogenem Schwert in die Mitte und schritten an den im Kreis stehenden, aufgepeitschten

Kapitel V

Burschen vorbei. Vor jedem blieben sie stehen, schwangen ihr Schwert und riefen:
»Bis du ein guter Mann? Bist du ein wahrer Mann?«
Und jeder rief laut:
»Ha! Ha!«
Das Mondlicht fiel auf dunkle Gesichter und schimmerte auf zitternden Klingen, die aufgepeitschte Kriegslust lief von einer Hand zur nächsten, die Erde schrie zum Himmel: Krieg! Blutiger Krieg!
Dann sah einer der drei mich im Kreis stehen. Er kam zu mir herüber und hob das Schwert über den Kopf, als begrüße eine Nation die andere.
»Lady!«, sagte er. »Engländer und Drusen sind eins.«
Ich sagte: »Gott sei Dank! Auch wir sind ein kämpfendes Volk.«
Und tatsächlich schien es in diesem Moment nichts Schöneres zu geben, als loszuziehen und den Feind zu töten.
Als dieses Einschwören auf den Kampf vorbei war, liefen wir im Mondlicht den Hügel hinunter, dabei hielten wir uns weiter an den Händen. Erst da sah ich, dass einige noch Kinder waren, und fragte den Begleiter, dessen Hand ich zufällig hielt:
»Ziehen sie alle mit euch?«
»Bei Gott! Nicht alle. Die kleinen Buben müssen zu Hause bleiben und zu Gott beten, dass ihr Tag bald kommen möge.«
Als die Drusen die Stadt erreicht hatten, sprangen sie auf ein flaches Hausdach und stimmten erneut die diabolischen Gesänge an. Das Feuer an der Festungsmauer war heruntergebrannt, plötzlich spürte ich die Kälte der Nacht und fragte mich, ob Milhem und der Wali von Damaskus wohl noch an die Arglosigkeit meiner Reise glauben würden, wenn sie sehen könnten, dass ich an einer Demonstration gegen die Sukhur teilnahm. Also verschwand ich in den Schatten, eilte zu meinem Zelt zurück und wurde wieder zu der Europäerin,

die immer nur friedliche Ziele verfolgt und von den nackten, primitiven Begierden der Menschheit nichts ahnt.

Bevor wir in das östliche Bergland aufbrechen konnten, wo es keine größeren Dörfer gab, mussten wir Erkundigungen zu unserer weiteren Reise einholen und Vorräte einkaufen. Daher blieben wir zwei Tage in Salchad. Das größte Proviantproblem war die Gerste für die Tiere. In Umm er Rumman hatte es alles gegeben, was wir brauchten, in Salchad hingegen gab es nichts; as-Suwaida hatte immer Gerste, denn es war der Hauptsitz der türkischen Regierung, es lag aber weit entfernt auf der anderen Seite der Berge. Also beschlossen wir, sie aus Imtain zu holen, der Weg dorthin war schneefrei. Ich möchte auch erwähnen, dass es im Winter, wenn die Herden einige Stunden entfernt auf der Hochebene sind, im ganzen Bergland kein Schaf zu kaufen gibt, auch muss der Reisende mit den dürren Hühnern vorlieb nehmen, die er hier und da bekommt. Mikhail war entrüstet, dass unsere Speisekammer wegen mangelnder Voraussicht so dürftig ausgestattet war, denn er war sehr stolz darauf, wie gut er eine Hammelkeule braten konnte. Er fragte mich, warum keines der vielen Bücher, die ich dabei hatte, seine Leser nachdrücklich darauf hinweise, dass das für diese Delikatesse nötige Tier nicht zu beschaffen sei. Ich antwortete, dass deren Verfasser sich offenbar mehr für römische Ruinen als für wirklich wichtige Dinge wie Braten und Eintöpfe interessierten, worauf er mit großer Bestimmtheit sagte:

»Wenn Eurer Exzellenz ein Buch schreiben, sagt nicht: ›Hier ist eine schöne Kirche, da eine große Festung.‹ Das sehen die gebildeten Herrschaften schon selbst. Schreibt stattdessen: ›In diesem Dorf gibt es keine Hühner.‹ Dann wissen sie gleich, was das für ein Land ist.«

Den ersten Tag meines Besuches verbrachte ich mit Nasib. Ich beobachtete ihn dabei, wie er seine Leute anwies, Getreide zu mahlen, das für die bevorstehende Militäraktion benö-

Kapitel V

tigt werden würde (wir vermieden peinlich jede Anspielung darauf), fotografierte ihn und die Honoratioren seines Dorfes, aß mit ihm in seinem Mak'ad zu Mittag, körniges, packpapierähnliches Brot mit einer sirupartigen Tunke aus eingekochtem Traubensaft, sowie eine ausgesprochen widerwärtige Suppe aus Sauermilch, in der Fettstücke schwammen – die Drusen nennen sie *kirk* und schätzen sie über alles. Am Nachmittag wollte Nasib etwa zehn Meilen nach Süden reiten, um einen Streit zwischen zwei seiner Dörfer zu schlichten, und lud mich ein, ihn zu begleiten. Da ich aber vermutete, dass es in Wahrheit um etwas anderes ging, bei dem die Anwesenheit einer Fremden unerwünscht sein könnte, schlug ich ihm etwas anderes vor. Ich sagte, ich würde ihn gern eine Stunde lang begleiten und dann ein Heiligengrab besuchen, den Weli des Al-Khidr. Der Tell lag auf dem Weg, und bei Al-Khidr handelte es sich um keinen anderen als unseren Heiligen Georg. Nasib brach in großem Stil und in Begleitung von zwanzig bewaffneten Männern auf, er war herausgeputzt in langem Mantel aus dunkelblauem, schwarz bestickten Stoff, der Fes war mit einem weißen Turban umhüllt, in dessen Falten ein blassblaues Tuch steckte. Die Kavalkade sah sehr elegant aus, jeder Mann trug einen Umhang, das Gewehr lag ihm quer auf den Knien. Diese Gewehre wurden mir einzeln gereicht, damit ich die Inschriften lesen konnte. Es handelte sich um viele verschiedene Daten und Herkunftsorte, manche Waffen waren uralt und von türkischen Soldaten gestohlen worden, die meisten kamen aus Frankreich und waren recht modern, einige stammten aus Ägypten und waren mit V. R. und dem breiten Pfeil gekennzeichnet. Nasib ritt eine Zeitlang neben mir und fragte mich nach meiner gesellschaftlichen Stellung aus, er wollte wissen, ob ich zu Hause neben dem König von England ritte und wie groß das Vermögen meines Vaters sei. Diese Neugier war nicht ohne Hintergedanken; die Drusen hoffen immer auf einen sehr reichen Europäer, der ihnen genug Wohlwollen entgegenbringt, um sie im Fall eines neuen Krieges gegen den Sultan zu finanzieren und zu bewaffnen. Den bescheidenen Wohlstand, den meine Antworten enthüllten, quittierte er allerdings mit solcher Verachtung, dass ich ihm, taktvoller formuliert, als er es für nötig gehalten hatte, die Frage stellte, was denn im Bergland als Wohlstand gelte. Die Antwort lautete, das Jahreseinkommen des reichsten Turshans, Hamud von as-Suwaida, belaufe sich auf etwa 5000 Napoleon. Nasib selbst hatte weniger, er kam auf etwa 1000 Napoleon, die er vermutlich vor allem in Naturalien erhält. Alle Einkünfte stammen aus Landbesitz und können je nach Ernteertrag beträchtlich schwanken. Die Zahlen, die Nasib mir nannte, waren mit Sicherheit großzügig aufgerundet und orientierten sich zudem nicht an den durchschnittlichen, sondern den besten Ernten.

Dann fiel er zurück und begann mit einem alten Mann zu flüstern, der sein wichtigster Ratgeber war. Die anderen scharten sich um mich und erzählten mir Geschichten aus der Wüste und über die großen Ruinen im Süden, die sie mir, sollte ich bleiben, gern zeigen würden. Am Fuße des Tells trafen wir auf einige Reiter, sie warteten dort, um Nasib wichtige Neuigkeiten über die Araber mitzuteilen. Mikhail und ich blieben abseits, wir hatten die besorgten Blicke gesehen, die uns unser Gastgeber aus dem Augenwinkel zuwarf. Wir begriffen, dass es keine guten Nachrichten waren, aber nicht einmal das spiegelte sich in Nasibs völlig reglosem Gesicht oder in seinen Augen, die stets unter halb gesenkten Lidern verborgen blieben, als achte er unablässig darauf, dass sie keinen seiner Gedanken verrieten. Wir trennten uns von ihm, zu seiner deutlichen Erleichterung, und ritten auf den Tell.

Im ganzen Djebel el-Druz gibt es keine einzige nennenswerte Erhebung ohne ein Heiligtum am Gipfel, es sind aus-

Kapitel V

nahmslos Bauwerke aus der Zeit vor Ankunft der Drusen und Türken. Was ist ihre Geschichte? Wurden sie für die nabatäischen Felsen- und Berggötter errichtet, für Drusara und Allat und für das Pantheon der semitischen Inschriften, dem die Wüste beim Besuch der Kaaba und auf vielen entlegenen Anhöhen Opfer darbrachte? Sollte dem so sein, dann herrschen die alten Gottheiten unter anderem Namen weiter, sie riechen das Blut von Ziegen und Schafen, das auf die schwarzen Türpfosten ihrer Wohnstatt spritzt, hören die Gebete der Pilger, die grüne Zweige und Blumen bringen. Wie im Weli des Al-Khidr, steht im Inneren jeden Heiligengrabes ein Gegenstand, der einem Sarkophag ähnelt. Er ist stets mit bunten Lappen bedeckt, hebt man den Stoff an, um darunter zu blicken, kommt ein eigenartiger, von Trank-Opfern glatt geschliffener Tuffsteinblock zum Vorschein, ein Bruder des Schwarzen Steins von Mekka, in unmittelbarer Nähe steht immer ein steinernes Becken. Als ich an dieses herantrat, lag eine Eisschicht auf dem Wasser, der Schnee war durch die Steintüren hineingeweht und tropfte durch das Dach, auf dem Boden standen Schlammpfützen.

Am folgenden Tag war es bitter kalt, der Himmel bleiern, der Wind eisig, er kündigte Schnee an. Milhem Ilian kam und lud mich in sein Haus ein, was ich aber ablehnte, weil ich befürchtete, dass es mir nach seinen beheizten Räumen in meinem Zelt zu kalt werden würde. Er blieb noch ein wenig, und ich nutzte die Gelegenheit, mit ihm über meinen Plan zu sprechen, in die Safa zu reiten, das ist die vulkanische Einöde im Osten des Djebel el-Druz. Er ermutigte mich nicht im Geringsten, im Gegenteil: Er fand den Plan unter den gegenwärtigen Bedingungen undurchführbar, weil vieles dafür spreche, dass sich die Ghiath, der die Safa bewohnende Stamm, gegen die Regierung bewaffneten. Sie hatten einem Wüstenkurier, der zwischen Damaskus und Bagdad pendelt, aufgelauert und ihn ausgeraubt, jetzt erwarteten sie den Gegenschlag des Wali. Wenn man mir also eine kleine Saptieh-Eskorte mitgäbe, würde sie mit Sicherheit in Stücke gerissen. Milhem räumte ein, dass es unter Umständen möglich sei, nur mit Drusen zu reisen, unter einer halben Armee aber ginge auch das keinesfalls ab. Er versprach, mir ein Schreiben an Muhammad en Nassar, Scheich von Saleh, mitzugeben, den er als engen Freund und Mann von Einfluss und Augenmaß bezeichnete. Die Ghiath sind gegenüber den Drusen in der gleichen Lage wie die Djebeliyyeh: Sie sind im Sommer von den Bergweiden abhängig, darum können sie sich Zwistigkeiten mit dem Bergland nicht leisten.

Gegen Sonnenuntergang erwiderte ich Milhems Besuch, der Raum war voller Leute, darunter auch Nasib, gerade von seinem Ausflug zurück. Man bat mich, von meinen jüngsten Erlebnissen in der Wüste zu erzählen, dabei musste ich feststellen, dass die Drusen all meine Freunde als Feinde sehen. Sie haben außer den Ghiath und den Djebeliyyeh überhaupt keine Verbündeten, mit allen anderen, den Sherarat, den Da'ja, den Beni Hassan, pflegen sie Todfeindschaften. In der Wüste ist nur ein Wort wichtiger als *gom*, Fehde, und das ist *daif*, Gast. Im Bergland hingegen steht *gom* oft genug an erster Stelle. Ich sagte:

»Werter Nasib, die Drusen gleichen dem Volk, das Kureyt ibn Uneif so besang: ›Wenn das Unheil ihnen die Zähne zeigt, so bieten sie ihm Trutz, gleichviel ob verbündet oder allein.‹«

Des Scheichs versteinerte Miene entspannte sich eine Sekunde lang, aber jetzt steuerte das Gespräch auf gefährliche Themen zu, daher stand er wenig später auf und verabschiedete sich. Neuankömmlinge nahmen seinen Platz ein (Milhems Kaffeetopf brodelte offenbar von Tagesanbruch bis tief in die Nacht), doch dann betrat ein Mann den Raum, zu dessen Begrüßung sich alle erhoben. Es war ein kurdischer Agha, ein schöner alter Mann mit weißem Schnurrbart und glatt rasierten Wangen, der hin und wieder aus Damaskus

Kapitel V

anreist, um hier Geschäften nachzugehen. Milhem stammte aus Damaskus, er wollte viel wissen und viel hören; und so sprach man nicht mehr über Wüstenthemen, sondern über Stadtbewohner, ihre Ansichten und Sitten.

»Wisst Ihr, Exzellenz«, sagte ein Mann, der am Kohlenbecken den Kaffee zubereitete, »in den Städten gibt es keinen Glauben wie auf dem Land.«

»Richtig«, bekräftigte Milhem.

»Gott segne Euch dafür!« rief der Kurde aus.

»Gott vergelte es Euch, Agha! In der Großen Moschee von Damaskus findet Ihr Männer beim Freitagsgebet, in Jerusalem wohl auch einige, aber in Beirut und Smyrna sind die Moscheen leer und die Kirchen auch. Es gibt keinen Glauben mehr.«

»Freunde«, sagte der Agha, »ich werde Euch den Grund nennen. Die Menschen auf dem Land sind arm und es fehlt ihnen an vielem. Wen sollen sie darum bitten, wenn nicht Gott? Niemand erbarmt sich der Armen, nur Er allein. Aber die Städter sind reich, ihre Wünsche sind erfüllt, warum sollten sie zu Gott beten, wo sie nichts brauchen? Die verehrte Lady lachen – ist das bei Eurem Volk anders?«

Ich räumte ein, dass es hierin zwischen Europa und Asien kaum Unterschiede gebe, dann ging ich und überließ die Gesellschaft ihrem Kaffee und ihren Gesprächen.

Spät abends klopfte jemand an mein Zelt und eine Frauenstimme rief:

»Meine Dame, edle Dame! Möge das Herz einer Mutter (sind doch die Engländer barmherzig!) dem Kummer im Herzen einer Mutter lauschen und meinem Sohn diesen Brief bringen!«

Ich fragte die unsichtbare Bittstellerin, wo ihr Sohn denn sei.

»In Tripolis, Tripolis im Westen. Er ist Soldat und verbannt, er ist nicht mit den anderen aus dem Krieg zurückgekommen. Nehmt diesen Brief und schickt ihn mit einem sicheren Boten von Damaskus, bei den Kurieren aus Salchad ist nichts sicher.«

Ich hakte die Zeltplane auf und nahm den Brief. Sie weinte: »Die Gattin des Nasib sagte mir, dass Ihr großherzig seid. Das Herz einer Mutter, Ihr versteht, das trauernde Herz einer Mutter.«

Weinend ging sie fort. Ich habe den geheimnisvollen Brief mit englischer Post von Beirut abgeschickt, doch ob er jemals Tripolis im Westen und den verbannten Drusen erreicht hat, werden wir nie erfahren.

Am nächsten Morgen kam der Kaimakam, um uns zu verabschieden, er gab uns auch einen drusischen Saptieh mit, der uns den Weg nach Saleh zeigen sollte. Es wehte ein schneidend kalter Wind, und man sagte uns, dass in den Bergen hoher Schnee liege, darum wählten wir die tiefer gelegene Strecke über Orman, das Dorf ist als Schauplatz des letzten Kriegsausbruchs in Erinnerung. Milhem hatte Yusef, meinem Führer, die Post anvertraut, die gerade für Salchad eingetroffen war; sie bestand aus einem einzigen, an einen Christen adressierten Brief, der in Orman wohnte und den wir außerhalb des Dorfes antrafen. Der Brief kam aus Massachusetts, von einem seiner drei Söhne, die nach Amerika ausgewandert waren. Allen ging es gut, gepriesen sei Gott! Im Vorjahr hatten ihm die drei insgesamt dreißig Liras geschickt; als wir ihm den Brief mit ihren neuesten Nachrichten überreichten, wusste er sich vor Freude und Stolz kaum zu fassen. Hinter Orman stieg die Straße an, wenn ich sie weiterhin Straße nenne, dann nur, weil ich kein Wort kenne, das deren miserablen Zustand zutreffend beschreiben könnte. Es gehört zur drusischen Verteidigungsstrategie, im Bergland die Pfade so schmal zu halten, dass zwei Menschen nicht nebeneinander gehen können und man nur stolpernd und zu Fuß vorankommt. Diesen Teil ihrer Strategie beherrschen sie ganz hervorragend. Bald mühten wir uns durch halb ge-

Kapitel V

schmolzenen, halb überfrorenen Schnee, der zwar alle Löcher im Boden kaschierte, aber nicht fest genug war, um die Tiere am Einbrechen zu hindern. Gelegentlich kamen wir zu tiefen Schneeverwehungen, in die die Maulesel mit größtem Vertrauen hineingingen, nur um dann zu stürzen und ihre Kisten zu verlieren, während die Pferde strauchelten und sich aufbäumten, bis sie uns fast aus dem Sattel warfen. Mikhail, der kein guter Reiter war, landete mehrfach im Schneematsch. Zudem ließen die Archäologen des *Palestine Exploration Fund* ihrer Fantasie beim Zeichnen der Karten des östlichen Djebel el-Druz offenbar freien Lauf. Berge haben sich meilenweit verschoben, Dörfer Schluchten übersprungen und sich auf der gegenüberliegenden Seite niedergelassen; ein Beispiel hierfür ist Abu Zreik, das auf der Karte am rechten, tatsächlich aber am linken Ufer des Wadi Rajil liegt.

Das alles passte hervorragend zum allgemeinen Elend dieses ganzen Tages, das seinen Höhepunkt erreichte, als wir auf ein endloses Schneeplateau kamen, über das ein nadelscharfer Graupelsturm fegte. Am anderen Ende, im Sturm nur vage auszumachen und in unerreichbarer Ferne, waren die Berghänge, an denen Saleh lag. Es war sinnlos, auf den unentwegt einknickenden Tieren reiten zu wollen, außerdem war es dafür auch viel zu kalt, also näherten wir uns unserem Ziel, indem wir uns Meile um Meile zu Fuß vorankämpften. Für eine Vier-Stunden-Strecke brauchten wir sieben Stunden, am späten Nachmittag endlich platschten und wateten wir durch hohe Matschberge und tiefe Pfützen, die in Saleh als Straße herhielten. Es schneite heftig, im ganzen Dorf gab es kein einziges trockenes Fleckchen. Mir blieb nur, an Muhammad en Nassars Tür zu klopfen, der im Ruf stand, ein großzügiger Gastgeber zu sein. Mit Mühe erklomm ich die vereisten Stufen zu seinem Mak'ad.

Falls das Schicksal uns für die Widrigkeiten dieses Tages etwas schuldete, hat es uns, oder zumindest mich, mit einem wunderbaren Abend im Haus des Scheichs mehr als entschädigt. Muhammad en Nassar ist reich an Jahren und Lebensweisheit, er hat eine große Schar von Söhnen und Neffen heranwachsen sehen, deren wache Intelligenz er durch das Vorbild seiner eigenen Höflichkeit und Zuvorkommenheit schulte. An sich haben alle Drusen gute Umgangsformen, die Familien der Scheichs von Saleh aber standen an Bildung, angeboren oder erworben, auch den edelsten aristokratischen Völkern wie Persern, Rajputen und anderen, die über Ihresgleichen stehen, in nichts nach. Ich brauchte Milhems Schreiben nicht, um willkommen zu sein; ich fror, ich war hungrig und ich war Engländerin, das genügte. Man entzündete im eisernen Ofen ein Feuer, nahm mir die nasse Oberbekleidung ab und breitete auf Anweisung des Scheichs Kissen und Teppiche über die Diwane. Dann kamen alle Männer seiner nahen und fernen Verwandtschaft vorbei, um den Abend zu beleben. Das ließ sich gut an. Ich wusste, dass Oppenheim auf seine Safa-Reise Begleiter aus Saleh mitgenommen hatte, zufällig hatte ich sein Buch dabei. Wie oft hatte ich bereut, nicht Dussauds großartiges zweibändiges Werk mitgenommen zu haben, sondern Oppenheims schweren Band, der nur Informationen enthielt, die für diese Reise völlig nutzlos waren. Der große Verdienst des Buches sind seine Illustrationen, das Glück wollte es, dass darunter auch ein Porträt von Muhammad en Nassar mit seinen beiden jüngsten Kindern war. Ich riss Kieperts Landkarte heraus und war dann so großzügig, Oppenheims Buch jenem Familienmitglied zu schenken, das den deutschen Forscher auf seiner Expedition begleitet hatte. So ist es nun in Saleh, zur Freude und zum Ruhm der Scheiche. Sie werden die Bilder ansehen und dem Text keine Aufmerksamkeit schenken, die Erinnerung an ihre Freude füllt die Lücke in meinem Bücherschrank.

Wir führten den ganzen Abend lang lebhafte Gespräche, die nur kurz von einem ausgezeichneten Mahl unterbrochen

Kapitel V

wurden. Der alte Scheich, Yusef, der Saptieh und ich aßen zusammen, die ältesten Neffen und Vetter freuten sich über die reichlichen Überreste. Das größte Interesse galt in Saleh dem japanischen Krieg, wie überhaupt jede Unterhaltung im Bergland unweigerlich auf dieses Thema zusteuerte, weil die Drusen der Ansicht sind, dass sie und die Japaner einer gemeinsamen Rasse angehörten. Die Argumentationskette, die sie zu dieser erstaunlichen Schlussfolgerung hat kommen lassen, ist einfach. Sie glauben, dass eines Tages vom äußersten Rand Asiens eine Drusenarmee aufbrechen und die Welt erobern wird. Die Japaner haben unbezwingbaren Mut bewiesen, auch die Drusen sind tapfer, die Japaner waren siegreich, also müssen auch die Drusen siegreich sein, also sind die zwei Völker im Grunde eines. Die Sympathien aller, ob in Syrien oder Kleinasien, liegen bei den Japanern, nur die Gläubigen der Orthodoxen Kirche sind anderer Meinung, sie sehen Russland als ihren Beschützer an. Es ist nachvollziehbar, dass die osmanische Regierung jede Niederlage ihres Erzfeindes mit Freude zur Kenntnis nimmt, die Freude der Araber, Drusen und Kurden hingegen ist nicht so einfach zu erklären, zumal Kurden und Türken sich überhaupt nicht leiden können. Diese Volksstämme empfinden eigentlich keine Freude, wenn Feinde des Sultans besiegt werden, schließlich gehören sie in aller Regel selbst zu seinen Feinden. Nicht vergessen sollte man eine gewisse Schadenfreude und den natürlichen Impuls, eher zum kleinen Schwachen als zum Mächtigen zu halten. Im Hintergrund all dessen ist diese eigenartige Verbindung, die kaum anders zu fassen ist als mit dem Namen eines Kontinents; und die Asiaten finden den Krieg sehr verlockend, weil er gegen die Europäer geführt wird. Man mag einwenden, dass man die Russen keineswegs als Teil der europäischen Kultur betrachten kann, man mag zutiefst überzeugt sein, dass die Japaner mit den Türken oder Drusen ebenso wenig gemeinsame Wesenszüge verbindet wie mit den Südseeinsulanern oder Eskimos: Hier spricht der Osten zum Osten, und diese Stimme hallt wider vom Chinesischen Meer bis zum Mittelmeer.

Wir sprachen auch über die Türken. Muhammad ist einer der vielen Scheichs, die nach dem Drusenkrieg in die Verbannung geschickt worden waren; er hat Konstantinopel besucht und auch in Kleinasien Erfahrungen gesammelt, verstand sich also auf das Wesen der Türken. Auf kurzsichtige Art und Weise, so, wie der Türke fast alle seine Angelegenheiten behandelt, haben die unterschiedslose Verbannung der drusischen Scheiche und deren erzwungener, zwei oder drei Jahre dauernder Aufenthalt in fernen Städten des Reiches etwas erreicht, um das weitsichtige Staatsmänner vermutlich lange und vergeblich gekämpft hätten. Die Verbannung zwang nämlich Männern, die sich unter normalen Umständen keine fünfzig Meilen von ihrem Heimatort entfernt hätten, ein gewisses Weltwissen auf. Nach ihrer Rückkehr lebten sie mehr oder weniger in der gleichen Halb-Unabhängigkeit wie vor ihrem Exil; aber sie hatten, wenn auch ganz unfreiwillig, einen Eindruck davon bekommen, wie groß das Herrschaftsgebiet des Sultans, wie unerschöpflich seine Mittel und wie vergleichsweise unwichtig die drusischen Aufstände in einem Reich waren, das aller vorstellbarer Revolten zum Trotz weiter besteht. Das alles hatte Muhammad so gründlich von einer Welt jenseits des Berglands überzeugt, dass er zwei seiner sechs Söhne dorthin hatte schicken wollen, indem er ihnen Posten in einem Regierungsbüro in Damaskus besorgte. Das misslang, denn obwohl sie seine Anweisungen im Ohr hatten, waren die Jungen zu eigensinnig aufgetreten. Jugendliche Pflichtvergessenheit und die scharfen Rügen ihres Vorgesetzten ließen sie schnell ins Dorf zurückkehren, wo sie das müßige und geachtete Leben unabhängiger Scheiche führen konnten. Muhammad hatte eine in Damaskus erscheinende Zeitung abonniert; die ganze Fami-

Kapitel V

lie verfolgte mit größtem Interesse alle außenpolitischen Nachrichten, vor allem über die englische Politik, die der Aufmerksamkeit der Zensoren entgangen waren. Manche wichtigen Ereignisse kamen ihnen – oder dem Herausgeber – nicht zu Ohren, denn als mein Gastgeber sich nach Lord Salisbury erkundigte, war er tief betrübt zu hören, dass dieser bereits vor mehreren Jahren verstorben war. Neben Lord Cromer kennt jeder überall den Namen von Mr. Chamberlain, und so begann im Mak'ad eine lebhafte Diskussion über die Frage von Abgaben, zu der ich viele schillernde Beispiele aus der Gümrük, der türkischen Zollbehörde, beisteuern konnte. Vermutlich reizten meine Argumente weniger zum Widerspruch als jene, die die Befürworter der Freihandelspolitik anzuführen pflegen, denn ganz Saleh lehnte die Doktrinen von Schutz- und Strafzöllen (ohne Wenn und Aber) einstimmig ab.

Nur ein Punkt ließ sich nicht zur Zufriedenheit aller klären, und das war meine Reise in die Safa. Milhems Schreiben war mir versiegelt übergeben worden, ich kannte also seinen Inhalt nicht, hatte allerdings den leisen Verdacht, dass es dem Brief ähnelte, den Proitos dem Bellerophon mitgab, als er ihn zum König von Lykien schickte. Milhems dürfte Muhammad kaum aufgefordert haben, die Überbringerin unverzüglich zu töten, könnte ihn aber gedrängt haben, sie von ihrem Vorhaben abzubringen. Jedenfalls war er überzeugt, dass die Expedition nur durchzuführen sei, wenn ich von mindestens zwanzig Drusen eskortiert würde. Das hätte ein solches Maß an Vorbereitung und Kosten bedeutet, dass ich die ganze Idee hätte aufgeben müssen.

Um zehn Uhr fragte man mich, wann ich schlafen gehen wolle, und zum offenkundigen Bedauern aller Anwesenden, von denen keiner den ganzen Tag durch Schnee geritten war, antwortete ich, dass es nun Zeit sei. Die Söhne und Neffen verabschiedeten sich, es wurden wattierte Decken hereingebracht und zu drei Betten aufgeschichtet, eines auf jeder Seite des riesigen Diwans. Der Scheich, Yusef und ich deckten uns zu, meine nächste Erinnerung ist, dass ich am frühen Morgen bei eisigen Temperaturen aufwachte. Ich ging hinaus in die frische Luft. Das verschneite Saleh lag in tiefem Schlaf, sogar der kleine Wasserlauf, der in der Dorfmitte einen römischen Brunnen speiste, ruhte unter einer dicken Eisschicht. In der klaren, eisigen Stille sah ich, wie sich der Osthimmel rötete und wieder verblasste, dann warf die Sonne lange Strahlen über die Schneeflächen, durch die wir uns am Vortag hierher gekämpft hatten. Ich sprach ein kurzes Dankgebet, das zu dem guten Wetter passte, weckte die Maultiertreiber und die Maultiere an ihrem gemeinsamen Rastplatz unter den Bögen des Karawanserei, aß das Frühstück, das Muhammad en Nassar uns servierte. Dann verabschiedete ich mich lange und sehr dankbar von meinem Gastgeber und seiner Familie. Kein Wanderer über Ebenen und Berge kann sich eine angenehmere Gesellschaft oder eine bessere Nachtruhe wünschen, als sie mir in Saleh zuteil wurden.

VI

Von Salchad nach Damaskus

Mein Tagesziel war das Dorf Um Rwaq am Ostrand des Drusengebirges. Eingedenk der Unwägbarkeiten der Landkarten nahm ich einen Neffen von Muhammad en Nassar als Führer mit, er hieß Faiz und war ein Bruder von Ghishghash, Scheich von Um Rwaq. Am Abend zuvor war er mir in der Mak'ad als der angenehmste Gast einer äußerst angenehmen Gesellschaft aufgefallen, ich sollte diese Wahl in den vier Tagen unserer Bekanntschaft nicht bereuen. Er hatte ein völlig verzeichnetes Gesicht, Nase schief, Mund schief, die Augen alles andere als gerade, aber er war außerordentlich höflich und zuvorkommend, seine Unterhaltung intelligent, er wusste immer Rat, hatte für jedes Problem eine Lösung. Als wir am Bergrücken entlang ritten, blickte ich sehnsuchtsvoll zum östlichen Plateau hinüber, als handele es sich um das gelobte Land, das ich niemals betreten würde. Aber es dauerte nicht lange, bis Faiz mir einen Plan unterbreitete. Der sah vor, dass wir Maultiere und Zelte in Um Rwaq lassen und in Windeseile durch das Safa-Gebirge in die Ruhbe reiten würden, wo die großen Ruinenstätten lagen, deren Beschreibung meine Fantasie beflügelte. Die Welt wechselte von einer Sekunde zur nächsten die Farbe, *Erfolg* strahlte vom blauen Himmel und schwebte als goldener Dunst über der Ebene, die unversehens erreichbar geworden war.

Von Saleh führte der Weg steil bergab. Nach einer halben Stunde waren wir Schnee und Eis entkommen, die uns vierundzwanzig Stunden lang gemartert hatten, eine knappe halbe Stunde später hatten wir den Wadi Busan erreicht. Dort drehte ein schneller Wasserlauf ein Mühlrad, die Winterlandschaft lag hinter uns. Saneh, das Dorf auf der Nordseite des Wadu Busan, machte den Eindruck einer blühenden Gemeinde und nannte einige hervorragende Beispiele von Hauran-Architektur sein Eigen, besonders gut erinnere ich mich an einen schönen Architrav mit zwei ineinander verflochtenen Trauben- und Blätterranken, sie fielen an den Seiten einer Vase herab, die in der Mitte des Steins abgebildet war. In Saneh erreichten wir den Rand des Hochplateaus und blickten auf die weite Ebene hinab, die sich vor uns ausbreitete wie ein weites Meer. Das Eigenartigste war, dass sie so schwarz war wie ein schwarzes Zeltdach, was daran lag, dass sie mit Lavabrocken und Vulkangestein übersät war. Hier und da sahen wir gelbe Flecken, später stellte ich fest, dass dort das Tuffgestein fehlte und die Erde hervortrat. Die Araber nennen diese Stellen Badiya, das Weiße Land, im Gegensatz zu Hadira, das Verbrannte Land aus Lava und Kalktuff. Das Weiße Land der Safa ist fast so unfruchtbar wie das Verbrannte Land, obwohl das Wort *badiya* offenbar ›pflügbar‹ bedeutet, denn ich habe gehört, wie Faiz den Maultiertreibern: »Kommt von der Badiya herunter« zurief, als die Maultiere in den Winterweizen hineingelaufen waren.

Die Safa dehnte sich nach Norden und Süden bis zu einigen dunklen Vulkanbergen hin, die uns aber nicht sehr hoch vorkamen, weil wir noch höher standen. Dahinter erstreckte sich eine große Badiya-Fläche, die Ruhbe-Steppe. Nach Osten und Süden markierten am unendlich fernen Horizont einige kleine Vulkankegel die letzten Ausläufer des Hauran und den Beginn der Hammada, der wasserlosen Wüste, die bis Bagdad reicht. Im Norden lagen die Hügel von Dmer, dahinter begrenzte ein weiterer Gebirgszug das zehn Meilen breite, nach Palmyra führende Tal. Auf der anderen Seite reichte er

KAPITEL VI

an die schneebedeckten Hänge des Anti-Libanon heran, der die Wüstenstraße nach Homs überragt. Wir ritten nach Osten, bis wir Shibbekeh erreichten, ein wirklich seltsamer Ort, er liegt am Rand eines Tals, dessen Nordseite wabenartig mit Höhlen durchsetzt ist, und von dort nordwärts nach Sheikly und Rameh. Diese beiden Orte liegen am Südufer eines sehr tief eingeschnittenen Flussbetts, dem Wadi esh Sham, wo auch Fedhameh und Ej Jeita liegen, das sind die östlichsten noch bewohnten Dörfer. Die Siedlungen diesseits des Berglands sind offenbar alle sehr alt. Die Höhlendörfer entstanden vermutlich lange vor nabatäischer Zeit; sie könnten sogar in die prähistorische Zeit des Königs Og oder des Volkes zurückreichen, das mit diesem Namen bezeichnet wird. Damals wurden ganze Städte in den Fels gebaut, das berühmteste Beispiel ist Daraa auf dem Hauran-Plateau südlich von Muzayrib. Wir ließen Mushennef im Westen liegen, ich bedauerte, dieses Mal keine Zeit für einen Besuch zu haben, denn in dem dortigen Wasserbecken spiegelt sich einer der schönsten Tempel des gesamten Djebel el-Druz, der selbst den großartigen Bauwerken des antiken Kanatha nicht nachsteht. El Ajlat, nördlich des Wadi esh Sham, liegt am Gipfel eines Tells, so hoch oben, dass es im Februar an die Schneegrenze heranreicht. Von dort führt ein weiteres Tal in die Safa hinab; ich hatte gehört, dass am Ende des Tals eine Ruine mit Inschrift stehe, habe sie aber nicht besucht. Etwa um vier Uhr erreichten wir Um Rwaq, wo wir die Zelte am Rand eines Felsvorsprungs so aufschlugen, dass ich durch meine offene Zelttür die gesamte Safa überblicken konnte.

Scheich Ghishghash war die Freundlichkeit in Person. Selbstverständlich dürfe ich in die Ruhbe reiten, müsse allerdings neben Faiz auch ihn und seinen Sohn Ahmed mitnehmen. Die Idee einer größeren Eskorte quittierte er mit Spott. Im Angesicht der Ewigen Wahrheit!, die Ghiath seien seine Diener und seine Leibeigene, sie würden uns empfangen, wie es sich für Edle gebühre und mit luxuriösen Unterkünften versorgen. Ich aß mit Ghishghash zu Abend (er hatte darauf bestanden) und kam zu dem Schluss, dass er ein launenhafter, prahlerischer und dummer Mann war, obendrein äußerst geschwätzig, wobei sein ganzes Geplapper weniger taugte als ein Satz von Faiz. Dieser verstummte in Ghishghashs Nähe allerdings fast völlig, auch Ahmed sagte wenig, das Wenige aber war vernünftig und lohnte das Zuhören. Ghishghash schwadronierte über die Safa und was es dort alles gäbe, kurz zusammengefasst sagte er, dass sich, von den bekannten Ruinen abgesehen, erst eine Tagesreise östlich der Ruhbe wieder etwas Lohnendes finde: ein Steinbruch und die Ruine eines Forts. Dieses sei ebenso schön wie die berühmte Weiße Ruine von Ruhbe, die wir ja besichtigen würden, allerdings kleiner und nicht so gut erhalten. Dahinter liege die Hammada, unbesiedelt und ohne *rujm*, in dieser Wüste gebe es überhaupt kein Wasser, selbst der wackerste Araber müsse sie im Sommer verlassen. Ich sehnte mich nach dieser geheimnisvollen Festung östlich der Ruhbe, wo, soweit ich wusste, kein Forscher je gewesen war; aber die Reise war zu weit, um sie spontan und ohne Vorbereitungen antreten zu können. »Bei Eurem nächsten Besuch, verehrte Lady – – –«. Ja, bei meinem nächsten Besuch. Dann werde ich mich allerdings nicht mehr auf die luxuriöse Bewirtung durch die Ghiath verlassen.

Nach längerer Überlegung beschloss ich, dass Mikhail und Habib uns begleiten sollten, letzterer, weil er ausdrücklich darum bat. Er sagte, er werde auf seinem besten Maultier reiten, es könne mit jedem Pferd mithalten und auch die Decken und fünf Hühner tragen, die wir dabei hatten, um die gastfreundliche Bewirtung der Ghiath ergänzen zu können. Hinter meinem Sattel hatte ich einen Pelzmantel festgezurrt, Kamera und Notizbuch waren, wie immer, in meinen Satteltaschen. Eine Stunde lang ritten wir die steilen Berghänge hinunter, irgendwann schlossen sich uns drei drusische Reiter an. Ich erfuhr später, dass der Scheich sie der ausbedungenen Eskorte hinzugefügt hatte, kommentierte das aber nicht. Einer der Drei war mit Ghishghash verwandt, er hieß Khittab, war mit Oppenheim gereist und erwies sich als angenehmer Begleiter. Wir ritten durch das Ackerland, das zu Ghishghashs Dorf gehörte, und dann an fast kahlen Hängen hinab, die gerade noch genügend Weidefläche für seine Schafsherden boten, die von Arabern gehütet wurden. Am Fuße des Berges gelangten wir in ein flaches, steiniges Tal, wo sich weitere Herden um ein kleines Lager scharten und zwischen dem Geröll nach Futter suchten. Eine Stunde ritten wir durch das Tal, das sich an den Vulkanbergen entlang schlängelte, dann erreichten wir die trostlose Weite der Safa. Sie ist flach, hat aber weiche Senken, tief genug, um denen, die dort reiten, die Sicht auf die umgebende Landschaft zu versperren. Manchmal sieht man eine Stunde oder länger nichts als schwarze Steine, deren Silhouetten sich wenige Meter über einem gegen den Himmel abzeichnen. Diese Bodenwellen sind parallel laufende, trockene Täler, die Araber haben für jedes einen Namen. Wellentäler und -kämme sind mit Tuffbrocken bedeckt, die einen Durchmesser von sechs Zoll bis zu einem halben Meter und mehr haben können. An steinlosen Stellen sieht man die harte, gelbe Erde, sie hat etwa die Farbe von Seesand. Zwischen den Steinen schieben sich einige kläglich Pflanzen hervor, *hamad*, *shih* und *hajeineh*, hier und dort eine winzige Geranie, Bärlauch oder die Blätter einer Tulpe, im allgemeinen aber liegen die Steine so dicht, dass selbst das kleinste Pflänzchen keinen Platz mehr findet. Die Steine sind schwarz, glatt und so rund, als hätten sie lange im Wasser gelegen; bei Sonnenschein zitterte die Luft über ihnen wie über geschmolzenem Metall, im Sommer dürfte dieser Vergleich auch in anderer Hinsicht zutreffen, es heißt, das Sengen der Sonne sei erbarmungslos und unerträglich.

Die Safa ließe sich kaum bezwingen, wenn sie nicht von zahllosen winzigen Pfaden durchzogen wäre. Sie sind so schmal und undeutlich, dass sie der Reiter zunächst gar nicht als solche wahrnimmt. Nach einiger Zeit aber, wenn er sich zu fragen beginnt, warum vor ihm immer gerade genug Platz für sein Pferd ist, begreift er, dass er einem Weg folgt. Hunderte von Generationen haben mit den Füßen die Tuffbrocken immer und immer wieder minimal beiseite geschoben und es so möglich gemacht, die Steinwüste zu bereisen.

Wir folgten einer dieser Senken namens Ghadir el Gharz, nach zwei Stunden trafen wir einen Mann in Lumpen, der Gottesherz hieß, und sich unsäglich freute, uns zu sehen. Seit Jahren (mindestens achtzig, würde ich schätzen) war er ein Freund der Familie, dieser Gottesherz, und völlig überrascht, als er mich unter den Reitern erblickte. Damit war es mit seinem Überraschtsein auch schon wieder vorbei, denn als er erfuhr, dass ich Engländerin sei, sagte ihm das nichts, Name und Herkunft der Fremden waren für ihn ohne jede Bedeutung. Er wusste zu berichten, dass es in der Nähe Wasser gebe, keine zwei Stunden entfernt stünden Araberzelte, dann sagte er zu Ghishghash, er möge in Frieden gehen, Friede auch mit der Fremden in seiner Gesellschaft. Was die Zelte anging, hatte er gelogen, dieser Gottesherz, vielleicht hatten wir ihn auch missverstanden; aber das Wasser fanden wir, es war ein schlammiger Tümpel. Wir teilten ihn mit einer Kamelherde. In der Safa gibt es kein Wasser, das nach europäischen Maßstäben als Trinkwasser bezeichnet werden könnte, das gilt übrigens für das ganze Djebel el-Druz. In diesen Bergen entspringen keine Quellen, die einzigen Vorräte befinden sich in offenen Wasserlöchern. Der Reisende kann sich glücklich schätzen, wenn er nicht gezwungen ist, aus einer Wasserstelle zu trinken, in der sich gerade vor seinen Augen Kamele und Maultiere gewälzt haben. Selbst im besten Fall wimmelt es in dem Wasser von allen möglichen Fremdstoffen, die durch Abkochen zwar nicht eliminiert, aber wenigstens halbwegs unschädlich gemacht werden können. Ein Tee, der daraus gekocht wird, ist in Konsistenz und Geschmack mit nichts vergleichbar, er hat die Farbe von trübem Kaffee und hinterlässt auf dem Boden der Tasse ein Sediment. Mikhail schleppte während der ganzen Reise von Lager zu Lager einen Tonkrug abgekochtes Wasser für mich mit. Nachdem ich ihn von dieser Vorsichtsmaßnahme hatte überzeugen können, weil ich mich mehrfach geweigert hatte, aus den Tümpeln und Wasserlöchern auf unserem Weg zu trinken, war es auch jetzt nicht schwierig, in der Safa weiter so zu verfahren. Er, die Drusen und die Maultiertreiber tranken, ob im Gebirge oder in der Wüste, was immer sie vorfanden. Es bereitete ihnen offenbar keine Beschwerden. Vielleicht waren die Keime, die sie sorglos mit diesem Trank schluckten, so zahlreich und so quicklebendig, dass sie vollauf damit beschäftigt waren, sich gegenseitig umzubringen.

Wir ritten endlos weiter, über alle Steine dieser Welt, selbst Ghishghash verstummte oder sprach nur noch, um sich laut zu fragen, wo die Zelte der Ghiath wohl sein mochten. Khittab meinte, wir würden sie sicher sehen, sobald wir den Kantarah, den *Bogen*, erreichten. Ich spitzte die Ohren, das Wort schien auf ein Bauwerk zu verweisen. Aber dieser Kantarah war nur ein weiterer Hügel, etwas höher als die anderen und ebenso steinig. Davon gibt es viele; bei den meisten führt ein Pfad zum Gipfel, die Araber kriechen auf dem Bauch hinauf und halten dort nach Feinden Ausschau, dabei verstecken sie sich hinter einem kleinen schwarzen Steinhaufen, der dort als ständige Bastion steht. Im Sommer wimmelt die Safa nur so von Räubern. Große Stämme wie die Anazeh durchqueren sie, um aus dem Hinterhalt Feinde im Süden oder Norden zu überfallen. Auf der Durchreise plündern sie die Ghiath, und da es in der beispiellosen Hitze der Steinwüste nur sehr wenige Wasserstellen gibt, bleibt den Räubern und den wenigen

Ghiaths, die noch auf dem Plateau ausharren, keine andere Wahl, als bei Sonnenuntergang dieselben schlammigen Tümpel aufzusuchen. Folglich leben die Ghiaths Tag und Nacht in Schrecken, bis die großen Stämme endlich nach Osten in die Hammada zurückkehren. Vom Kantarah aus konnten wir auch keine Zelte sehen. Es wurde immer wahrscheinlicher, dass uns eine wasserlose Nacht zwischen Steinen und unter einem frostklaren Himmel bevorstand, als Khittab etwa eine Stunde vor Sonnenuntergang ausrief, er sehe im Nordwesten den Rauch eines Lagerfeuers. Wir mussten ein ganzes Stück zurück reiten, am Ende hatten wir einen Halbkreis beschrieben und als wir bei Sonnenuntergang die Zelte schließlich erreichten, waren wir neun Stunden unterwegs gewesen. Zusammen mit den Ziegen und Kamelen, die nach dem anstrengenden Tag des Grasens zurückkehrten, stolperten wir über die Steine in das kleine Lager. Obwohl wir es so ersehnt hatten, kam es uns immer noch sehr jämmerlich vor. Ein paar hundert englische Pfund wären ein sehr guter Preis für das gesamte weltliche Habe aller Ghiath; sie besitzen nichts als ihre schwarzen Zelte, ein paar Kamele und ihre Kaffeetöpfe, hätten sie mehr, man nähme es ihnen bei den mittsommerlichen *ghazu* ab. Sie ernähren sich nur von *shirak*, einem packpapierdünnen Fladenbrot, jeden Tag ihres Daseins streifen sie in Furcht um ihr Leben durch die Steinwüste, die ein oder zwei Monate im Jahr ausgenommen, wenn sie zu den Weiden des Djebel el-Druz hinauf kommen.

Wir waren eine große Gruppe, darum teilten wir uns auf. Ghishghash, meine Diener und ich gingen zum Haus des Scheichs, der den Namen *Verstehen* trug. Seine beiden Söhne, Muhammad und Hamdan, machten aus Reisig und Kameldung ein Feuer, das unsäglich qualmte, wir saßen im Kreis und sahen zu, wie der Kaffee zubereitet wurde, das tat Mohammad, da er der Ältere war. Er wusste den Stößel zum Singen zu bringen und trommelte fröhlich auf dem Mörser. Sein

Kapitel VI

Gesicht war dunkel und schmal, wenn er lächelte, leuchteten seine weißen Zähne; er trug nur ein schmutziges, weißes Baumwollgewand, das Baumwolltuch war mit einem Kamelhaarseil um den Kopf gebunden und fiel ihm auf die nackte Brust. Er sprach eine gutturale Sprache, die kaum zu verstehen war. Unser Abendessen bestand aus *shirak* und Soßen, die Ghiath sind zu arm, um zu Ehren eines Gastes ein Schaf zu schlachten, selbst wenn er so bedeutend ist wie Ghishghash. Und er, dieser alberne Mann, war völlig in seinem Element. Er spreizte und blähte sich vor Stolz, strich sich unter den bewundernden Blicken seiner Gastgeber über den langen Schnurrbart und redete ohne Pause bis tief in die Nacht, nur törichtes Zeug, wie ich fand, ich, die ich hoffte, endlich zu Bett gehen zu dürfen. Ich hatte eine Pferdedecke zum Zudecken, meinen Sattel als Kopfkissen und lagerte in einer Ecke nahe der Abtrennung zum Frauenbereich. Mal lauschte ich der wenig erbauenden Unterhaltung, mal verfluchte ich den ranzigen, beißenden Rauch. Mitten in der Nacht weckte mich der Mond, der mit frostigem Glanz ins Zelt schien. Das Feuer war aus, der Rauch abgezogen, Araber und Drusen lagen schlafend um die kalte Feuerstelle; ein paar Pferde standen friedlich an der Zeltstange und blickten mit klugen Augen hinein zu ihren Herren, hinter ihnen lag ein Kamel käuend zwischen den schwarzen Steinen. Die eigenartige und lautlose Schönheit dieser Szene, die so alt war wie die Welt, ergriff mein Herz und beschäftigte meine Fantasie auch noch, als der Schlaf zurückgekehrt war.

Vor der Dämmerung gelang es Mikhail, mir über dem launenhaften Reisigfeuer eine Tasse Tee zu machen, und als die Sonne über den Horizont stieg, saßen wir auf, denn wir hatten einen langen Weg vor uns. Die niedrig stehende Sonne, der wir entgegen ritten, verlieh der schwarzen Wüste eine außerordentliche Schönheit. Sie umhüllte jeden Stein mit einem goldenen Strahlenkranz, die östlichen Vulkanberge standen klar umrissen vor einem wolkenlosen Himmel, im Nordwesten leuchteten die schneebedeckten Gipfel des Anti-Libanon und des Hermon über dem glitzernden Schwarz der Ebene. Einer der Araber hatte sich unserer Gruppe als Führer angeschlossen. Awad, so sein Name, ritt ein Kamel und rief aus dieser überlegenen Höhe mit einem heiseren Brüllen zu uns hinab, als wolle er den immensen Abstand zwischen *rakib* und *faris* überbrücken, einem, der ein Kamel, und einem, der ein Pferd reitet. Als wir aufbrachen, zitterten wir in der frühmorgendlichen Kälte, über die Awad scherzte, indem er von seinem Kamel zu mir hinunter rief: »Wisst Ihr, warum ich friere, verehrte Lady? Weil ich zu Hause vier Ehefrauen habe!« Die anderen lachten, denn Awad stand im Rufe eines Don Juans, wenn er Geld bekam, steckte er es nicht in seine Garderobe, sondern in die Erweiterung seines Harems.

Ich vermute, dass wir sehr schnell wieder in der Ghadir el Gharz waren. Nach einem zweistündigen Ritt überquerten wir eine Anhöhe südwestlich von Tulul al-Safa, der Vulkanlinie, und galoppierten lange über fahles, steinloses Land, die Badiya, bis wir zum südlichen Rand des Lavafeldes kamen.

Und dann sahen wir es zu unserer Linken liegen. Ein Albtraummeer, schwarz und furchterregend, weniger erfroren als erstarrt, als habe ein unaussprechliches Grauen den Lavafluss angehalten und den Ausdruck zurückweichenden Schreckens auf der Oberfläche versteinern lassen. Aber seit eine gewaltige Hand den Wogen der Tulul al-Safa das Medusenhaupt hinhielt, war unendlich viel Zeit vergangen. Sonne, Frost und viele Jahrtausende haben die ursprünglichen Formen der Vulkane gesprengt, die Lavaströme zerrissen, die Abhänge zerstört, den Bergen ihre Besonderheit genommen. In den Spalten wuchsen ein oder zwei Terpentin-Pistazien, doch als ich dort vorüber kam, waren sie noch kahl und grau, gegen das durchdringende Gefühl völliger Unbelebtheit konnten sie nichts ausrichten.

Kapitel VI

Als wir diesen Grenzbereich des Todes umritten, wurde mir bewusst, dass wir einem Pfad folgten, der vermutlich fast so alt war wie die Berge selbst, er war ein Fädchen Menschengeschichte, das uns auf direktem Weg durch dieses abweisende Land führte. Awad sprach unentwegt von einem Stein, den er *El Abla* nannte. Das Wort bezeichnet einen weißen, weithin sichtbaren Felsen, aber ich war so an Bezeichnungen gewöhnt, die nichts bedeuten, dass ich nicht richtig hinhörte, bis er sein Kamel anhielt und ausrief:

»Da ist er, werte Lady! Im Angesichts Gottes, da ist El Abla.«

Es war nicht mehr und nicht weniger als ein Brunnenstein. Der Einschnitt des Seils war mehrere Zoll tief, er muss sehr lange in Gebrauch gewesen sein, denn der schwarze Stein ist außerordentlich hart, im Umkreis von mehreren Meilen gab es keine neue Quelle. In der Nähe sahen wir einen großen Steinhaufen, nicht weit davon noch einen und noch einen, alle Viertelmeile zwei oder drei. Als ich sie genauer in Augenschein nahm, sah ich, dass diese Steine nicht einfach nur so hingeworfen, sondern gemauert worden waren. Araber hatten in der Hoffnung auf Schätze einige geöffnet und dafür die oberste Steinschicht entfernt, dort konnte man in einen flachen, viereckigen Leerraum blicken, der aus grob behauenen Steinen sorgfältig gemauert war. Awad sagte, was immer sie früher enthalten haben mochten, seines Wissen habe man dort nie etwas gefunden. Die Steinhaufen markierten offenbar die Straße durch die Wüste. Nur wenige hundert Meter weiter hielt Awad wieder an, nun standen wir an einigen schwarzen, fast ebenerdigen Felsen. Sie glichen den offenen Seiten eines Buches, in das jeder, der hier vorübergekommen war, seinen Namen geschrieben hatte, sei es in dieser seltsamen Schrift, die Gelehrte Safaitisch nennen, sei es in Griechisch, Kufisch oder Arabisch. Als letzte hatten analphabetische Beduinen ihre Stammeszeichen eingekratzt.

»Shurak, Sohn des Naghafat, Sohn des Na'fis (?), Sohn des Nu'man«, lautete eine, eine andere, »Bukhalih, Sohn des Thann, Sohn des An'am, Sohn des Rawak, Sohn des Bukhalih. Er fand die Inschrift seines Onkels und er sehnte sich nach ihm und …« Eine weitere habe ich nicht sorgfältig genug kopiert, um sie eindeutig entziffern zu können. Vermutlich enthält sie zwei, durch »ibn« und »Sohn des« verbundene Namen. Über ihnen liegen sieben gerade Striche, von Dussaud stammt der scharfsinnige Hinweis, dass es sich um die Repräsentation der sieben Planeten handeln könnte.[6] Die griechischen Buchstaben bildeten das Wort Hanelos, Johannes, ein semitischer Namen, den sein Träger in einer fremden Schrift schrieb, die er vielleicht während des Militärdienstes unter dem römischen Adler erlernt hatte. Die kufischen Sätze waren schwülstige Stoßgebete, die den Segen für eben jenen Reisenden erflehen, der hier anhielt, um sie hier zu verewigen. So hinterließ jeder nach seiner Art eine Spur, bevor er wieder in den Nebeln der Zeit verschwand, und abgesehen von diesen Gravuren im schwarzen Stein wissen wir nichts über seine Herkunft, seine Geschichte oder die Gründe, die ihn in diese unwirtliche Ghadir el Gharz führten. Als ich die Inschriften kopierte, meinte ich, das Murmeln ferner Stimmen zu vernehmen, sie stiegen aus einer lange vergessenen Vorzeit zu mir empor, selbst Orpheus mit seiner Lyra hätte dem Felsen nicht mehr über die Generationen von Toten zu entlocken vermocht. Die ganze Safa raunt und wispert: Schatten, die nicht mehr sind als ein Name, schweben in der flimmernden Luft über den Steinen und flehen in verschiedenen Sprachen zu ihrem Gott.

---

6 Dussaud, Mission Scientific, S. 64. Die Übersetzung der Inschriften verdanke ich der freundlichen Hilfe von Dr. Littmann, der meine Originalkopien in sein Werk ›Semitische Schriften‹ aufnehmen wird.

Kapitel VI

Ich kopierte die Gravuren in großer Hast, an diesem Tag war keine Zeit zu verlieren. Die Drusen umringten mich ungeduldig, Awad rief »Yallah, yallah! ya sitt«, was so viel wie »Beeilt Euch!« bedeutet. Wir ritten zum Ostrand der Safa, umrundeten das Lavafeld und sahen vor uns die Weite der gelben Ruhbe. Da ich sie schon vom Djebel el-Druz aus gesehen hatte, wusste ich, dass sie sich sehr weit nach Osten erstreckt. Jetzt aber schien sie kaum eine halbe Meile breit, dahinter lag ein wunderbarer See, über dem bläulicher Dunst schwebte. Weit im Osten ragten kleine Vulkane wie Inselchen aus dem Wasser und spiegelten sich, doch als wir auf das Ufer zuritten, wich das Wasser zurück. Es war ein Trugbild, nur die in der Safa umherschwirrenden Geister konnten dort ihren Durst stillen. Dann tauchte am Fuß der Lavaberge ein grauer Turm auf, davor, noch in der Ebene, lag ein überkuppelter, weiß gekalkter Tempel: das waren das Khirbat al-Bayda und der Mazar, der Tempel des Scheich Serak. Dieser hatte seine Stellung als Hüter der Ruhbe von Zeus Saphathenos geerbt, der seinerseits der direkte Erbe des Gottes El war, der frühesten Gottheit der Safa. Er wacht über die Saat, die die Araber in guten Jahren um diesen Ort säen, in dem seine Seele wohnt; Moslems wie Drusen verehren ihn und veranstalten jedes Jahr ein sehr gut besuchtes Fest, das etwa vierzehn Tage vor meinem Besuch stattgefunden hatte. Der Tempel selbst ist im hauranischen Stil erbaut, das Steindach wird von Querbalken getragen. Der verzierte Querpfosten über dem Tor stammt aus den Ruinen des Weißen Schlosses.

Ich mochte nicht warten, bis alle meine Leute angekommen waren, denn ich brannte darauf, die Kalaat al-Bayda zu sehen – Khirbeh oder Kalaah, Ruine oder Burg, die Araber haben verschiedene Namen dafür. Ich ließ die Drusen zurück, damit sie Zeus Saphathenos oder wem auch immer, die ihm gebührende Achtung bezeugen konnten, und galoppierte zum Rand des Lavaplateaus. Davor verlief ein tiefer, wassergefüllter Graben, den ich über ein Bretterbrückchen überqueren musste. Habib stand dort und tränkte seinen Maulesel, dieses wunderbare Tier, das so schnell lief wie ein Pferd. Ich drückte Habib die Zügel meines Pferdes in die Hand und eilte über die rissige Lava in den Festungshof. Dort schlenderten ein oder zwei Araber umher, die mir aber ebenso wenig Beachtung schenkten wie ich ihnen. Das war sie also, die berühmte Zitadelle, die Safa vor der Hammada schützte, ein totes Land vor einem unbevölkerten. Die Mauern aus glatten Hausteinen standen grauweiß auf schwarzem Grund, ein gespenstisches Bollwerk in einer gespenstischen Welt. Wessen Hände sie errichtet, auf wessen Kunst die Arabeskengewinde auf den Türpfosten und den Querbalken zurückzuführen waren, wessen Augen vom Turm Wacht gehalten haben – nichts davon ist mit Sicherheit bekannt. Vielleicht sind Hanelos, Shurak und Bukhalih hier vorbei gezogen, als sie aus dem Wadi el Gharz kamen; vielleicht nahm Gott El es unter seinen Schutz, vielleicht flogen die Gebete der Turmwächter zu einem weit entfernten Tempel, weil sie den Göttern in Griechenland oder Rom galten. Wenn man diese Schwelle überschreitet, stellen sich tausende Fragen, die weder beantwortet sind noch beantwortet werden können.

De Vogüé, Oppenheim und Dussaud haben Khirbet el Beida beschrieben, wer ihre Ausführungen liest, wird erfahren, dass es sich um eine rechteckige Umfriedung handelt, an jeder Ecke Rundtürme, zwischen den Türmen eine runde Bastion, an der Südmauer ein rechteckiges Verließ. In ihren Werken erfährt man auch, dass in die Türpfosten wunderbare fließende Muster eingemeißelt sind, Arabesken, Blumen und Blätter, durch die Tiere hindurch schreiten; dass es eine zwischen dem zweiten und vierten Jahrhundert erbaute Grenzfestung der Römer gewesen sein könnte. Tatsächlich aber wissen wir über die Ursprünge des Weißen Schlosses in der

Kapitel VI

Ruhbe ebenso wenig wie über die der nahen Ruinen von Djebel Ses, wie wir ja auch über Mschatta und die anderen Monumente der westlichen Wüste kein gesichertes Wissen haben. Untereinander weisen sie alle Ähnlichkeiten auf, aber es gibt auch gravierende Unterschiede, wie es ja auch zwischen Kalaat al-Bayda und der Architektur des Hauran Gemeinsamkeiten gibt. Aber konnte ein Steinmetz aus dem Bergland seine Fantasie wirklich so weit von den klassischen Regeln befreit haben, um über den Toren des Weißen Schlosses Wüstentiere abzubilden? Hier herrscht ein Geist, der den benachbarten Künsten fremd ist, eine wildere, freiere Schaffenskraft, ungeübter, roher und vermutlich auch älter als die, die auf den Mschatta-Reliefs zu sehen ist. Das alles sind Vermutungen; vielleicht wird die Wüste ihre Geheimnisse preisgeben, vielleicht lässt sich die Geschichte der Safa und der Ruhbe aus den beschrifteten Felsen rekonstruieren, aber dazu werden viele Reisen und viele Ausgrabungen an der syrischen Grenze nötig sein, in Hira vielleicht, oder im Jemen.

Ich möchte aber anmerken, dass die Monumente von Kalaat al-Bayda so, wie sie da stehen, keinesfalls aus derselben Periode stammen können. Das Verlies ist mit Sicherheit später entstanden als die Fassade des Kastells. Sie ist, wie das römische Lager in Kastal und die Festung von Muwakkar, mit Mörtel erbaut, das Verlies aber besteht aus trockenem Mauerwerk, wie es im Hauran üblich ist. In diese Mauern sind verzierte Steine eingefügt, die keinesfalls für die Stelle vorgesehen waren, an der sie sich jetzt befinden. Selbst die Verzierung über dem Haupteingang zum Verlies besteht aus entliehenen Steinen; die übereinander gestapelten Blöcke des Türsturzes passen weder zueinander noch zum Türrahmen. Dies lässt, wie mir scheint, nur eine Schlussfolgerung zu: Die zwei von Archäologen angestellten Vermutungen über den Ursprung des Schlosses könnten beide richtig sein, das Bauwerk war sowohl ein römisches Lager als auch eine Ghassanidenfestung.

Der Rand des Lavaplateaus liegt einige Fuß höher als die Ebene. Entlang dieser natürlichen Schanze stehen, neben dem Weißen Schloss, weitere Bauwerke, von denen allerdings keines architektonisch so interessant ist wie dieses. Während das Schloss aus grauen Steinen und zum Teil mit Mörtel erbaut wurde, bestehen die Trockenmauern der anderen aus kunstlos aufgerichteten, rechteckigen Tuffblöcken. Ich sah nur eine bedeutendere Ruine, sie lag etwas nördlich, das Dach bestand nach Hauran-Art aus Steinplatten, die auf querlaufenden Bogen ruhten. Entlang der Lava standen in regelmäßigen Abständen kleine Türme, die wie Wachhäuschen den Zugang zur Burg sicherten. Auch sie bestanden aus Trockenmauerwerk.

Wir mussten vor Einbruch der Dunkelheit in Sichtweite unseres Lagers sein, da wir sonst Gefahr liefen, in der offenen Safa übernachten zu müssen. Daher begaben wir uns nach einem Aufenthalt von nur zwei Stunden auf den Heimweg, nicht ohne zuvor hastig das letzte der fünf Hühner zu essen, die wir aus Um Rwaq mitgebracht und mit wild wachsenden Zwiebeln gewürzt hatten, die Awad in der Lava gefunden hatte. Nach einem Ritt von vierdreiviertel Stunden kamen wir gerade noch rechtzeitig, wir sahen das Lagerfeuer, bevor es ganz dunkel wurde, und konnten uns daran orientieren. Über mehrere, von Steinen befreite Stellen fanden wir zurück zu unserem Lager. Es waren *themarah* (Zeltplätze), wo die Anazeh in der Safa gelagert hatten, bevor die Drusen vor über einhundert Jahren das Bergland besiedelten. Diese *marah* sind also seit mindestens einem Jahrhundert deutlich sichtbar, möglicherweise werden sie es noch viele Jahrhunderte lang sein. An diesem Abend blies ein starker, kalter Wind. Die Hauptwand des Zeltes war so aufgestellt, dass sie uns etwas schützte; dennoch verbrachten wir eine ruhelose Nacht. Ich wachte wegen der Kälte mehrmals auf, jedes Mal mit dem unangenehmen Gefühl, auf einem Ameisenhafen

Kapitel VI

eingeschlafen zu sein. Es ist mir ein ewiges Rätsel, wie es den Arabern gelingt, in so wenigen Habseligkeiten so viele Flöhe zu versammeln. Von den Zeltwänden abgesehen, haben die Tiere kaum eine passende Wohnstatt, und wenn die Wände zusammengefaltet werden, müssen sie ein für Flöhe unübliches Maß an Geschick und Behändigkeit an den Tag legen, um auch eingepackt und zum nächsten Lagerplatz mitgenommen zu werden. Dass sie diese Aufgabe hervorragend meistern, kann jeder bezeugen, der einmal eine Nacht in einem Fellhaus verbracht hat. Nach zwei Nächten bei den Ghiath erschienen mir unsere Zelte, die wir am folgenden Nachmittags wieder erreichten, wie paradiesischer Luxus, ein Bad war der einsame Gipfel der Schwelgerei, auch wenn ich es bei Temperaturen um den Gefrierpunkt nahm.

Ein Zwischenfall auf unserem Heimritt lohnt der Erwähnung, weil er Licht auf die Sitten der Drusen wirft. Die Sekte ist, wie schon erwähnt, in Eingeweihte und Unwissende unterteilt. Für den Außenstehenden besteht der deutlichste Unterschied darin, dass die Eingeweihten Tabak meiden. So bemerkte ich an dem Abend, den ich in Saleh verbrachte, dass in Muhammad en Nassars Familie niemand rauchte. Es überraschte mich daher, dass Faiz, als er mit mir und Mikhail allein war, diesen um eine Zigarette bat. Ich entschuldigte mich, ihm nicht früher eine angeboten zu haben, ich sei, erklärte ich, davon ausgegangen, dass sie ihm verboten seien. Faiz zwinkerte mit den schiefen Augen, und sagte, ich hätte völlig recht. So lange ein anderer Druse in der Nähe war, würde er keine Zigarette annehmen. Jetzt aber sei keiner seiner Glaubensbrüder hier, da könne er tun und lassen, was er wolle. Er bat mich allerdings, seinen Brüdern nichts von diesem Regelverstoß zu erzählen.

In der Mak'ad von Um Rwaq entwarfen die drei Scheichs und ich an diesem Abend viele Pläne für die weitere Erforschung der Safa. Wir besprachen, wie viele Kamele ich würde mitnehmen müssen, wir erörterten sogar, mit welchen Geschenken ich meine Begleiter am Ende der Reise belohnen würde. Wenn ich die Begleiter für diese Expedition wählen könnte, wären Faiz, Ahmed und Khittab sicher wieder dabei.

Um halb neun am folgenden Morgen begann unser Dreitagesritt nach Damaskus. Zu Um Rwaq ist nachzutragen, dass es genau vier Tage dauerte, bis wir unter den Einwohnern genügend Geld zusammengekratzt hatten, um ein Goldstück zu wechseln. Wir hatten zwar aus Jerusalem einen Beutel voller Silber- und Kupfermünzen mitgebracht, aber als der leer war, konnten wir nur mit größten Schwierigkeiten unsere Schulden begleichen. Auch das gehört nach Mikhails Meinung zu den *Hinweisen für Reisende*, die ich unbedingt in das Buch aufnehmen müsse, das ich schreibe. Wir ritten über bezaubernde, schneefreie Hänge, die über und über mit himmelblauen Zwergschwertlilien bedeckt waren. In Schaqqa, einem Ort, der in de Vogüés großem Archäologie-Band eine wichtige Rolle einnimmt, blieben wir ein oder zwei Stunden. Die Basilika, die er als fast vollständig erhalten beschreibt, ist nun eine Ruine, die Fassade ausgenommen. Allerdings ist das al-Kaisariye genannte Gebäude ebenso erhalten wie das Kloster, das de Vogüé für eines der ältesten noch existierenden Klostergebäude hält. Wir kamen durch Hit, ein interessantes Dorf mit einem sehr schönen Gebäude aus vorarabischer Zeit, das vom Scheich bewohnt wurde. Als wir schließlich in Bathaniyyeh das Lager aufschlugen, war es so kalt, dass der Fluss dort völlig zugefroren war. Ich flüchtete mich zitternd ins Bett. Am folgenden Tag machte ich einen Umweg, um Hayat zu besuchen, wo neben einer schönen, von de Vogüé beschriebenen Kalybeh, einem Heiligtum, auch ein Palast steht. Ich wollte einige Lücken meiner früheren Reise schließen und sehen, welche Bauwerke es an den Nordhängen des Berglands gibt, mehr war nicht möglich. Die antiken Dörfer werden mit großer Geschwindigkeit neu

Kapitel VI

besiedelt, in wenigen Jahren wird von den Baudenkmälern wenig geblieben sein. Wir kamen hinunter in die Ebene, stießen bei Lahiteh auf die Leja-Straße von Shahba nach Damaskus und folgten unseren Maultieren nach Brak, dem letzten Dorf des Hauran. Dort gibt es einen Militärposten mit etwa zwanzig Soldaten, kurz, bevor wir ihn erreichten, begegnete uns ein kleines Drusenmädchen, das am Straßenrand kauerte und bei unserem Anblick vor Angst zu weinen begann. »Ich bin ein Mädchen«, rief sie. »Ich bin ein Mädchen«. Ihre Worte warfen ein unheilvolles Licht auf das türkische Regime, unter dem wir uns nun wieder befanden. Etwa auf der Höhe der Festung begegneten uns zwei Drusen, die aus Damaskus zurückkehrten. Sie grüßten mich freundlich, und ich sagte:

»Seid Ihr auf dem Weg in das Bergland?«

Sie sagten: »Bei Gott! Gott schütze Euch!«

Ich sagte: »Ich komme von dort – grüßt es von mir«, und sie antworteten:

»Möge Gott Euch grüßen! Geht in Frieden!«

Jedem Reisenden versetzt es einen Stich, wenn er das Land der Drusen verlässt, keiner tut es ohne den Schwur, so bald als möglich dorthin zurückzukehren.

Als wir unter dem Schutz des Sultans an der Festung vorübergezogen waren, wurde mir klar, dass die Route des folgenden Tages durch einen wirklich gefährlichen Landstrich führte. Die Tscherkessen und die Türken aus Brak (liebenswerte Menschen aus dem nördlichen Kleinasien) bestürmten mich so sehr, keinesfalls den kürzeren Weg über die Berge nach Damaskus zu nehmen, dass ich meinen Plan beinahe aufgegeben hätte. Sie sagten, in den Bergen wimmele es vor Räubern, die nach Belieben wüten konnten, weil es dort um diese Jahreszeit kaum arabische Lager gebe. Zum Glück hörten wir am nächsten Morgen, dass eine Kompanie Soldaten durch die Berge nach Damaskus reiten werde, was uns ermutigte, dies auch zu tun. Diese Soldaten haben wir nie zu Gesicht bekommen, ich bezweifle, dass es sie überhaupt gab; aber auf dem übelsten Wegstück sahen wir einige schwarze Zelte, die uns ein Gefühl von Sicherheit gaben, und die Banditen waren offenbar anderweitig beschäftigt, denn sie tauchten nicht auf.

Ich hatte davor immer die Hauptstraße genommen, darum fiel mir erst jetzt auf, dass das Wüstenleben tatsächlich bis auf ein oder zwei Wegstunden an Damaskus heranreicht. Das schien mir ebenso interessant wie der Umstand, dass der Friede des Sultans, wenn man es denn Frieden nennen will, quasi an den Mauern von Syriens bedeutendster Stadt endet. Wir überquerten den Nahr el-Awadsch, den biblischen Fluss Parpar, und waren kurz nach Mittag in dem tscherkessischen Dorf Nejha. Hier hielt ich an, um unter ein paar Pappeln zu essen, das war die erste Gruppe von Bäumen, seit wir Salt verlassen hatten.

Ob man sich Damaskus über eine Abkürzung oder die Hauptstraße nähert, aus dem Hauran oder von Palmyra, die Stadt ist immer weiter entfernt als jeder Ort, von dem man je gehört hat. Vielleicht liegt es an der Ungeduld des Reisenden, sie endlich zu erreichen, diese große, wunderbare arabische Stadt, die von Obstbäumen umringt und dem Murmeln fließenden Wassers erfüllt ist. Aber wenn wir geduldig genug sind, kommt jede Straße einmal an ihr Ende; so erreichten auch wir schließlich die ersten Aprikosengärten, ritten weiter zum Bab Allah, dem Gottestor, und durch Midan hindurch, das Viertel der Kaufläden und der *khans*, also der Karawansereien, das wie ein sehr langer Löffelstiel in die Schüssel der reichen Stadtteile hinreicht, wo die Minarette und Kuppeln stehen. Um vier Uhr war ich im Hotel Victoria einquartiert und hielt die Briefe und Zeitungen eines ganzen Monats in Händen.

VII

Damaskus

Als ich Damaskus vor fünf Jahren besuchte, war Lütticke, Direktor des gleichnamigen Bankhauses und deutscher Honorarkonsul, dessen Tod viele Syrienreisende betrauern, mein wichtigster Berater und Freund. Er machte einmal eine beiläufige Bemerkung, dank derer ich verstand, welche Bedeutung die Stadt für die arabische Geschichte hatte und noch hat. »Ich bin überzeugt«, sagte er, »dass man nirgends edlere Araber findet als in und um Damaskus. Sie sind die Nachkommen der ursprünglichen Invasoren, die mit der ersten großen Eroberungswelle hierher kamen, und sie haben ihr Blut fast rein gehalten.«

Mehr als jeder andere Ort ist Damaskus die Hauptstadt der Wüste. Sie reicht bis an ihre Mauern, jeder Windhauch weht ihren Atem in die Stadt, jeder Kameltreiber bringt ihren Geist durch die Tore im Osten. Alle Scheiche der reicheren Stämme besitzen Stadthäuser in Damaskus, an einem schönen Freitag sieht man Muhammad von den Hassana oder Bassan von den Beni Rasheed durch den Basar stolzieren, sie tragen aufwändig bestickte Umhänge, golddurchwirkte Kamelhaarseile halten purpur-silberne Tücher über der Stirn. Sie schreiten mit hocherhobenem Haupt durch die Feiertagsmenge, diese Wüstenfürste, und die Menge weicht zurück, macht ihnen den Weg frei, als gehöre Damaskus ihnen. Das stimmt auch, Damaskus war die erste Regierungsstadt der

Beduinen-Kalife außerhalb des Hedschas, sie bewahrt und erinnert an die größten arabischen Traditionen. Fast als erste, weltweit bekannte Stadt kapitulierte Damaskus vor der unbesiegbaren Wüstenarmee, die Mohammed zu den Waffen gerufen, der er einen Sinn und einen Schlachtruf gegeben hatte. Und nur sie blieb unter islamischer Herrschaft so bedeutend, wie sie es schon im römischen Reich gewesen war. Muawiya machte es zu seiner Hauptstadt, bis zum Fall des Hauses Umayya neunzig Jahre später blieb es die wichtigste Stadt der islamischen Welt. Sie war die letzte moslemische Hauptstadt, in der nach Wüstentraditionen regiert wurde. Persische Generäle setzten in Mesopotamien die Ben Abbas auf den Thron, in Bagdad überwogen persische und türkische Einflüsse. Mit ihnen schlich sich ein verhängnisvoller Luxus ein, den die Wüste und die frühen Kalifen nicht kannten, die ihre Ziegen selbst gemolken und die Beute ihrer Siege unter den Rechtgläubigen verteilt hatten. Es ist, als gehe von Mesopotamiens Erde etwas aus, das sich auf die Männlichkeit fatal auswirkt. Die uralten Geister babylonischer und assyrischer Palastintrigen stiegen aus ihren morastigen Gräbern, um den Soldatenkalifen zu stürzen, ihn seiner Rüstung zu berauben und an Händen und Füßen mit Gold und Seide zu fesseln. Von all dem war Damaskus unberührt geblieben, es regierte, von sauberen Wüstenwinden durchweht, das Reich des Propheten mit der spartanischen Strenge vergangener Zeiten. Damaskus war kein Emporkömmling wie die großen Städte am Tigris; in ihren Mauern hatten Könige und Kaiser gelebt, sie kannte den Unterschied zwischen Stärke und Schwäche, sie wusste, welche Wege zur Herrschaft führen und welche in die Sklaverei.

Bei meiner Ankunft erwartete mich die Nachricht, dass meine Reise im Hauran Seine Exzellenz Nazim Pascha, Wali von Syrien, auf das äußerste erregt habe. Es hieß sogar, mein plötzliches Auftauchen in Salchad habe den vielbe-

Kapitel VII

schäftigten Herrn, der einen heiklen Posten bekleidet, zutiefst verärgert. Weiter hieß es, er habe sich, als ich dem wachsamen Auge des Yusef Effendi entronnen war, in sein Bett zurückgezogen; manche ließen allerdings durchblicken, der wahre Grund für die plötzliche Indisponiertheit des Effendi sei durch den Wunsch hervorgerufen worden, nicht an den Trauerfeierlichkeiten für den verstorbenen Großherzog Sergius teilnehmen zu müssen. Wie dem auch sei, jedenfalls schickte er mir am Tag meiner Ankunft ein höfliches Schreiben, in der er seiner Hoffnung Ausdruck gab, dass er das Vergnügen haben werde, meine Bekanntschaft machen zu dürfen.

Ich gestehe, dass ich mit einem starken Gefühl der Reue zum Wali ging. Er bewohnte ein großes neues Haus am Rand von Sallahiya, dem nördlichen Vorort von Damaskus, der sich am Fuße der kahlen Berge entlang zieht. Ich hatte den aufrichtigen Wunsch, mich zu entschuldigen, mindestens aber zu beweisen, dass ich keine heimtückische Feindin war. Diese Absicht wurde durch die Freundlichkeit verstärkt, mit der er mich empfing, und auch durch die Achtung, die jeder für ihn empfindet, der ihm begegnet. Er ist ein sehr nervöser Mann, immer in Alarmbereitschaft, weil er ständig mit Schwierigkeiten rechnet, die ihm seine Provinz tatsächlich im Übermaß beschert, er erschien mir gewissenhaft, aufrichtig und aufs Äußerste darum bemüht, Interessen zu versöhnen, die so einfach zu verbinden sind wie Essig und Öl. Aus dem Augenwinkel hatte er immer seinen königlichen Herrn im Blick, dem sehr daran gelegen war, dass eine so hervorragende Persönlichkeit wie Nazim Pascha in sicherer Entfernung vom Bosporus bleibt. Der Wali war seit acht Jahren in Damaskus, die normale Amtszeit betrug fünf, und er hatte offenkundig beschlossen – so ihn kein Schicksalsschlag heimsucht – dort zu bleiben, denn er hatte ein großes Haus gebaut und plante einen schönen Garten, dessen Anlage ihn, wie wir hoffen wollen, von Gedanken ablenkt, die sicherlich selten angenehm sind. Es schützt ihn, dass er sich energisch um den Bau der Hedschasbahn kümmert, an der der Sultan größtes Interesse hat; bis die Arbeiten beendet oder eingestellt werden, ist er wichtig genug, um seine Stellung zu behalten.[7]

Der Basar, also die öffentliche Meinung, glaubt nicht, dass das große Vorhaben abgebrochen werden wird, trotz des Widerstands des Scherifs von Mekka und seines ganzen Clans. Diesen könnte man nämlich niemals davon überzeugen, dass der Anspruch des Sultans auf das Kalifat des Islams gerechtfertigt ist, und er will auch nicht, dass der Sultan näher an ihre bedeutendsten religiösen Stätten herankommt. In dieser Sache unterstützt der Basar den Sultan gegen den Scherif und alle anderen Eisenbahn-Gegner, ob geistlich oder weltlich. Die Räder der Türken mahlen langsam und stehen oft still, am Ende aber mahlen sie fein, insbesondere, wenn das Mahlgut, die arabischen Stämme, aufgrund von privaten Eifersüchteleien, Verleumdungen und Eitelkeiten schon mürbe ist. Die türkische Politik gleicht jener, von der Kulthum singt:

> Wenn unsere Mühle in einem Volke aufgestellt ist,
> so ist es wie Mehl schon vor unserem Kommen.
> Unser Mahltuch ist ostwärts von Nedschd ausgebreitet,
> und unser Korn ist der ganze Stamm Kudaa.
> Wie Gäste seid ihr vor unsrer Tür abgestiegen,
> und wir haben euch Gastlichkeit gewährt,
> dass ihr euch nicht gegen uns kehret.
> Wir haben euch Willkommen geboten, schnellen Willkomm: ja, vor Tag, und unsre Mühlen mahlen fein.

---

[7] Seit ich dies schrieb, wurde der Wali von den Wechselfällen der Politik zu Fall gebracht. Man hat ihn auf die Insel Rhodos versetzt, wo er ein unwichtiges Amt bekleidet.

Kapitel VII

Obwohl er seit acht Jahren in Damaskus lebt, spricht Nazim Pascha kein Arabisch. Wir Europäer sprechen von der Türkei, als sei sie ein homogenes Reich, ebenso gut könnten wir von England sprechen und damit auch Indien, die Schanstaaten, Hongkong und Uganda meinen. Eine Türkei in dem Sinne eines Landes, das vor allem von Türken bewohnt wird, existiert nicht. Die Türken stellen nur in wenigen Gegenden des Herrschaftsgebietes die Mehrheit; in der Regel ist der Türke ein regierender Fremder, der mit ein paar Soldaten und einem leeren Geldsäckel ein Sammelsurium von Untertanen regiert, die nicht nur ihm, sondern sich auch untereinander feindlich begegnen. Er kennt ihre Sprache nicht, man sollte von ihm keine Sympathien für politische und religiöse Wünsche erwarten, von denen er meist unter Musketenknallen erfährt. Und wenn diese Kugeln, was oft der Fall ist, von einer aufsässigen, unvernünftigen Gruppe in seinem Vilayet auf eine andere, ebenso aufsässige und unvernünftige Gruppe abgefeuert wurden, wird er selten um die Leben trauern, die das kostet. Im Grunde hat er ein starkes Empfinden für Recht und Ordnung. Wenn man sich die innere Organisation eines türkischen Dorfes ansieht, stellt man fest, dass türkische Bauern sehr gut Verhaltensregeln aufstellen und befolgen können. Ich meine, dass unsere besten einheimischen Beamten in Ägypten Türken sind; sie können unter dem neuen Regime ihr Gespür und ihren natürlichen Instinkt für das Regieren entfalten, für die das alte Regime ihnen kaum Raum gelassen hatte. Die oberen Ränge der Hierarchie im osmanischen Reich haben sich als unfähig erwiesen, weil diese Positionen mit Griechen, Armeniern, Syrern und Personen einiger anderer Nationalitäten besetzt sind, die im Osten (nicht ohne Grund) als unzuverlässig gelten. Dass es unweigerlich solche Männer sind, die an die Spitze kommen, erklärt, warum der Türke scheitert. Er kann zwar eine Dorfgemeinschaft organisieren, aber im großen oder gar ausländischen Maßstab regieren kann er nicht. Das ist ein Unglück, denn die Kontakte zu fremden Nationen werden immer enger. Sogar seine eigenen Untertanen haben sich vom Fortschritt anstecken lassen! Die Griechen und Armenier sind Kaufleute und Bankiers geworden, die Syrer Kaufleute und Landbesitzer; sie alle sehen sich bei jeder Bewegung, die sie machen wollen, von einer Regierung behindert, die nicht begreift, dass eine wohlhabende Nation aus wohlhabenden Untertanen besteht. Doch trotz aller Mängel scheint niemand wirklich geeignet, seine Stelle einzunehmen. Ich spreche jetzt nur von Syrien, der Provinz, die ich am besten kenne. Und welchen Wert haben die panarabischen Vereinigungen und die flammenden Pamphlete, die sie in ausländischen Druckereien herstellen lassen? Die Antwort ist einfach: Gar keinen. Es gibt keine Nation der Araber; die Kluft zwischen einem syrischen Kaufmann und einem Beduinen ist tiefer als die zwischen diesem Kaufmann und einem Osmanen, das syrische Staatsgebiet ist von arabisch sprechenden Stämmen bewohnt, die einander ausnahmslos an die Kehle wollen. Nur der zerlumpte, unterernährte Soldat, der vom Sultan nur selten seinen Sold erhält, hindert sie daran, diesen starken Wunsch in die Tat umzusetzen. Dieser Soldat, ob Kurde, Tscherkesse oder Araber aus Damaskus, ist viel mehr wert als der Lohn, den er erhält. Andere Armeen mögen meutern, die türkische steht fest zum Kalifen; andere Armeen mögen unter Leid, Entbehrung und unbehandelten Krankheiten zusammenbrechen, die des Sultan marschiert, so lange sie noch stehen kann, kämpft, so lange sie noch Waffen hat, und siegt, so lange sie Anführer hat. Kein Anblick ist erhebender und mitleiderregender als ein marschierendes türkisches Regiment: Graubärte und halbflügge Buben, schlecht gekleidet, oft barfuß, geknechtet, abgemagert – und unbezwingbar. Mögen alle, an denen sie vorüberziehen, ihnen salutieren: In jenen fernen Tagen, als Krieg noch eine Kunst war und keine

Kapitel VII

Wissenschaft, waren sie der Stoff, aus dem Welteroberer gemacht wurden.

Aber nun habe ich den Gouverneur von Syrien zu lange warten lassen. Wir unterhielten uns auf Französisch, eine Sprache, mit der er unzulänglich vertraut war, hin und wieder half ihm ein anwesender Syrer auf Türkisch über die Fallen und Stricke der fremden Sprache. Dieser Syrer war ein reicher maronitischer Landbesitzer aus dem Libanon; er genoss im Haus des Gouverneurs einen guten Ruf, obwohl er erst kürzlich ein Jahr im Gefängnis verbracht hatte. Er hatte mich zu dem Besuch begleitet, nun ernannte ihn der Wali umgehend zu meinem Fremdenführer in Damaskus. Sein Name war Selim Beg. Unser Gespräch drehte sich hauptsächlich um Archäologie, ich betonte mehrfach, dass sie mich viel mehr interessiere als die Politik von Bergland und Wüste, Probleme, die wir denn auch nur flüchtig streiften. Der Wali war von größter Verbindlichkeit. Er schenkte mir einige Fotografien der unschätzbaren Handschriften aus der Kubbet al-Khazne (Schatzkuppel) in der Großen Moschee, die der Öffentlichkeit nicht mehr zugänglich ist, und versprach, mir die fehlenden Blätter der Serie zuzuschicken. Dafür bat einer der Anwesenden unter vielen Verbeugungen um meine englische Adresse und schrieb sie in ein kleines Heft, ich muss wohl nicht erwähnen, dass man in dieser Angelegenheit nie mehr etwas gehört hat. Dann sagte der Wali, dass Madame Pascha und die Kinder darauf warteten, mich kennenzulernen, ich folgte ihm in das obere Stockwerk in einen sonnigen Raum, dessen Fenster auf einen Balkon gingen, von dem aus man ganz Damaskus, seine Gärten und die dahinter liegenden Berge überblickte. Es gibt nur eine Madame Pascha, eine schöne Tscherkessin mit scharf geschnittenen Zügen, eine zweite (Gerüchten zufolge die Bevorzugte) war im Vorjahr verstorben. Die Kinder waren reizend. Sie trugen mir französische Gedichte vor, wobei sie mit wachen Augen jedes Zeichen von Zustimmung oder Heiterkeit registrierten und aufgriffen; sie saßen kerzengerade auf dem Klavierschemel, die Zöpfe fielen ihnen über ihre samtbekleideten Rücken, und spielten muntere Polkas. Der Pascha stand am Fenster und strahlte vor Stolz, die tscherkessische Ehefrau rauchte Zigaretten und verbeugte sich jedes Mal, wenn sie meinen Blick erhaschte, ein schwarzer Sklavenjunge an der Tür strahlte von einem Ohr zum anderen, weil seine Herren und Herrinnen, die auch seine Schul- und Spielkameraden waren, ihre Aufgaben so gut absolvierten. Ich war von ihrem strahlenden Wesen und ihrer lebhaften Intelligenz sehr angetan, und als wir wieder hinuntergingen, sagte ich dem Pascha, wie gut sie mir gefallen hatten.

»Ah«, sagte er höflich, »wenn sie nur Englischunterricht bekommen könnten! Aber was soll man machen? Wir bekommen keine Engländerin dazu, sich unseren Sitten anzupassen, ich habe nur die Griechin, die sie gesehen haben, sie unterrichtet Französisch.«

Diese Griechin war mir tatsächlich aufgefallen, eine ungebildete kleine Person, deren Verhalten in der eleganten Gesellschaft der ersten Etage nicht unbemerkt bleiben konnte. Ich ließ mich sofort lobend über ihr ausgezeichnetes Französisch aus – der Himmel möge mir verzeihen! Der Pascha schüttelte den Kopf.

»Wenn ich nur eine Engländerin bekäme!«, sagte er. Leider konnte ich ihm niemandem für diese Stelle vorschlagen, und er hätte einen Vorschlag auch nicht angenommen.

Bevor ich ging, kamen zwei wichtige Persönlichkeiten zur Audienz beim Wali. Der erste war Emir 'Abdullah Pascha, Sohn des bedeutenden Algeriers 'Abdul Kadir und einer Negersklavin. Er war fast so dunkel wie ein Neger, sein Aussehen und sein scharfer, schneller Blick aber verrieten seine hohe Geburt. Der zweite war Scheich Hassan Naksh Pendi, durch Erbfolge der Anführer – fast hätte ich gesagt: Papst –

Kapitel VII

einer in Damaskus berühmten orthodoxen Sekte des Islam, wo sich auch ihre wichtigste Tekkiye befindet. (Eine Tekkiye ist eine religiöse Einrichtung zur Unterbringung von Wander-Derwischen und anderen Pilgern, die aber den Bewohnern kein Keuschheitsgelübde abverlangt. Außerhalb der Tekkiye können sie so viele Ehefrauen haben, wie sie wollen. Scheich Hassan hat die erlaubten vier.) Aus dem Gesichtsausdruck dieses Ehrenmannes strahlte die ganze Verschlagenheit des Geistlichen. Ich weiß nicht, ob er über einen besonders ausgeprägten Verstand verfügte, aber wenn sein Lächeln nicht täuschte, dürfte seine Skrupellosigkeit alles wettmachen, woran es ihm sonst gebrechen mochte. Die Begegnung mit diesen beiden Honoratioren sicherte meine Einführung in die Gesellschaft von Damaskus, denn beide luden mich nachdrücklich ein, sie in ihren Häusern zu besuchen, in der Tekkiye oder wo immer ich wolle. Ich nahm alle Einladungen an, ging aber als erstes zu Emir Abdullah.

Genauer gesagt ging ich zum Haus seines älteren Bruders, Emir 'Ali Pascha, denn dort hatte Abdul Kadir gelebt, dort hatte er in den schwarzen Tagen des Massakers von 1860 eintausend Christen Zuflucht gewährt. Sein Name ruft romantische Assoziationen von Mut und Patriotismus wach, hinzu gesellen sich die Autorität eines weisen, geachteten Alters sowie die Macht, die Wohlstand verleiht, denn Abdul Kadirs Familie besitzt das ganze Viertel, in dem sie wohnt. Wie jeder bedeutende damaszenische Wohnsitz, war auch dieser von außen völlig unscheinbar. Der Eingang lag in einer engen Gasse, wir gingen durch eine schmale Tür in einen dunklen Durchgang, wandten uns mehrfach nach rechts und links, bis wir in einen marmornen Innenhof mit einem Brunnen kamen, der von Orangenbäumen umstanden war. Alle großen Räume gingen auf diesen Hof hinaus, die Tür wurde mir weit geöffnet, ein Diener servierte kleines Backwerk, ich konnte die Wanddekorationen und das Wasser bewundern, das in Marmorbecken sprudelte und durch Marmorrinnen abfloss. Wie in fast allen damaszenischen Palästen, waren auch hier plätschernde Wasserbecken in die Fenstersimse eingelassen, die jedem Lufthauch, der ins Innere dringt, eine erfrischende Feuchtigkeit mitgeben. Emir Ali war nicht da, aber sein Haushofmeister, der wie ein Diener *de bonne maison* wirkte und dessen Umgangsformen jene Mischung aus Respekt und Familiarität hatten, die orientalische Untergebene sich so mühelos aneignen, zeigte uns die Schätze seines Herren: den edelsteinbesetzten Säbel, den Napoleon III. dem alten Emir geschenkt hatte, Abdul Kadirs Gewehre und zwei schwere, silberbeschlagene Schwerter, ein Geschenk, das Abdullah Ibn Rasheed im Jahr zuvor hatte schicken lassen. Die algerische Familie und die Herren von Ha'il sind, wie ich erfuhr, durch eine lang zurückreichende Freundschaft verbunden. Er zeigte uns auch Gemälde von Abdul Kadir: der Emir führt seine Kavallerie an; der Emir schreitet in Versailles neben Napoleon die Treppe hinab, und zwar mit dem Habitus des Siegers, nicht des Besiegten; der Emir als alter Mann in Damaskus, immer in den weißen algerischen Gewändern, die er nie ablegte, immer mit der Ausstrahlung ernster und beeindruckender Würde. Zum Abschluss führte uns der Diener über ein Brückchen, das hinter dem großen Innenhof einen Bach überquerte, und durch einen Garten voller Veilchen zu den Stallungen. Nur die besten Ställe Europas waren so luftig, hell und trocken wie diese. In den Boxen standen zwei wunderbare Araberstuten aus dem Gestüt von Ruwalla sowie ein Maultier aus guter Zucht, fast so wertvoll wie die Pferde. Auf unserer Runde begleitete uns ein bedrückt wirkender Mann, der nicht zum Haushalt zu gehören schien; er wirkte so niedergeschlagen, dass er meine Aufmerksamkeit auf sich zog. Als ich Selim Beg fragte, wer er sei, lautete die Antwort, es handele sich um einen Christen aus reicher Familie. Man habe ihn verfolgt und gedrängt, seinem Glauben

Kapitel VII

abzuschwören, daher hatte er bei Emir 'Ali Schutz gesucht. Mehr erfuhr ich nicht, aber die Geschichte passte zu meinem Eindruck von Abdul Kadirs Residenz: Das Haus einer vornehmen Familie, von einer gut geschulten Dienerschaft gut geführt und mit allen Annehmlichkeiten des Lebens ausgestattet, wo Bedrängte Schutz finden konnten.

Am nächsten Morgen besuchte ich Emir Abdullah, der direkt neben seinem Bruder wohnte. Dort traf ich Emir Tahir an, ein Neffen Abdullahs und Sohn eines weiteren Bruders. Mein Besuch löste große Freude aus, denn gerade war ein ehrenwerter Gast dort, den ich ganz bestimmt kennenlernen wollte: Ein gewisser Scheich Tahir ul Jezairi, für seine Bildung ebenso berühmt wie für seine stürmischen und revolutionären politischen Ansichten. Man bat ihn, eiligst ins obere Stockwerk zu kommen, in den mit vielen Diwanen und Teppichen ausgestatteten Raum, in dem wir saßen. Er betrat ihn wie ein Wirbelwind, setzte sich neben mich und begann sofort, mir und allen anderen, denn er sprach laut, seinen Kummer zu klagen: Der Wali gestatte ihm nicht den freien Umgang mit gebildeten Ausländern wie den amerikanischen Archäologen oder mir (»Gott bewahre!« murmelte ich bescheiden), dem folgte eine Flut weiterer Beschwerden. Als dieses Thema voll und ganz ausgeschöpft war, schickte er Emir Tahir, damit dieser einige von seinen, Tahir ul Jezairis, Veröffentlichungen holte, die er mir dann schenkte. Sie handelten vom Arabischen und verwandten Sprachen wie Nabatäisch, Safaitisch und Phönizisch. Er hatte die Schriftzeichen der Alphabete sorgfältig und sehr gut in vergleichenden Tabellen zusammengestellt, obwohl er keine andere Sprache als die eigene beherrschte. Dieser Scheich Tahir war ein ebenso seltsames wie typisches Beispiel orientalischer Gelehrsamkeit, nachdem ich seine Konversation erleben durfte, frage ich mich allerdings, ob jene, denen es um Friede und Ordnung zu tun ist, nicht eher mit dem Wali sympathisieren.

Unangemeldet kam ein weiterer bemerkenswerter Besucher, Mustafa Pascha el Barazi, der einer der vier führenden Familien Hamas angehört. Die Runde wandte sich ihren eigenen Anliegen zu, es ging um die syrische Politik und dergleichen. Ich hörte zu, blickte dabei aus dem Fenster auf den Garten, auf den Bach an dessen Ende, und fragte mich, womit ich das Glück verdient hatte, an einer damaszener Morgenvisite teilnehmen zu können. Schließlich nahmen Emir Abdullah und sein Neffe mich zur Seite, um mit mir lange und eingehend ein großes Vorhaben zu besprechen, das ich ihnen unterbreitet hatte, hier aber nicht erläutern werde. Als die Visite beendet war, besuchte ich mit Selim und Mustafa ein ausgezeichnetes einheimisches Restaurant im griechischen Basar, wo wir, Schulter an Schulter mit einem Beduinen aus der Wüste, ein hervorragendes Menü und die besten Cremetörtchen von ganz Damaskus aßen. Am Ende bezahlten wir für uns drei zusammen 18 Pence, einschließlich Kaffee und einem großzügigen Trinkgeld.

An einem weiteren, ebenso schönen Morgen brach ich mit dem treuen Selim auf, um einem charmanten alten Herrn die Ehre zu erweisen. Mustafa el Asba'i war der berühmteste Kaligraph der Stadt, sein Haus war von jenem exquisiten Geschmack geprägt, der vor zweihundert Jahren vorherrschte, es gab farbige Marmorintarsien und Stuckarbeiten, die den Frontispizen persischer Handschriften nachempfunden waren, alles in satten, sanften Farben, dominiert von Gold und Goldbraun. Wir wurden durch die Empfangsräume in ein kleines Zimmer im oberen Stockwerk geführt, wo Mustafa sich den Kaligraphien widmet, die die Gemälde des islamischen Ostens sind. An allen Wänden hingen Werke berühmter Meister, alte ebenso wie zeitgenössische, ich erkannte eines meines Freundes Muhammad Ali, Sohn des persischen Propheten Beha Ullah, den ich für den begabtesten Kaligraphen unserer Zeit halte. Die Orientalen geben allerdings

KAPITEL VII

Mushkin Kalam, einem anderen Perser der gleichen Glaubensrichtung, den Vorzug, den ich ebenfalls zu meinen Freunden zähle. Wir saßen auf Kissen, tranken Kaffee und blätterten in herausragenden Handschriften aus verschiedenen Epochen und Ländern, einige auf Gold, Silber oder Brokat geschrieben, andere auf weichem Pergament (darunter übrigens auch Seiten des kufischen Textes aus der Kubbet el Khazneh, die kopiert worden waren, bevor sie geschlossen wurde). Als wir uns verabschiedeten, schenkte Mustafa mir drei seiner Kunstwerke, die ich beglückt aus dem Haus trug.

Am Nachmittag fuhren Selim und ich ins Baradatal, um Abdul Kadirs dritten Sohn zu besuchen: *Amir Omar, princ d'Abd ul Kadir* stand in lateinischen Buchstaben auf seiner Visitenkarte. Er ist der Landedelmann seiner Familie. Alis Heirat mit der Schwester von Izzet Pascha, dem mächtigen Schatten hinter dem Thron von Konstantinopel, hat ihn in Sphären größeren Einflusses katapultiert. Während Abdullah immer durch tausenderlei Erledigungen in der Stadt festgehalten wird, liebt Umar nichts mehr als die Jagd, das Schießen, seinen Garten, kurz: das einfache Leben. So einfach, dass er, als wir ihn im Garten spazierend antrafen, mit Rauchkäppchen, Schlafrock und Hausschuhen bekleidet war. Er ging mit uns ins Haus, das, wie in dieser Familie üblich, voller Blumen war, und dann zu einem Dachpavillon hinauf, sein Jagdhund begleitete uns mit einem Ausdruck freundlicher Geselligkeit. Dort saßen wir inmitten eingetopfter Hyazinthen und Tulpen, sahen, wie die Sonne hinter den schneebedeckten Bergen unterging, und sprachen über die Jagd in der Wüste und über Sport.

Über diese elegante Gesellschaft will ich meine einfacheren Freunde nicht vergessen: Der Afghane mit den dichten schwarzen Locken, der mich jedes Mal grüßte, wenn wir uns sahen (der Emir von Afghanistan hat in Damaskus einen Agenten, der sich um das Wohlergehen seiner pilgernden Untertanen kümmern soll); der Zuckerwarenverkäufer am Eingang der Großen Moschee, der mich ein oder zweimal durch das Labyrinth der Basare lotste, und mir jedes Mal, wenn ich an ihm vorüberging, zurief: »Haben Euer Exzellenz heute denn keine Verwendung für Euren Dragoman?«; die Derwische in Scheich Hassans Tekkiye, die mich zum Freitagsgebet einluden. Und nicht zuletzt der Perser mit dem roten Bart, der am Kornmarkt eine Teestube hat, er gehörte den Baha'i an, eine Sekte, in der ich viele Bekannte habe. Ich saß an seinem Tisch, trank köstlichen persischen Tee, begrüßte ihn in seiner Sprache und flüsterte: »Die Heilige Familie in Akkon hat mir große Ehre erwiesen.« Er nickte, lächelte und sagte: »Euer Exzellenz sind uns bekannt«. Als ich schließlich gehen wollte und ihn um die Rechnung bat, sagte er: »Ihr werdet hier niemals bezahlen.« Ich schwöre, dass nichts das Herz so wärmt wie die Erkenntnis, dass man in den geheimen Kreis orientalischen Wohlwollens aufgenommen wurde. Zudem gibt es nur wenig, das so selten wäre.

An einem sonnigen Nachmittag entkam ich all den Menschen, die stets bereit waren, mich hierhin und dorthin zu bringen, und bummelte allein durch den Basar, dem faszinierendsten Ort zum ziellosen Schlendern, bis zur Großen Moschee. Es war die Stunde des Nachmittagsgebets, ich ließ meine Schuhe am Eingang bei einem gelähmten Neger stehen und ging zu den weiten Säulen an der Westseite der Moschee. Ein Brand vor etwa zehn Jahren und die folgenden Reparaturen haben der Moschee viel von ihrer Schönheit genommen. Wenig anderes fasziniert die Archäologen so sehr wie dieses Gebäude, sie zerbrechen sich den Kopf über Spuren von Basilika, Tempel und weiß der Himmel was, die in ihren Mauern und Toren zu finden sind. Der Hof lag halb im Nachmittagsschatten, halb in der Sonne, Buben liefen, mit grünen Weidenruten in der Hand, lautlos spielend im goldenen Licht umher, die Gläubigen warfen sich zum ersten Mal nieder, bevor sie die Moschee betraten. Ich folgte ihnen ins Innere und sah zu, wie sie im Schiff und den Seitenflügeln in lange Reihen von Ost nach West ihre Plätze einnahmen. Männer aus allen Schichten und Berufen standen Schulter an Schulter, der Gelehrte in pelzgefüttertem Mantel und Seidengewand neben dem elendsten Kameltreiber aus der Wüste, denn der Islam ist die einzige Republik der Welt, er unterscheidet weder nach Reichtum noch Rang. Als drei- bis vierhundert Gläubige versammelt waren, begann der Imam den Gesang. »Gott!«, rief er, daraufhin senkte die ganze Gemeinde in einer einzigen Bewegung die Stirn auf den Boden und verharrte eine volle Minuten lang in stiller Anbetung, bis der Gesang wieder einsetzte: »Der Schöpfer dieser und der künftigen Welt, Er, der den Gerechten auf den rechten Weg leitet und den Gottlosen ins Verderben. Gott!« Als der Name der Allmächtigen, wie seit bald zweitausend Jahren, durch die Kolonnaden hallte, beugten sich die Anwesenden erneut gen Boden, und wieder herrschte in dem Heiligtum einen Moment lang völlige Stille.

Am Abend besuchte ich eine Gesellschaft, zu der Shekib el Arslan eingeladen hatte, Druse aus einer berühmten libanesischen Familie und selbst Dichter – hatte ich nicht seine neueste Ode geschenkt bekommen? Ich fuhr nach Midan, wo das Fest im Haus einiger Kornhändler stattfand, die im Auftrag der Hauran-Drusen Getreide verkauften und mit der Politik des Berglands sehr vertraut waren. Anwesend waren zwölf, vierzehn Personen, Shekib und ich, die Händler (in blauen Seidengewändern und bestickten gelben Turbanen, wie es sich für Wohlhabende ziemt) und einige andere, die ich nicht kannte. Bis auf ein paar Teppiche, einen Diwan und ein Kohlenbecken war der Raum segensvollerweise leer. Das ist bemerkenswert, nicht einmal Abdul Kadirs Häuser sind frei von blauen und roten Glasvasen und diesen Fransenmatten, die Marmortäfelungen und die Oberfläche der Gipskredenzen wie ein hässlicher Ausschlag überziehen. Shekib war gebildet und welterfahren, er war sogar in London gewesen und sprach Französisch mit mir, bis einer unserer Gastgeber ihn mit den Worten stoppte:

»Ach Shekib! Ihr könnt Arabisch und das kann die Lady auch. Sprecht so, dass wir es auch verstehen.«

Seine Meinung über die türkische Politik war sehr interessant.

»Liebe Freunde«, sagte er, »an den Übeln, unter denen wir leiden, sind die fremden Nationen schuld, die dem türkischen Reich überhaupt keine Bewegung gestatten. Wenn es kämpft, nehmen sie ihm die Früchte des Sieges, so geschehen nach dem Krieg gegen die Griechen. Was soll es uns nützen, die aufständischen Albaner niederzuringen? Es würde nur den Bulgaren nützen, und unter der Knute der Bulgaren könnten die Nachfolger unseres Propheten (*sic*!, dabei war er Druse!) ebenso wenig leben wie unter der Knute der Griechen auf Kreta. Ihr wisst ja, dass die kretischen Moslems jetzt in Sallahiya leben, Kreta hat durch ihren Fortgang Schaden erlitten.«

Darin steckte so viel Wahres, dass ich wünschte, die Feinde der Türkei hätten das gehört und würden der Meinung solch intelligenter und gut informierter Untertanen des Osmanischen Reichs mehr Beachtung schenken.

Mein letzter Tag in Damaskus war ein Freitag, und Damaskus an einem schönen Freitag ist ein Anblick, der die weite Reise lohnt. Alle Männer der Stadt schlendern in ihrem besten Staat durch die Straßen, der Handel mit Zuckerwaren und gebrauchten Kleidern floriert, in den Speisehäusern dampfen köstlich zubereitete Fleischgerichte, über die Uferstraße des Abana galoppieren prächtig aufgezäumte Pferde. Am frühen Nachmittag kamen mehrere einflussreiche Besucher zu mir. Als erstes machte mir Muhammad Pascha seine Aufwartung, er war Scheich von Jerud, einer Oase auf halbem Weg nach Palmyra. Er ist der zweitgrößte Straßenräuber des Landes, der

Kapitel VII

größte (was niemand in Abrede stellt) ist Fayyad Agha aus Karyatein, auch das eine Oase an der Straße nach Palmyra. Ich halte Fayyad für einen wirklich üblen Burschen, selbst wenn er mir bei jeder unserer Begegnung höflich begegnete, aber Jerudis Gaunereien sind anderer Art. Er ist ein großer, mächtiger Mann, zu seinen besten Zeiten war er als Reiter ebenso gefürchtet wie als Räuber, in seinen Adern fließt arabisches Blut, sein Großvater entstammt dem stolzen Geschlecht der Anazeh. Aber jetzt ist er alt, dick und gichtgeplagt, ein Auge ist vom grauen Star milchig überzogen, er will Frieden. Das ist angesichts seines Vorlebens ein schwer erfüllbarer Wunsch, außerdem liegt seine Oase so exponiert, dass sich alle Rastlosen der Wüste dort versammeln. Er muss sich sowohl mit seiner arabischen Verwandtschaft wie mit der Regierung gut stellen, beide Seiten versuchen, seinen Einfluss beim jeweils anderen für sich zu nutzen, während er versucht, von beiden zu profitieren. Wenn ich ihn richtig verstehe, schaut er dabei mit seinem blinden Auge auf die Gesetze, während er mit dem gesunden den eigenen Vorteil im Blick behält. Mehrfach haben aufgebrachte Konsuln, völlig zu Recht, vom Wali seine sofortige Hinrichtung verlangt; aber obwohl dieser häufig Gefängnisstrafen gegen Jerudi verhängt und so gezeigt hat, dass er besonders empörende Untaten scharf missbilligt, entschloss er sich nie zu diesem allerletzten Schritt. Seine Begründung lautet, dass Jerudi der Regierung durchaus von Nutzen sei. Wer könnte das besser beurteilen als der Wali.

Muhammad Paschas größter Kummer ist, dass er keinen Sohn hat, der sein beträchtliches Vermögen erben könnte, und so sind nun Heuschrecken in Gestalt einer Legion erwartungsfroher Neffen die Bürde seiner alten Tage. Erst kürzlich hat er ein fünfzehnjähriges Mädchen aus Fayyads Familie geheiratet, aber sie hat ihm kein Kind geboren. In Damaskus kursiert eine bekannte Geschichte über ihn, die in seiner Anwesenheit natürlich nicht erzählt wird. Beim Ausbruch des letzten Drusenkriegs genoss Jerudi gerade eine seiner kurzen Phasen enger Vertrautheit mit dem Mächtigen, und weil er das Bergland so gut kannte, schickte man ihn mit dreißig oder vierzig Männern zum Kundschaften und Berichten los. Das Heer folgte ihm auf dem Fuße. Als er durch einen kleinen Ort nahe Orman zog, lud ihn der dortige Scheich, ein alter Bekannter, zum Essen ein. Als er in der Mak'ad auf sein Essen wartete, hörte er vor der Tür Drusen darüber diskutierten, ob dies nicht eine gute Gelegenheit sei, ihn zu töten, schließlich sei er Offizier der türkischen Armee. Da hätte Jerudi diesen Ort gern verlassen, aber das ging nicht: die Gesetze der Gastfreundschaft verlangten, dass er blieb und das Mahl verzehrte, das gerade für ihn zubereitet wurde. Als es kam, schlang er es hinunter, denn die Unterhaltung draußen hatte einen Ton angenommen, der ihn auf das äußerste alarmiert. Kaum war er mit dem Essen fertig, bestieg er sein Pferd und ritt fort, bevor die Drusen zu einer Entscheidung kommen konnten. Plötzlich fand er sich zwischen zwei Fronten wieder, denn inzwischen waren die türkischen Soldaten herangekommen, die erste Schlacht des Krieges hatte begonnen. Verängstigt und verwirrt flohen er und seine Männer hinter einen Felsen, dann schloss sich einer nach dem anderen, so gut es ging, der Nachhut des türkischen Heeres an. Die Drusen haben über diese Geschichte ein Lied gedichtet, das so beginnt:

> Jerudis goldne Rosse sind berühmt,
> wie schön die Reiter auf der wirren Flucht!
> Mohammad Pascha, sage deinem Herrn,
> wo sind seine Männer, wo die Waffen?

In seiner Gegenwart wird es selten gesungen.

Mein nächster Besucher war Scheich Hassan Naksh Pendi, mit dem schmalen und schlauen Prediger-Gesicht. Er schaff-

Kapitel VII

te es, sogar die zehn Minuten, die er im Salon des Hotels weilte, für sich zu nutzen. Als er an Selim Begs Hand einen auffallend schönen Ring bemerkte, bat er, ihn sich anschauen zu dürfen. Er gefiel ihm so gut, dass er ihn mit der Bemerkung in die Tasche steckte, dass Selim ihn sicher seiner Khanum zum Geschenk machen wolle. Er hatte sie vor ein oder zwei Jahren geheiratet, sie war die jüngste seiner Ehefrauen. Selim antwortete, dann müssten wir sofort zu seinem Haus in Sallahiya fahren, um das Geschenk zu überreichen. Da sowohl Scheich Hassan als auch Muhammad Pascha ihre Kutschen vor der Tür stehen hatten, fuhren wir zu viert durch die sonnigen Feiertagsstraßen nach Sallahiya. Vor dem Haus angekommen, sagte Selim, ich müsse mich zuerst von dem Wali verabschieden, der in der Nähe wohnte. Damit wir dort in angemessenem Stil vorfahren konnten, borgte er Jerudis Kutsche und sagte dann zu Muhammad Pascha:

»Wollt Ihr uns nicht begleiten?« Diese Frage war allerdings ironisch gemeint, er wusste ja, dass Jerudi gerade in Ungnade war, außerdem war er ja erst vor kurzem aus wohl verdienter Haft entlassen worden.

Jerudi schüttelte den Kopf, beugte sich zu uns hin und flüsterte:

»Bitte legt beim Pascha ein gutes Wort für mich ein.«

Wir lachten und versprachen, etwas Vorteilhaftes über ihn zu sagen. Beim Fortfahren vertraute Selim mir an, dass kein einziger die Stimme für ihn erhoben habe, als er selbst in Ungnade gefallen war (»nur aufgrund von Intrigen meiner Feinde«), jetzt aber, wo er in Gunst stehe, bäten ihn alle um seine Vermittlung. Mit der Pose dessen, der sich stolz des Umstands bewusst ist, dass er die Gebote der Heiligen Schrift buchstabengetreu erfüllen kann, zog er den Mantel enger um sich und sank in die Polster von Jerudis Kutsche zurück.

Nazim Pascha stand auf der Schwelle seines Hauses und verabschiedete gerade den Oberbefehlshaber. Als er uns sah, kam er die Treppe hinunter und bat uns mit größter Freundlichkeit hinein. Dieser zweite Besuch bei ihm, dazwischen hatte er mich besucht, verlief viel informeller als der erste. Wir sprachen über den japanischen Krieg, ein Thema, das all meine Gesprächspartner, ob bedeutend oder nicht, sehr bewegte. Ich wagte es, ihn nach seiner Meinung zu fragen.

»Offiziell«, sagte er, »bin ich neutral.«

»Und unter Freunden?«

»Selbstverständlich bin ich auf Seiten der Japaner«, antwortete er, und fügte dann hinzu, »Ihr seid es, die von diesem Sieg profitiert haben.«

»Werdet nicht auch Ihr davon profitieren?«

Er antwortete düster: »Bisher nicht. Und in Mazedonien schon gar nicht.«

Dann fragte er, wie mir mein Aufenthalt in Damaskus gefallen habe. Selim antwortete schnell:

»Heute hat sie eine große Enttäuschung erlebt.«

Der Wali schaute besorgt.

»Ja«, fuhr Selim fort, »sie hatte gehofft, einen echten Bösewicht kennenzulernen, aber der erwies sich als treuer Untertan Eurer Exzellenz.«

»Von wem sprecht Ihr?«, fragte Nazim.

»Muhammad Pascha Jerudi«, antwortete Selim. Das gute Wort war geschickt eingelegt.

Als wir wieder bei Scheich Hassan waren, erzählten wir Jerudi von dieser Unterhaltung, schließlich war es um ihn gegangen. Er verzog das Gesicht, wirkte aber dennoch ganz zufrieden. Dann nahm Scheich Hassan mich mit, um seine Gattin kennenzulernen, sie war seine fünfte, da er nur vier haben durfte, hatte er sich vorher von einer scheiden lassen, um sie heiraten zu können. Er ist diskret genug, jeder der Frauen einen eigenen, abgetrennten Bereich zuzugestehen, ich bin überzeugt, dass ihm das Frieden im Haus beschert. Im inneren Gemach waren neben der fraglichen Ehefrau zwei weite-

Kapitel VII

re Frauen. Eine gehörte offenbar nicht zum Haus, denn als Scheich Hassan eintrat, verbarg sie das Gesicht im Bettzeug, die andere war eine Christin. Christinnen waren zur Bewirtung männlicher Besucher (Jerudi und Selim waren nicht die Einzigen) ebenso nützlich wie für Erledigungen im Basar, da sie sich freier bewegen können als ihre muslimischen Geschlechtsgenossinnen. Im Harem herrschte eine erschütternde Unordnung, und wenn die Frauen keinen Besuch erwarten, für den sie sich herrichten, ist auch ihr Äußeres unbeschreiblich ungepflegt. Das Durcheinander in ihren Räumen ist teilweise dem Umstand zuzuschreiben, dass es weder Schränke noch Schubladen gibt. Ihr gesamter Besitz wird in großen grün-goldenen Truhen verwahrt, deren Inhalt muss komplett ausgeräumt werden, um auch nur ein Taschentuch zu finden, und bleibt dann oft so liegen. Scheich Hassans Ehefrau war jung und hübsch, aber die Haare fielen ihr strähnig um Gesicht und Hals, ein schmuddeliges Morgenkleid verhüllte eine Figur, die schon aus dem Leim gegangen war.

Der Blick von Naksh Pendis Balkon aber war ebenso einzigartig wie unvergesslich. Vor uns lag die große und wunderbare Stadt Damaskus mit ihren Gärten, Kuppeln und Minaretten, dahinter die Wüste, die fast an die Stadttore heran reichte. Das, genau das, ist das Herz von allem.

Das weiß ich von Damaskus. Kirchen und Zitadellen kann der geneigte Leser ohne meine Hilfe besichtigen.

VIII

Von Damaskus nach Homs

Der Wali hatte mich eindringlich befragt, wohin ich von Damaskus aus zu reisen gedachte, und als ich sagte, mein nächstes Ziel sei Baalbek, antwortete er, dass er einer so bedeutenden Besucherin unbedingt zum Schutz Soldaten mitgeben müsse. Um weitere Diskussionen zu vermeiden, antwortete ich rasch, ich wolle die Eisenbahn nehmen, was ich natürlich keineswegs vorhatte. Also musste ich früh aufbrechen, um ohne Begleitung reisen zu können. Wir verließen die Stadt an einem hellen und sonnigen Morgen; die Straßen waren voller gut gelaunter Menschen, nach der achttägigen Ruhepause zerrten unsere Pferde an der Trense. Als wir im Baradatal an Emir Umars Haus vorbeiritten, saß er auf dem Dach in der Sonne. Er rief herunter, ich möge doch hereinkommen, ich aber sagte, dass ich in Eile sei, er müsse mich ziehen lassen.

»Geht in Frieden!«, antwortete er. »Möge es Gott gefallen, dass wir eines Tages zusammen reiten.«

»Möge es Gott gefallen!«, rief ich zurück, und, »Gott mit Euch!«

Nach ein oder zwei Meilen kamen wir an eine Wegkreuzung, wo ich meine Reiseroute änderte und direkt auf die Berge des Anti-Libanon zusteuerte. Ich hoffte, auf diese Weise all den offiziellen Persönlichkeiten zu entgehen, die angewiesen worden waren, mich ehrenvoll zu empfangen. Wir ritten durch das zauberhafte Tal, das voller Aprikosenbäume

Kapitel VIII

stand (die aber noch nicht blühten) und überkreuzten oberhalb von Suq Wadi Barada den Fluss. Der Weg führte zwischen schneebedeckten Bergen bis zur Ebene von Zebdany, die für seine Äpfel berühmt ist. Dort errichteten wir auf einer grünen Wiese und bei einer Quelle ein einsames Lager, im Süden war der Blick durch die schneebedeckten Hänge des Hermon begrenzt, im Norden durch das am Berghang liegende Zebdany. Niemand im Dorf kümmerte sich um die beiden kleinen Zelte.

Am folgenden Tag durchquerten wir bei pfeifendem Wind den Anti-Libanon; dennoch war es ein sehr schöner und erfreulicher Ritt, mit achteinviertel Stunden allerdings sehr lang. In dem Tal, das bei Janta zum Yahfufa-Fluss abfällt, waren an vielen Stellen lateinische Inschriften in den Fels geritzt; wir befanden uns vermutlich auf der Römerstraße von Damaskus nach Baalbek. Die letzten langen, freudlosen Meilen legten wir in peitschendem Regen zurück, so dass wir tropfnass in Baalbek ankamen. Es war fast zu stürmisch, um die Zelte aufzuschlagen, aber alles in mir sträubte sich gegen ein Hotel; zum Glück hatte Mikhail eine andere Idee. Er kenne, sagte er, eine ehrbare Christin, die am Stadtrand wohne und uns sicher Unterkunft gewähren könne. So wurde es gemacht, und sie freute sich sehr, uns zu sehen. Ein leeres, sauberes Zimmer in ihrem Haus war schnell mit meinen Zeltmöbeln eingerichtet, Mikhail bezog samt Kochutensilien einen anderen Raum. So sehr Wind und Regen gegen die Fensterläden schlugen, sie konnten uns nichts anhaben.

Unsere Gastgeberin hieß Kurunfuleh, Nelkenblüte. Sie war mit einem gewissen Yusef el Awais verheiratet, der gerade sein Glück in Amerika suchte, wo sie sich ihm bald anzuschließen hoffte. Ich verbrachte ein oder zwei Stunden mit ihr, ihrem Sohn, ihrer Tochter und weiteren Verwandten, die gekommen waren, um ein wenig zu plaudern und Musik zu machen, wofür sie ihre Lauten mitgebracht hatten. Sie erzählten, dass sie sich wegen ihrer Zukunft große Sorgen machten. Die meisten Bewohner von Baalbek und Umgebung gehören einer unorthodoxen islamischen Sekte namens Metawali an. Sie stehen im Ruf, besonders fanatisch und ungebildet zu sein, so seien sie, als sie von den japanischen Siegen erfuhren, zu ihren christlichen Nachbarn gekommen, hätten ihnen mit Fäusten gedroht und gesagt: »Die Christen sind besiegt! Wartet nur, bald kommen wir und nehmen euch alles weg.«

Mikhail schaltete sich ein und sagte, in Jerusalem sei es genau so. Dort, sagte er (ob es wahr ist, weiß ich nicht), hätten die Moslems eine Abordnung zum Mufti geschickt: »Für uns ist die Zeit gekommen, die Christen zu verjagen.« Daraufhin soll der Mufti geantwortet haben: »Wenn Ihr Unruhe verbreitet, schreiten die Nationen Europas ein, denn Jerusalem ist ihr Augapfel. Sie besetzen das ganze Land, und uns geht es schlechter als vorher.« Ich tröstete Kurunfuleh mit der Beteuerung, eine Verfolgung syrischer Christen sei unwahrscheinlich. Das Land sei sehr bekannt und werde von vielen europäischen Touristen bereist, unter denen ein Empörungssturm losbrechen würde. Tatsächlich ist der jährliche Besucherstrom eine der besten Garantien für Ruhe. Kurunfuleh stammte aus dem Libanon. Ich fragte sie, warum sie nicht in ihr Heimatdorf zurückkehre, dort stünde sie unter dem direkten Schutz der europäischen Mächte und wäre vor Gefahren sicher. Sie sagte:

»Ach Lady, das Haus hier steht auf den Namen meines Mannes. Ich kann es nicht verkaufen, solange er nicht zurückkehrt, und ich kann es auch nicht leer stehen lassen. Außerdem ist das Leben im Libanon nicht wie das Leben in der Ebene, ich würde es nicht mehr ertragen, denn jetzt bin ich etwas Anderes gewöhnt. Dort haben die Leute nichts anderes zu tun, als die Nachbarn zu beobachten, wenn man etwas Neues anzieht, stecken sie die Köpfe zusammen und machen

KAPITEL VIII

sich lustig, ›Ui, da kommt die gnädige Frau!‹ Ich will Euch sagen, wie das Leben im Libanon ist. In Baalbek esse ich einmal am Tag Fleisch, die Menschen im Libanon einmal im Monat. Dort teilen sie eine Zwiebel in drei und geben abends ein Drittel an ihr Bulgur. Ich gebe hier jeden Abend eine Handvoll Zwiebeln zum Essen. Im Libanon herrscht Not.«

Die Not ist so groß, dass jeder, der irgendwie Geld für die Überfahrt zusammenkratzen kann, nach Amerika aufbricht, es ist schwierig, Landarbeiter für das Getreide, die Maulbeerbäume und die Rebstöcke zu finden. Um einen syrischen Ausdruck zu benutzen: Es gibt kein Vorankommen. Die Provinz Libanon ist eine Sackgasse ohne eigenen Hafen und ohne Handel. Es stimmt schon, dass man dort nicht um sein Leben fürchten muss. Aber welchen Sinn hat ein Leben, das nicht mehr zu bieten hat als ein Zwiebeldrittel zum Abendessen? Wie stets, war die Hohe Pforte den europäischen Mächten wieder einmal überlegen. Sie stimmte allem zu, was diese forderten, selbstverständlich, mit Freuden. Es schien, als würden diese Zugeständnisse den Weg zum Wohlstand ebnen, tatsächlich wurde damit allen, die davon hätten profitieren sollen, der Weg für immer versperrt.

Am nächsten Tag goss es immer noch in Strömen. Ich empfing den Polizeikommissar, der mich überall gesucht hatte – er erwies sich als reizender Mann – und besuchte eine große portugiesische Familie, die in der Nähe meiner Unterkunft im Hotel wohnte. Monsieur Luiz de Sommar war mit Ehefrau, Töchtern und Neffen von Jerusalem über den Djebel el-Druz nach Damaskus gekommen. In Salchad hatte ich von ihrer Ankunft in as-Suwaida erfahren und mich gefragt, wie sie die Genehmigung dazu bekommen hatten. Es ist eine kuriose Geschichte, die für Monsieur de Sommar spricht und zugleich zeigt, wie sehr sich die Regierung immer noch bemüht, das Bergland vor den spähenden Blicken ausländischer Reisender zu schützen. In Amman hatte die

Familie Mr. Mark Sykes getroffen, der ihnen zu einer Änderung ihrer Route geraten hatte, um auch Qanawat im Djebel el-Druz zu besuchen, die Genehmigung würden sie, sagte er, ohne Schwierigkeiten bekommen. Arglos folgte Monsieur de Sommar diesem Rat, aber in as-Suwaida, dem Sitz der Regierung, hielt der Kaimakam ihn an und bedeutete ihm höflich, aber unmissverständlich, er müsse auf demselben Weg zurückkehren, den er gekommen sei. Monsieur de Sommar entgegnete mit großer Bestimmtheit, dass er das nicht tun werde, und schickte Telegramme an seinen Konsul in Damaskus und seinen Gesandten in Konstantinopel. Es folgte ein erregter Austausch von Depeschen, der darin mündete, dass er ihm die Weiterreise nach Qanawat erlauben werde, wenn er einhundert Saptiehs mitnähme. Diese Gegend, sagte der Kaimakam, sei außerordentlich gefährlich; es handelt sich um jenen Landstrich, durch den, wie ich weiß, eine Frau nur in Begleitung eines Drusenjungen reiten kann, sie könnte auch ganz allein reiten, selbst wenn ihre Satteltaschen voll Gold wären. Aber Monsieur de Sommar war ein kluger Mann. Er antwortete, dass er die einhundert Saptiehs gern akzeptieren, ihnen allerdings nicht einen Piaster bezahlen werde. Angesichts dieses Widerstandes wechselte der Kaimakam die Tonart und reduzierte die Eskorte, bis es nur noch zwanzig waren, unter deren Schutz die de Sommars Qanawat sicher erreichten. Ich gratulierte ihnen zu ihrer mutigen Tat und mir selbst dazu, meine Genehmigung bei Fellah ul 'Isa und nicht beim Wali von Syrien eingeholt zu haben.

Trotz des Regens war der Tag in Baalbek nicht verloren. Seit meinem letzten Besuch hatten die Deutschen den Sonnentempel ausgegraben und Altäre, Brunnen, Teile des Bauschmuckes sowie Kirchenfundamente freigelegt, das alles war außerordentlich interessant. Der Gesamteindruck der großartigen Tempelanlage und der Burgmauern, zwischen den Gebirgszügen Libanon und Anti-Libanon gelegen, wird

KAPITEL VIII

nur von der Tempelanlage der Athener Akropolis übertroffen, die bekanntermaßen ihresgleichen sucht. In den Einzelheiten ist Baalbek weniger anspruchsvoll als Athen; nichts kann an die beispiellose Würde und Zurückhaltung dieser Krone der Architektur heranreichen, das gilt auch für ihre einzigartige Lage über dem blauen Meer und dem Golf von Salamis. Im Großen und Ganzen aber kommt Baalbek der Akropolis näher als jeder andere Gebäudekomplex. Diese Nähe der Monumente sorgt bei allen, die sich mit der Verbindung von griechischer und östlicher Schöpfungskraft befassen, für zahllose Spekulationen, wer die Türpfosten, Architrave und Kapitelle mit Ornamenten schmückte, die unendlich variationsreich und mit großem handwerklichem Können ausgeführt sind. Der Archäologe unterscheidet nicht zwischen rein und unrein. Für ihn findet jedes Werk der menschlichen Schöpfungskraft den ihm gemäßen Platz in der Geschichte der Kunst, das Werk selbst leitet und belehrt ihn. Wenn das Werk seinem Auge gefällt, ist er dankbar und erfreut, doch wie immer es aussehen mag, es zeigt ihm mit Sicherheit neue und unerwartete Verbindungen zwischen der einen Kunst und einer anderen auf. So schenkt es ihm das Wissen um eine weitere Stufe auf der Leiter der Geschichte. Daher ist er mit allem zufrieden, was er sieht, ganz bestimmt würde er niemals etwas sagen wie: »O je o je! Diese syrischen Barbaren! Phidias hätte das so und so gemacht.« Er freut sich über jeden Schritt auf dem Weg künstlerischen Strebens, jeden frischen Wind, der auf Kapitellen und Friesen durch Akanthusblätter und Weinranken weht.

Unsere Abreise von Baalbek war von einem traurigen Vorfall begleitet: mein Hund Kurt war über Nacht verschwunden. Im Gegensatz zu den meisten herrenlosen Hunden in Syrien, hatte er ein sehr freundliches Wesen, aber er war auch (worin er sich nicht von seinen halb verhungerten Brüdern unterschied) von unstillbarer Gier. Gut möglich also, dass man ihn mit einem Knochen fortgelockt hatte und nun eingesperrt hielt, bis wir die Stadt verlassen hatten. Habib durchstreifte den Ort in die eine, Mikhail in die andere Richtung, der Polizeikommissar, der mitten in die Aufregung hineinplatzte, versuchte, mich zu beruhigen und zu trösten. Nach wenigen Minuten kehrte Habib mit Kurt zurück, er war an einer Kette und wedelte heftig mit dem Schwanz. Er habe ihn, erklärte Habib atemlos, an eben dieser Kette im Haus von jemandem gefunden, der ihn stehlen wollte:

»Als Kurt meine Stimme hörte, bellte er, ich ging in den Hof und da sah ich ihn. Der Besitzer der Kette wollte sie von mir zurück haben, aber bei Gott, ich weigerte mich und schlug ihn stattdessen damit zu Boden. Gott verfluche diesen diebischen Metawali! Dann ging ich.«

Ich kann also mit Freuden berichten, dass die Sekte der Metawali genau so unehrlich ist, wie man es ihnen nachsagt, ein wachsamer Christ ihre Machenschaften aber vereiteln kann.

Wir ritten durch das weite und unbeschreiblich eintönige Tal zwischen Libanon und Anti-Libanon. Ich hätte mit der Eisenbahn nach Homs und von dort nach Hama fahren können, aber ich wollte das Tal lieber von einer Seite zur anderen so durchqueren, wie es mir in den Sinn kam, und die interessanten Orte besuchen, die das Land zu bieten hatte. Das ging nur zu Pferd. Der Teil von Syrien, der nördlich von Baalbek lag, war mir völlig neu, es war auch insofern ein Einschnitt, als die Landkarte des *Palestine Exploration Fund* hier endete. Nun verließ ich mich auf Kieperts kleine, aber hervorragende Karte, die ich aus dem Oppenheim-Band gerissen hatte, der in Saleh geblieben war. Es gibt keine andere, zufriedenstellende Karte, Kieperts große Kleinasien-Karte 1:400 000 setzt erst etwa dreißig Meilen südlich von Aleppo ein. Ich hoffe, dass dieser Mangel behoben wird, sobald die *Princeton Expedition* ihren Geographie-Band veröffentlicht. Nach vier-

Kapitel VIII

einhalb Stunden waren wir in Lebweh, wo eine Hauptquelle des Orontes in mehreren kleinen Quellen aus dem Boden tritt, sehr schön anzusehen. Hier wurden wir von zwei Soldaten eingeholt, die uns der Kaimakam hinterher geschickt hatte, um mich höflich zu fragen, ob ich eine Eskorte wünsche. Weil ich die Gefühle des Kaimakam nicht verletzen wollte, schickte ich einen zurück und behielt den anderen. Er hieß Derwisch und erwies sich als angenehmer, hilfreicher Gefährte, was übrigens auch für die lange Reihe seiner Nachfolger galt, die uns begleiteten, bis ich in Konya den Zug bestieg. Einige trugen viel dazu bei, die Reise erfreulicher zu gestalten, indem sie mir, wenn wir Stunde um Stunde nebeneinander ritten, von ihren Erfahrungen und Abenteuern erzählten. Sie selbst waren über die Pause vom Garnisonsleben, die ihnen so gewährt wurde, ebenso froh wie über den Tageslohn von einem Mejideh (etwa 4 Schilling), der viel sicherer war als der Sold des Sultans. Am Ende ihrer jeweiligen Strecke gab ich ihnen zudem ein kleines Trinkgeld, sich selbst und ihre Pferde ernährten sie mit Proviant und Korn, beides nahmen sie, wie ich vermute, der Landbevölkerung mit Gewalt ab. Das ist eine Spielart offiziell erpresster Abgaben, die ein Reisender nicht unterbinden kann.

In Lebweh stehen Ruinen eines Tempels, der in der massiven Bauweise von Baalbek errichtet ist. Allerdings ist von ihm nichts geblieben als ein aus vier Steinlagen bestehendes Podium mit einem einfachen Sims. Das Dorf gehört einem reichen Metawali namens Asad Beg, Bruder eines gewissen Dr. Haida, der im nördlichen Syrien allgegenwärtig und sehr bekannt ist. Ich bin nie in Damaskus, ohne ihn zu treffen, und diese Begegnungen bereiten mir immer große Freude, denn Dr. Haida ist ein großer Kenner der arabischen Literatur und außerordentlich intelligent. Seit einiger Zeit bekleidet er einen Posten bei der Mekkabahn und ist, soweit ich weiß, der einzige seiner Sekte, der eine gute Erziehung genossen und eine gewisse gesellschaftliche Stellung erlangt hat.

In Ras Baalbek, anderthalb Stunden von Lebweh entfernt, schlugen wir das Lager in einer Schlucht an den kahlen Osthängen auf, wo es eine ausgezeichnete Quelle gibt. Wir wurden zum Glück nicht mehr von beißendem Frost geweckt, aber es war immer noch kalt. Als wir im Morgengrauen aufstanden, schlug Eisregen gegen die Zelte, und wir ritten den ganzen Tag gegen einen teuflischen Wind an. Es war der 8. März, der Frühling kommt spät nach Nordsyrien. Ich schickte meine Leute auf direktem Weg vor und ritt mit Derwisch zu einer Anhöhe mitten im Orontes-Tal, zu einem Bauwerk, das in dieser Einöde rundum aus einer Tagesreise Entfernung zu sehen ist. Es liegt zwei Stunden westlich von Ras Baalbek, und es handelt sich um einen hohen Turm aus massiven Steinblöcken mit einer Pyramide an der Spitze; viereckige Wandpfeiler und einem groben Fries mit Jagdszenen und Kriegstrophäen in Basrelief. Die Syrer nennen ihn, nach dem nahen Dorf, Kamu'a Hurmul, Turm von Hurmul; Forscher sind der Ansicht, er erinnere an eine große Schlacht im Verlauf der römischen Eroberung. Es gibt aber keine Inschriften, die dies bestätigen oder widerlegen würden.

Vom furchtbaren Wind gepeitscht, ritten wir noch einmal anderthalb Stunden, bis wir zu einer Reihe kleiner Erdwälle kamen. Sie bedeckten die Luftlöcher einer unterirdischen Wasserleitung, das persische Wort dafür ist Kanat, ich glaube, so heißen sie auch auf Arabisch. Noch einmal zweieinhalb Stunden brachten uns nach Kseir, die Maultiere kamen eine Viertelstunde nach uns, wir zelteten direkt neben dem Friedhof, außerhalb dieser hässlichen, aus Lehm erbauten Stadt. Nach Sonnenuntergang legte sich der Wind, über unser Lager senkte sich physischer und seelischer Frieden. Die Elemente hatten selbst Mikhails gute Laune beeinträchtigt, Habib war strahlend wie immer angekommen, ich bin immer noch froh, dass ich selbst dann philosophisches Schweigen wahrte, als ich spürte, wie der Sturm meine Beherrschung aus den Ankern zu reißen drohte. Der Druse Muhammad war nicht mehr dabei, er war in Damaskus geblieben. Ob durch seine Schuld oder weil die anderen sich gegen ihn verschworen, jedenfalls hatte es seinetwegen ständig Streit und Probleme gegeben; da war es klüger, ein Mitglied der Mannschaft zu opfern, um den Frieden der Karawane zu wahren. Mein Vertrag mit ihm endete in Damaskus, wir trennten uns in bestem Einvernehmen. Statt seiner reiste eine Folge von Tagelöhnern mit uns, die ich nicht auseinanderhalten konnte.

Das Orontestal war früher ein arabischer Lagerplatz, es wird in der Trockenzeit noch immer von Scheichen der Hasana und der Anazeh aufgesucht, vor allem dem Ruwalla-Zweig des letztgenannten Stammes. Aber die Mehrheit der Beduinen ist durch den Ackerbau verdrängt worden, der Kamu'a Hurmul bezeugt mit den uralten Stammeszeichen ihre frühere Anwesenheit. Merkwürdiger war der Gedanke, dass wir uns im südlichen Siedlungsgebiet der Hethiter befanden, wer immer sie gewesen sein mochten; die berühmten Tafeln mit ihrer Schrift, die bislang den Entzifferungsbemühungen aller Forscher widerstanden haben, befinden sich jetzt im Museum in Konstantinopel. Die heutige Bevölkerung von Ksir besteht teils aus Christen, teils aus Angehörigen einer Sekte namens Nusairier. Der Islam erkennt sie nicht als rechtgläubig an, sie tun aber, wie alle kleinen Sekten, ihr Möglichstes, um alle Unterschiede zwischen sich und dem herrschenden Glauben zu verwischen. Einzelheiten ihrer eigenen Glaubenslehre halten sie so gut wie möglich geheim. Dussaud gelang es, einen Blick in ihre Gemeinschaft zu werfen, er kam zu dem Ergebnis, dass in ihrer Lehre vieles auf phönizische Traditionen hinweist; sie lebten völlig isoliert in den Bergen und hatten so die Riten eines uralten semitischen Kultes bewahrt. Syrologen sehen die Nusairier als direkte Nachfahren des Heidentums und räumen ihnen als solche einen geachteten Platz ein, während sie selbst von ihren Ursprüngen nichts ahnen. In der Gegend spricht man schlecht von ihrer Religion, ein weiterer Beleg für die eherne Regel, dass Menschen immer das als skandalös verachten, was sie nicht verstehen dürfen. Als Beweis, so wurde mir erzählt, diene das öffentliche Benehmen der Mitglieder, das zeige, dass die Regeln der Sekte viel zu wünschen übrig ließen. Doch Dussaud konnte den Makel, der ihren Glauben befleckt, reinwaschen, und meine eigenen Erfahrungen mit ihnen und ihrem Umgang mit Fremden lassen mich in dieser Frage wohlwollend neutral sein. Ich war fünf Tage in den Bergen westlich von Homs und eine Woche in der Nähe von Antiochia, das sind die beiden Gebiete, wo sie leben, und habe keinen Grund zu Klage. Kurt hingegen war nicht froh mit der Gesellschaft, in der er sich in Ksir wiederfand. Er bellte die ganze Nacht; es hätte nicht viel gefehlt und ich hätte ihn in den Hof des Metawali zurückgewünscht.

Am folgenden Tag war strahlendes Wetter. Ich machte mit Mikhail einen weiten Umweg zum Tell Nebi Mendu, dort lag Kadesch am Orontes, die südliche Hauptstadt der Hethiter. Zu ihren Hochzeiten muss Kadesch eine schöne Stadt gewesen sein. Sie thronte auf einem Hügel, der eine weite Ebene mit Kornfeldern überragte; nach Süden zieht sich das breite Orontestal zwischen den beiden Libanon-Bergketten hin, nach Westen schützt der Djebel Nosairiyyeh die Stadt gegen das Meer, zwischen den Höhenzügen des Libanons und dem Nosairiyyeh-Bergmassiv liegt sanftes Flachland, von wo aus Händler und Waren leicht zur Küste gelangen können. Zum nördlichen Horizont strecken sich die Ebenen von Koilesyrien, nach Osten begrenzen die Steppen der palmyrischen Wüste den Blick. Der Fuß des Tell wird vom jungen, ungestümen Orontes umspült (der arabische Name bedeutet

Kapitel VIII

Rebell), davor liegt der sechs Meilen lange See von Homs. Der Weg zum Kadesh-Hügel führte durch grüne Wiesen, unter Weiden drehte sich ein geschäftiges Mühlrad im rauschenden Fluss. Diese Gegend muss seit den Hethitern nahezu ununterbrochen besiedelt gewesen sein, die Geschichte erwähnt die seleukidische Stadt Laodicea ad Orontem, es gibt Spuren einer christlichen Siedlung. Jede neue Generation baute auf dem Staub und den Ruinen der vorhergehenden, so wurde der Hügel immer höher und barg immer mehr Zeugnisse derer, die einst dort lebten. Es können dort aber keine seriösen Ausgrabungen begonnen werden, weil ein paar elende Lehmhütten auf der Pracht von Laodicea und Kadesh hocken, im Norden des Dorfes liegt ein kleiner Friedhof, die dort Beigesetzten dürfen nach moslemischer Sitte ungestört ruhen, bis Gabriels Posaune sie weckt. Zwischen den Häusern sind Säulenteile und sehr roh bearbeitete Kapitelle zu sehen, vor allem aber versuchte ich auf diesem Hügel, mir die Schlacht von Kadesh vorzustellen, von der mehrere berühmte Hieroglyphen in Ägypten erzählen und bei der ein Hethiterkönig gegen den damaligen Pharao kämpfte.

Nach nur fünfzehn Minuten zu Pferd erreichten wir im Norden des Tell Nebi Mendu ein einzigartiges Gebilde, dass die Araber Sefinet Nuh (Noahs Arche) nennen, während die Archäologen es als assyrische Befestigungsanlage bezeichnen. Jede der Erklärungen hat etwas für sich. Es handelte sich um einen quadratischen, etwa vierzig bis fünfzig Fuß hohen Erdklotz, dessen vier Seiten genau in die vier Himmelsrichtungen weisen. Er ist von einem Graben umlaufen, dessen vier Ecken immer noch klar erhalten sind.

Wir ritten zum Gipfel hinauf und standen dort auf einem sehr großen Plateau aus solider Erde. Ich schätze die Grundfläche auf eine Achtelmeile, die vier Ecken sind etwas erhöht, als hätten dort ursprünglich Türme gestanden. Turm, Wall und Plateau waren mit sprießendem Getreide bedeckt. Wer immer diesen Erdhügel schuf, Patriarch oder Assyrer, die Errichtung wird ihm große Mühe bereitet haben; aber bis dort Grabungen stattfinden, bleibt der Sinn dieser Mühen ein Rätsel. Wir ritten zum See hinunter, dort rasteten wir an einem mit sauberen Muscheln bedeckten Ufer und zum Klang sanft schlagender Wellen. Unweit dieser Stelle liegen zwei weitere Hügel, ein dritter ein Meile oder zwei vor Homs, auf einem vierten steht die Zitadelle von Homs. Vermutlich sind alle künstlich aufgeworfen, und vermutlich enthalten sie Reste von Kadeshs Schwesterstädten. Die fruchtbare Ebene östlich des Orontes muss seit jeher in der Lage gewesen sein, eine große Bevölkerung zu ernähren, möglicherweise war sie zu Zeiten der Hethiter größer als heute. Der Tagesritt hatte von 9 Uhr 30 bis 14 Uhr gedauert, unterbrochen von einer Pause von einer Dreiviertelstunde am Tell Nebi Mendu und einer halben Stunde am See.

Der Weg nach Homs führte durch seine Friedhöfe. Dass vor der Stadt eine Vierteilmeile Gräber liegen, ist keine Eigenart von Homs, sondern ein Merkmal aller orientalischen Städte. Jede wird von Bataillonen von Toten bewacht, das Leben fließt durch eine Armee von Grabsteinen in die Stadt hinein und wieder hinaus. Wir kamen an einem Donnerstag nach Homs, das ist in der islamischen Welt der Tag der Toten. Frauen legten Blumen auf Gräber oder saßen plaudernd zusammen. Die Friedhöfe des Ostens sind die öffentliche Parkanlage der Frauen und der Spielplatz der Kinder, die düsteren Aspekte des Ortes tun der Fröhlichkeit seiner Besucher keinen Abbruch. Mein Lager war auf einer grünen Wiese errichtet, am Stadtrand und unter den Ruinen einer Kaserne. Sie war von Ibrahim Pascha erbaut und unmittelbar nach seinem Tod von den Syrern zerstört worden, die unbedingt jede Spur seiner verhassten Besatzung ausradieren wollten. Alles war für mich vorbereitet: das Teewasser kochte und ein Bote des Kaimakam erwartete mich mit der Versicherung,

Kapitel VIII

dass jeder meiner Wünsche sofort erfüllt werde. Und doch mag ich Homs nicht, ich werde mein Lager dort nie mehr freiwillig aufschlagen. Grund dafür ist das Benehmen seiner Einwohner, das ich gleich beschreiben werde.

Der Kaimakam verhielt sich tadellos. Ich besuchte ihn nach dem Tee, er ist ein sehr angenehmer, freundlicher Türke, der etwas Arabisch spricht. Es waren weitere Gäste anwesend, turbantragende Muftis und würdevolle Senatoren, wir tranken Kaffee und unterhielten uns gut. Als ich gehen wollte, fragte der Kaimakam, ob mich ein Soldat in die Stadt begleiten solle. Ich lehnte ab, ich hätte nichts zu befürchten, sagte ich, da ich die Sprache beherrsche. Ich hatte mich getäuscht: So fließend ein Ausländer Arabisch auch sprechen mag, es wird ihm nicht gelingen, sich der Bevölkerung von Homs verständlich zu machen. Ich war noch nicht beim Basar angekommen, da hatte die Verfolgung bereits begonnen. Kleine Buben hefteten sich an meine Fersen, als sei ich der Rattenfänger von Hameln. Eine Zeitlang duldete ich sie, dann ermahnte ich sie, dann bat ich die Basarhändler um Hilfe. Das hatte kurze Zeit Erfolg, als ich aber so unbedacht war, eine Moschee zu betreten, umdrängten mich nicht nur die Buben, sondern (so jedenfalls erschien es meiner erregten Fantasie) ausnahmslos alle männlichen Einwohner von Homs. Sie waren nicht verärgert und wollten mich an nichts hindern, im Gegenteil, ich sollte tun, was ich zu tun gedachte, damit sie mich noch lange dabei beobachten konnten. Aber ich ertrug das nicht und floh, von zweihundert neugierigen Augenpaaren verfolgt, zu meinen Zelten, von wo aus ich sofort nach einem Saptieh schickte. Am nächsten Morgen war ich klüger und nahm den Saptieh gleich mit. Weil ich einen Überblick über die Stadt bekommen wollte, bestiegen wir den Zitadellenhügel. Homs Architektur ist nicht besonders schön, aber die Stadt hat dennoch einen ganz eigenen Charakter. Sie ist aus Tuffstein erbaut, die großen Häuser haben Innenhöfe, schlichte, aber entzückende Muster aus weißem Kalkstein schmücken Mauern aus schwarzem Basalt. Manchmal sind die Steinarten horizontal verbaut und bilden schwarz-weiße Streifen, wie die Fassade des Doms von Siena. Auch die Minarette erinnern an Italien, die hohen, viereckigen Türme lassen sofort an die Türme von San Gimignano denken, in Homs haben sie aber eine weiße Kuppel, sehr schön und wirkungsvoll.

Die Überreste der Zitadelle waren ebenso wie die Befestigungsmauern um die Stadt arabischen Ursprungs, an einer Stelle im Osten schien das arabische Mauerwerk auf älteren Fundamenten errichtet. Ich sah nur ein großes Bauwerk aus vorislamischer Zeit, die Ziegelruine vor dem Tripoli-Tor war mit Sicherheit römisch, sie ist das einzige Relikt der römischen Stadt Emesa. Auch der Zitadellenhügel liegt außerhalb der Stadt, und nachdem ich meine erste Besichtigung beendet hatte, gingen wir durch das Westtor in die Stadt zurück und widmeten uns den Sehenswürdigkeiten. Das ist ein sehr zeitraubendes Unterfangen, denn ständig wird man von Einladungen bedrängt, zum Eintreten und Kaffeetrinken aufgefordert. Wir passierten den Turkman Djami'a, das Minarett hat einige griechische Inschriften, ein mit Stierkopf und Girlanden verzierter Sarkophag dient als Brunnen. Der Saptieh war der Ansicht, ich solle dem Patriarch der griechisch-orthodoxen Kirche meine Aufwartung machen, also ging ich zu seinem Palast, wo ich allerdings feststellen musste, dass es für Seine Heiligkeit noch zu früh war. Ich wurde mit Gelee, Wasser und Kaffee bewirtet, der Sekretär des Patriarchen leistete mir Gesellschaft und klagte über die japanischen Siege. Jedes Mal, wenn die Nachricht von einer russischen Niederlage eintraf, hielt die griechisch-orthodoxe Kirche Trauergottesdienste ab, gerade jetzt waren sie damit beschäftigt, den Allmächtigen anzuflehen, die Feinde des Christentums zu strafen. Der Sekretär beauftragte einen Diener, mir die

Kapitel VIII

kleine Kirche Mar Elisas zu zeigen; sie enthält einen interessanten Marmorsarkophag, an dessen Seiten lateinische, auf dem Deckel aber griechische Kreuze eingemeißelt waren, ich halte beides für spätere Eingriffe an diesem antiken Grabmal. Vor der Kirche traf ich 'Abdul Wahhab Beg, ich hatte ihn kennengelernt, als ich den Kaimakam in Seraya besuchte. Er lud mich zu sich ein, sein Haus ist ein gutes Beispiel der für Homs typischen Bauweise, denn der Innenhof des Harems ist mit schönen Tuff- und Kalkstein-Mustern geschmückt. Als ich aus dem Haus kam, sagte der Saptieh, der inzwischen begriffen hatte, wofür ich mich interessierte, er wolle mich zum Haus eines gewissen Hassan Beg Na'i bringen, es sei das älteste Haus in Homs. Auf dem Weg dorthin, der durch enge, aber saubere Gassen führte, fiel mir auf, dass in nahezu jedem Haus ein Weber an einem Webstuhl saß und jene gestreiften Seidenstoffe herstellte, für die Homs berühmt ist, in den meisten Durchgängen waren Seidenfäden gespannt. Der Saptieh sagte, die Weber würden pro Stoffbahn bezahlt, sie verdienten sieben bis zwölf Piaster am Tag (ein bis zwei Schilling), das ist im Orient ein guter Verdienst. Das Leben, fügte er hinzu, sei billig; ein armer Mann könne für jährlich einhundert Piaster sein Haus, das aus einem einzigen Zimmer bestand, mieten, und für dreißig oder vierzig Piaster seine Familie eine Woche lange ernähren, auch für weniger, wenn er nicht zu viele Kinder habe.

Hassan Beg Na'i hatte rote Haare, einen roten Bart und die harten Gesichtszüge eines Mannes aus den schottischen Lowlands. Er war gar nicht erfreut, mich zu sehen, aber da der Saptieh darauf bestand, verließ er widerwillig seine Freundesrunde, mit der er den Freitagmorgenkaffee einnahm, führte mich über die Straße in seinen Harem und ließ mich bei seinen Frauen, die so freundlich waren wie er mürrisch. Genauer gesagt waren sie sogar hocherfreut über eine Besucherin, denn Hassan Beg war ein strenger Herr. Weder seine Frau noch seine Mutter noch sonst eine Frau, die ihm gehört, durfte sich vor der Tür zeigen, sie durften nicht einmal über den Friedhof spazieren oder an einem schönen Sommernachmittag zu den Orontes-Auen hinunter fahren. Der Harem war ein ehemals sehr schönes arabisches Haus, das den Häusern in Damaskus glich. Alle Räume sowie der Liwan (die Empfangshalle am Ende des Innenhofes) waren überkuppelt, aber überall blätterte der Putz, Fußböden und Treppen zerbröselten, wenn man sie betrat. In eine Wand war eine Marmorsäule mit einem Akanthuskapitell eingebaut, im Liwan stand ein großes Marmorkapitell auf dem Fußboden, eine schlichte, aber gute Arbeit. Jetzt wurde es als Wasserbecken benutzt. Möglicherweise war es so alt, dass es schon im antiken Emesa als Taufbecken diente, zu einer Zeit, bevor die Araber es einnahmen, die älteren Bauwerke der römischen Stadt aber schon verfielen und ihre Steine für andere Zwecke genutzt wurden. Auf dem Heimweg kam ich an einem auffallend schönen Minarett vorbei, viereckig und schwarz-weiß gestreift. Die Moschee oder Kirche, die zum Turm gehört hatte, war schon lange verschwunden; der Saptieh sagte, dies sei angeblich der älteste Turm der Stadt. Die Moschee am Eingang zum Basar war mit Sicherheit eine Kirche von beachtlichem architektonischem Rang.

Mehr gab es in Homs nicht zu sehen, und da das Wetter schön war, ritt ich am Nachmittag zu den Orontes-Auen hinunter, die im Frühling und Sommer bei Erholungssuchenden sehr beliebt sind. Der Orontes verlässt Homs etwa eine Meile südwestlich, die Wasserversorgung ist schlecht und ungenügend, da sie durch einen Kanal bewerkstelligt wird, der am Nordende des Sees beginnt. Die Merj ul 'Asi, die Orontes-Wiesen, sind ein gutes Beispiel für die Art von Plätzen, an denen Orientalen, ob Türken, Syrer oder Perser, gern ihre freie Zeit verbringen. »Drei Dinge«, sagte ein arabisches Sprichwort, »befreien das Herz von Kummer: Wasser, grünes

Kapitel VIII

Gras und die Schönheit der Frauen.« Die Uferwiesen des schnell fließenden Orontes waren schon von weiß-gelben Gänseblümchen übersät, christliche Damen stiegen, sehr nachlässig verschleiert, von ihren Mauseln und ließen sich unter Weiden nieder, die schon vom nahenden Frühling kündeten. Der Fluss drehte ein Noria, ein großes persisches Wasserrad, sein angenehmes Brausen erfüllte die Luft. Am Straßenrand hatte ein Kaffeeverkäufer sein Kohlenbecken aufgestellt, am Ufer bot ein Verkäufer Zuckerwaren feil, auf einem breiten Grasstreifen galoppierten bunt gekleidete Jünglinge auf ihren Pferden auf und ab. Der Osten beging auf die ihm eigene, einfache und befriedigende Art den Feiertag, und wurde dabei von der eigenen, wunderbaren Sonne gewärmt.

Der übrige Nachmittag verging mit Geselligkeit und den vergeblichen Versuchen, der Neugier von Homs' Bewohnern zu entfliehen. Es war Freitagnachmittag, sie hatten nichts Besseres zu tun, als sich zu Hunderten um meine Zelte zu scharen und jede Bewegung jeder Person im Lager genauestens zu verfolgen. Die Männer waren schlimm, die Frauen schlimmer, am schlimmsten waren die Kinder. Nichts konnte sie fern halten. Als 'Abdul Hamed Pascha Druby, der reichste Mann von Homs, mir in Begleitung von Kadi Muhammad Said ul Kaid seine Aufwartung machte, erreichte die allgemeine Aufregung ihren Höhepunkt. Weil uns diese brodelnde Menge umzingelte, konnte ich ihrer angenehmen und intelligenten Unterhaltung nicht die verdiente Aufmerksamkeit schenken, und als ich eine Stunde später den Besuch des Paschas erwiderte, begleiteten mich mindestens dreihundert Menschen zu seinem wunderbaren Haus. Als sich die Tür hinter mir schloss, muss ich einen lauten Seufzer der Erleichterungen ausgestoßen haben, denn als ich in dem kühlen und ruhigen Liwan Platz nahm, sagte 'Abd ul Hamed:

»Ich hoffe bei Gott, dass der Pöbel Eure Exzellenz nicht belästigt; sonst schicke ich ein Regiment Soldaten aus.«

Ich murmelte eine halbherzige Ablehnung, denn ich hätte herzlich gern gesehen, wie diese frechen Kinder durch Musketensalven niedergestreckt werden. Dann fügte der Pascha nachdenklich hinzu:

»Als der Kaiser der Deutschen in Damaskus war, befahl er, dass man niemanden davon abhalten dürfe, sich ihm zu nähern und ihn zu betrachten.«

Mit diesem erlauchten Beispiel vor Augen begriff ich, dass ich klaglos den Preis dafür zahlen musste, eine so bedeutende Persönlichkeit und obendrein Ausländerin zu sein.

Die Unterhaltung kam auf Glaubensrichtungen. Ich fragte nach den Nusairiern, der Kadi schürzte die Lippen und sagte:

»Das sind keine angenehmen Leute. Einige behaupten, dass sie Ali anbeten, andere verehren die Sonne. Sie glauben, dass ihre Seele nach dem Tod in den Körper eines anderen Menschen oder sogar eines Tieres fährt, wie in Indien oder China.«

Ich sagte: »Jemand hat mir die Geschichte von einem Mann erzählt, der einen Weingarten besaß. Als er starb, hinterließ er ihn seinem Sohn, und der junge Mann arbeitete dort bis zur Ernte. Als die Trauben reif waren, kam Abend für Abend ein Wolf in den Weingarten und aß von den Trauben. Der junge Mann versuchte, ihn zu verjagen, aber der Wolf kehrte immer wieder zurück. Einmal rief er: ›Darf ich nicht die Trauben essen, wenn ich die Rebstöcke gepflanzt habe?‹ Der junge Mann wunderte sich und fragte, ›Wer bist du?‹ Worauf der Wolf antwortet, ›Ich bin dein Vater.‹ Da sagte der Junge: ›Wenn du wirklich mein Vater bist, zeige mir, wo du das Gartenmesser versteckt hast, ich suche es, seit deine Seele deinen Körper verlassen hat.‹ Der Wolf führte ihn zu dem versteckten Messer, und der junge Mann war sich sicher, dass er seinen Vater vor sich hatte.«

Der Kadi ließ das als Beweis nicht gelten. »Es gibt keinen Zweifel, sie sind gewaltige Lügner.«

Kapitel VIII

Als ich ihn fragte, ob er Kontakt zu den Baha'i habe, antwortete er:

»Was die Baha'i und dergleichen angeht, so hat der Prophet (Gott schenke ihm Frieden!) – Eure Exzellenz werden das wissen – gesagt, es gebe nur einen wahren Glauben, aber zweiundsiebzig Irrglauben. Ich kann Euch versichern, von diesen zweiundsiebzig Irrwegen haben wir in unserem Land mindestens fünfzig.«

Ich wandte ein, dass es Propheten vorbehalten sei, das Wahre vom Unwahren zu unterscheiden, was für uns Europäer ein schwieriges Unterfangen sei, da es niemanden gebe, der uns dabei hilft.

»Ich habe gehört«, sagte der Kadi, »dass Eure Propheten die Männer der Wissenschaft sind.«

»Und sie behaupten, dass sie nichts wissen«, gab ich zu bedenken. »Sie erforschen die Sterne, aber was das Wort *Unendlichkeit* bedeutet, können sie nicht erklären.«

»Wenn Ihr das unendliche Himmelsgewölbe meint«, sagte der Kadi, »so wissen wir, dass sieben Himmel es ausfüllen.«

»Und was ist hinter dem siebten Himmel?«

»Wissen Eure Exzellenz nicht, dass die Zahl Eins der Anfang aller Dinge ist? Wenn Ihr mir sagt, was vor der Zahl Eins kommt, sage ich Euch, was hinter dem siebten Himmel liegt.«

Der Pascha lachte und sagte, sollte der Kadi mit seiner Argumentation zu einem Ende kommen, wolle er von mir wissen, was man in Europa derzeit vom Gedankenlesen halte.

»Vor einiger Zeit wurde nämlich in meinem Haus ein kostbarer Ring gestohlen, und ich konnte den Dieb nicht fassen. Einer meiner Freunde, ein gewisser Effendi, der davon erfahren hatte, kam zu mir: ›Ich kenne im Libanon einen Mann, der sich auf dergleichen versteht.‹ Ich antwortete, ›Dann seid so freundlich und schickt ihn mir.‹ Der Mann kam und suchte in Homs so lange, bis er eine Frau mit dem zweiten Gesicht gefunden hatte. Nachdem er sie mit einer Zauberformel beschworen hatte, sprach sie: ›So-und-so ist der Dieb, er versteckt den Ring in seinem Haus.‹ Als wir dort suchten, fanden wir das Schmuckstück. Das kann ich bezeugen, ich habe es mit eigenen Augen gesehen.«

Ich antwortete, dass ich noch nie von einem Gedankenleser in London gehört hätte, der seine Gaben so gut zu nutzen verstünde wie dieser Libanese. Darauf sagte der Pascha nachdenklich:

»Vielleicht hegte diese einfache Frau einen Groll gegen den Mann, in dessen Haus wir den Ring fanden. Das weiß nur Gott, sein Name sei gelobt.«

Dann gingen wir.

Als ich in mein Zelt kam, lag auf dem Tisch eine Visitenkarte mit der Aufschrift »Hanna Khabbaz, Prediger der protestantischen Kirche, Homs«, darunter stand: »Gnädige Frau – meine Gattin und ich möchten Ihnen im Namen Christi und der Mitmenschlichkeit jede Hilfe anbieten, die in unserer Macht steht. Wir würden Sie gern besuchen, falls Sie uns empfangen möchten. Ihr gehorsamer Diener.« Ich schickte eine Nachricht, dass ich sie sehr gern sähe, wenn es ihnen möglich wäre, gleich zu kommen. Sie waren vor Sonnenuntergang da, zwei freundliche Menschen, die mir nachdrücklich ihre Gastfreundschaft anboten. Ich hatte keine Gelegenheit, davon Gebrauch zu machen, das war nicht weiter schlimm, denn ich hatte mit dem Pascha und dem Kadi genügend Geselligkeit für einen Nachmittag gehabt. Aber wenn ich an diesen ruhelosen Homs-Besuch zurückdenke, erscheint mir die Stunde, die ich mit diesen beiden höflichen und gebildeten Mohammedanern verbrachte, wie ein windgeschützter Ort in tosendem Sturm.

IX

Von Homs nach Hama

Am nächsten Tag brachen wir sehr zeitig auf, aber die Einwohner von Homs waren ebenfalls früh aufgestanden, um uns zu verabschieden. Nur der feste Entschluss, ihnen nicht mehr Unterhaltung als unbedingt nötig zu bieten, ließ mich äußerlich Ruhe bewahren. Binnen einer Viertelstunde lagen das Tripolis-Tor und der römische Ziegelbau hinter uns, dort waren wir endlich auch die Buben los, die uns am längsten verfolgt hatten. Die friedvolle Stille des frühen Morgens umfing uns, ich begann, mich mit den Begleitern bekannt zu machen, die mir der Kaimakam mitgegeben hatte. Es waren vier, zwei von ihnen waren aneinander gefesselt. Die Freien waren kurdische Saptiehs, der eine sollte mir den Weg nach Qal'at al-Husn zeigen, der andere die beiden Gefangenen bewachen. Diese hatten sich mehrere Tage in Gewahrsam des Kaimakam befunden, meine Reise bot ihm die willkommene Gelegenheit, sie in die Festung im Djebel Nosairi und von dort in das große Gefängnis von Tripolis zu überführen. Die armen Kerle waren in Baumwolllumpen gekleidet und an den Händen aneinander gefesselt. Sie trotteten so tapfer durch Staub und Schlamm, dass ich mein Mitgefühl äußerte. Sie erwiderten mit der Hoffnung, dass Gott mir ein langes Leben schenken möge, was sie selbst angehe, so gingen sie in Ketten, weil ihr Gebieter, der Sultan, es so bestimmt habe. Einer der Kurden unterbrach sie:

»Sie sind Deserteure aus dem Heer des Sultans; Gott gebe ihnen, was sie verdienen! Außerdem sind sie Ismailiten aus Selemiyyeh, sie beten einen fremden Gott an, der im Land Hind lebt. Manche sagen, dass er eine Frau ist und sie ihn deswegen anbeten. Sie schickt jedes Jahr einen Gesandten hierher, der das Geld einsammelt, das ihr zusteht, sogar der ärmste Ismailit muss ein paar Piaster geben. Aber sie sagen, dass sie Muslime sind; wer weiß, was sie wirklich glauben? Khudr, sag uns, was Ihr glaubt.«

Der so angesprochene Gefangene antwortete gehorsam: »Wir sind Moslems«, aber die Worte des Soldaten hatten mir einen Hinweis gegeben, dem ich folgen konnte, als sich das glücklose Paar neben mein Pferd schob und flüsterte:

»Ach verehrte Lady! Ihr habt das Land Hind bereist?«

»Ja«, sagte ich.

»Gott segne Euch für dieses Ja! Habt Ihr dort von dem großen König gehört, der König Mohammad genannt wird?«

Auch das konnte ich bejahen und sogar hinzufügen, dass ich ihn persönlich kannte und mit ihm gesprochen hatte, denn ihr König Mohammad war kein anderer als der Aga Khan, Untertan der britischen Krone wie ich selbst. Die Religion der Gefangenen könne sich eines sehr hohen Alters rühmen, ihren Gründer kennen wir als den Alten vom Berg. Die beiden waren demütige Vertreter der gefürchteten (und vermutlich verleumdeten) Sekte der Assassinen.

Khudr umfasste mit der freien Hand meinen Steigbügel und fragte eifrig:

»Ist er nicht ein großer König?«

Darauf antwortete ich ausweichend. Ich fand zwar, dass der Aga Khan in einem modernen Sinne durchaus als ein großer König bezeichnet werden kann, er ist nämlich außerordentlich reich. Ich hätte mich aber schwer getan, seinen Anhängern jenen eleganten, gebildeten Mann zu erklären, den ich zuletzt bei einem Dinner in London getroffen und der

Kapitel IX

mir als seine Adresse den Marlboro Club genannt hatte. Dergleichen hätte sie aber, wenn sie das überhaupt verstanden hätten, keineswegs schockiert, denn der Aga Khan steht über dem Gesetz. Er könnte sich viel wildere Ausschweifungen erlauben als Dinners, sie wären alle durch die schlichte Tatsache geheiligt, dass *er* sie begeht. Sein Vater pflegte seinen Untertanen Empfehlungsschreiben an den Erzengel Gabriel mitzugeben, um ihnen einen guten Platz im Paradies zu sichern; sein Sohn, der eine englische Erziehung genossen hat und mit dem europäischen Denken vertraut ist, verzichtet auf dieses Privileg, hütet aber nach Meinung seiner Gläubigen nach wie vor den Schlüssel zum Himmel. Ihren Glauben an ihn beweisen sie auf sehr handfeste Weise durch die Einkünfte, die sie ihm aus verschiedenen Teilen Asiens und Afrikas zukommen lassen. Sie belaufen sich auf einige zehntausend Pfund im Jahr.

Wir ritten durch Gärten, immer wieder kamen uns arme Araber entgegen, die mit ihren Eseln auf dem Weg nach Homs waren, um auf dem Markt Milch und Joghurt zu verkaufen. Nach etwa einer Stunde waren wir in der Ebene jenseits des Orontes, in der Heimat dieser Araber. Die Landschaft schien vertraut, denn sie ähnelte der des Drusengebirges und war, wie der Hauran, mit schwarzem Vulkangestein bedeckt. Sie ist der unerschöpfliche Steinbruch für Homs, alle zum Bauen benötigten Steine werden von dieser Seite des Flusses auf Eseln in die Stadt transportiert. Dort bringen sie einen Metalik (eine Münze von so geringem Wert, dass sie in europäischen Währungen keine Entsprechung hat), ein Mann mit einem guten Gespann kann bis zu zehn Piaster am Tag verdienen. Die einzigen Araber, die im Frühjahr in Homs' Steinwüste Wa'r Homs lagerten, gehören zu der verachteten Kaste derer, die die Stadt mit allem Notwendigen versorgen. Kein Beduine mit Selbstachtung würde seinen Lebensunterhalt mit dem Verkauf von Joghurt, ja mit irgendetwas anderem als dem Kampf verdienen. Aber im Sommer bevölkern große Stämme wie die Hassana mehrere Monate die Gegend hier, nach der Ernte kommen Stammesangehörige der Anazeh und lassen ihre Kamele auf den abgeernteten Feldern grasen. Diese großen Gruppen ähneln dem Lachs, der aus dem offenen Meer in einen Forellenbach eindringt und die kleineren Fische bedrängt.

Als wir im März in die Steppe kamen, stand dort das Wasser hoch, zwischen den Steinen wuchsen Gras und Blumen; weiter westlich aber, wo das Land zu den Bergen hin langsam anstieg, wurde die Landschaft immer mehr zu einem wahren Blumengarten. Zartblaue Hyazinthen hoben ihre Blütentrauben über Tuffblöcke, die Wiesen waren übersät von Iris, roten Anemonen, gelbem Habichtskraut und bezaubernd schönen, purpurfarbenen Christrosen – die ganze überbordende Fülle des syrischen Frühlings lag unter unseren glücklichen Füßen. Fünf Stunden lang folgten wir der großen Straße nach Tripolis, dabei passierten wir die Karawanserei, die die letzte Etappe vor Homs sowie die Provinzgrenze zwischen Damaskus und Beirut markiert. Dann bogen wir nach rechts in einen Saumpfad ein, er führte durch eine teilweise bestellte Landschaft, dort blühten noch mehr Blumen als am Straßenrand. Anemonen leuchteten vom hellsten Weiß bis zum tiefsten Purpur, kleine blaue Irisflecken säumten den Weg, gelbe Krokusse das Bachufer. Für uns aber, die wir gerade Südsyrien durchquert hatten, war das Gras noch großartiger als die Blumen. Kein fruchtbarer Hang in Samaria oder Judäa erstrahlt jemals in so frischem Grün wie der höchste Gipfel des Djebel Nosairi. Der Pfad führte über einen niedrigen Grat in ein kurdisches Dorf hinab, das je zur Hälfte aus arabischen Zelten und aus Lehmhäusern bestand. Die Bewohner waren offenbar schon lange in Syrien, sie hatten ihre eigene Sprache vergessen und sprachen nur Arabisch, das allerdings, wie die beiden Saptiehs,

Kapitel IX

im abgehackten Tonfall der Kurden. Hinter dem Dorf lag eine etwa drei Meilen breite Senke, die sich bis zu den steilen Hängen des Djebel Nosairi hinzog, dort grüßte von einem Bergrücken die gewaltige Kreuzfahrerburg herüber, die unser Ziel war. Die Sonne beschien die Türme, dahinter aber braute sich ein übles Gewitter zusammen; wir hörten das Donnergrollen in den Bergen, hinter der Festung zerrissen kräftige Blitze die Wolken. Der direkte Weg durch die Bkei'a war für Reiter unpassierbar, er führte durch Sümpfe und stand nach Aussagen von Dorfbewohnern so hoch unter Wasser, dass ein Maultier samt Packgut darin versank. Also wandten wir uns schweren Herzens nach rechts, um den Berg zu umrunden. Wir waren noch nicht weit gekommen, als wir zwei Reitern begegneten, die uns der Kaimakam von Qal'at al-Husn zur Begrüßung entgegengeschickt hatte. Unmittelbar danach brach das Gewitter los und überschüttete uns mit dichtem Regen. Schlammbespritzt und tropfnass erreichten wir um fünf Uhr nachmittags den Fuß des Berges. Dort verließ ich meine Karawane, sie nahm die große Straße zur Burg, während ich und ein Reiter des Kaimakam auf einem schmalen, steilen Pfad zum Berggipfel ritten. Bei Sonnenuntergang hatten wir den Schwarzen Turm erreicht, wir ritten durch ein großartiges arabisches Tor in eine überdachte Aufgangsrampe hinein, in der fast völlige Dunkelheit herrschte, nur durch ein paar Schießscharten sickerte dämmriges Licht herein, wie der letzte Rest von Tageslicht. Immer wieder ritten wir durch überdachte Passagen, die in tiefste Dunkelheit hineinführten. Die Steintreppen der Rampe waren flach und breit, an vielen Stellen zerbrochen, die Pferde stolperten und klapperten über die Stufen, wir schraubten uns immer höher, bogen um eine Ecke nach der anderen, ritten durch ein Tor nach dem anderen, bis sich schließlich das letzte auf einen Innenhof in der Burgmitte öffnete. Dort fühlte ich mich sofort an Edmund Spensers *The Faerie Queene* erinnert, ja, ich fühlte mich fast wie in Begleitung eines Ritters, meinte fast, auf dem Torbogen, wie in dem Gedicht, die Inschriften »Sei kühn!«, »Sei kühn!«, »Sei nicht zu kühn!« zu sehen. Doch im Herzen der Burg erwartete mich kein Zauberer, sondern ein paar Dörfler, die sich die Hälse nach uns verdrehten, sowie ein freundlich lächelnder Kaimakam. Als erstes sagte er, es sei völlig undenkbar, dass ich eine solche Sturm- und Regennacht im Zelt verbringe, er habe mir im Turm ein Nachtquartier bereiten lassen.

Der Kaimakam von Qal'at al-Husn ist ein gewandter und gelehrter Mann. Er heißt 'Abdul Hamid Beg Rafi'a Zadeh, seine Familie stammt aus Ägypten, wo er noch viele Verwandte hat. Er wohnte im obersten Turm der Burg, dort hatte er auch eine Gastkammer herrichten lassen, bequem ausgestattet mit Teppichen, einem Diwan, einem Himmelbett sowie einem Mahagonischrank mit Spiegeltüren. Er war auf einem Kamelrücken von Tripolis hierher gebracht worden, dabei war das Glas so gründlich zerborsten, dass man nicht einmal ein Eckchen des eigenen Gesichts erkennen konnte. Ich war völlig durchnässt, aber die Gesetze der Gastfreundschaft verlangten, dass wir auf einem Diwan Platz nahmen und höflich plauderten, wobei ich mehrere Gläser dünnen Tee trank. Mein Gastgeber war, aus gutem Grund, wie ich später erfuhr, zerstreut und offenbar nicht zu lebhaften Gesprächen aufgelegt, bei meiner ersten Begrüßung aber entfuhr ihm ein tiefer Seufzer der Erleichterung:

»Gott sei gelobt! Euer Exzellenz sprechen Arabisch! Wir hatten befürchtet, dass wir nicht mit Euch würden sprechen können, und haben darum eine syrische Dame gebeten, den Abend mit uns zu verbringen und zu übersetzen, denn sie beherrscht die englische Sprache.«

Etwa eine Stunde lang führten wir eine recht stockende Unterhaltung, wobei die Nässe durch meinen Mantel und meinen Rock drang, aber nachdem die Maulesel angekom-

Kapitel IX

men und von ihrem Gepäck befreit worden waren, verabschiedete sich der Kaimakam mit den Worten, er wolle mir nun etwas Ruhe gönnen. Hinter uns lag tatsächlich eine lange Tagesetappe, die Maultiertreiber hatten elf Stunden bis Qal'at al-Husn gebraucht. Ich hatte kaum Zeit gehabt, etwas Trockenes anzuziehen, als ein zaghaftes Klopfen an der Tür die Frauen ankündigte. Ich öffnete sofort, herein kamen eine Dienerin, die Gattin des Kaimakam sowie eine Dame, die mich in blumigstem Englisch begrüßte. Sie hieß Sitt Ferideh und war die christliche Ehefrau des Regierungsfeldvermessers, auch er Christ. Sie hatte eine Missionarsschule in Tripolis besucht und ließ mich nicht lange darüber im Unklaren, dass sie Schriftstellerin und ihr größtes Werk die Übersetzung von »Die letzten Tage von Pompeji« ins Arabische sei. Die Ehefrau des Kaimakam war eine junge, pausbäckige Frau, im Grunde hübsch, allerdings außerordentlich dick. Sie war seine zweite Ehefrau. Die Heirat lag erst einen Monat oder zwei zurück, seine erste Ehefrau, die Mutter seiner Kinder, war kurz zuvor gestorben. Die junge Frau war so schüchtern, dass sie nicht wagte, in meiner Gegenwart den Mund aufzumachen. Sitt Ferideh rettete die Situation mit ihrer übersprudelnden Erzählfreude, wobei sie mal Englisch, mal Arabisch sprach. Sie war eine angenehme und intelligente Frau, und ich genoss ihre Gesellschaft weitaus mehr als die meiner Gastgeberin. Die ersten Worte, die die Khanum schließlich an mich richtete, waren allerdings höchst willkommen: Sie fragte, wann ich essen wolle. Ich antwortete begeistert, dass ich jederzeit bereit sei, daraufhin überquerten wir den matschigen Innenhof und betraten einen Raum, wo ein üppiges Mahl aufgetragen worden war. Hier gesellte sich eine uralte Dame zu uns, die mir als »eine liebe Freundin« vorgestellt wurde, »die gekommen ist, um einen Blick auf Euer Exzellenz zu werfen«. Dann ließen wir uns nieder, zumindest eine in dieser Runde hatte selten eine so hervorragende

Mahlzeit genossen, besonders die Soßen waren ausgezeichnet. Nach einer dicken Suppe wurden vier sehr reichliche Fleisch- und Gemüsegänge serviert, zum Abschluss gab es Milchreis. Dann kehrten wir in mein Zimmer zurück, es wurden ein Kohlenbecken sowie Wasserpfeifen für die Damen hereingebracht, wir ließen uns zur Abendunterhaltung nieder. Die alte Dame wollte nicht auf dem Diwan Platz nehmen, sie sei, sagte sie, den Fußboden gewohnt. Dort rückte sie so dicht wie möglich neben das Becken und streckte die faltigen Hände über die glühende Kohle. Sie war schwarz gekleidet, der Kopf aber war in ein dickes weißes Leinentuch gehüllt. Es war fest um die Stirn gewickelt und verhüllte ihr Kinn, sie sah aus wie die betagte Äbtissin eines religiösen Ordens. Der Wind heulte um das Turmzimmer, der Regen schlug gegen das einzige Fenster, und so erstaunt es nicht, dass das Gespräch rasch auf Schreckenstaten kam, geflüsterte Erzählungen von Mord und Gewalt, die die Bewohner dieses halbdunklen Raums seit vielen, vielen Jahrhunderten ängstigten.

Zehn Tage zuvor war dem Kaimakam eine furchtbare Tragödie widerfahren: Bei einem Streit unter Buben war sein Sohn in seiner Schule in Tripolis von einem Klassenkameraden erschossen worden; die Frauen schienen es nicht ungewöhnlich zu finden, dass der jäh aufflammende Zorn eines Kindes zu solchen Konsequenzen führen konnte. Der Kaimakam war telegraphisch nach Tripolis gerufen worden, er hatte den langen Weg durch die Berge mit Angst im Herzen zurückgelegt, um seinen Sohn schließlich tot vorzufinden. Der Kummer darüber schien ihn zu zerreißen. Das sagte Sitt Ferideh.

Die alte Frau wiegte sich am Feuer und murmelte:
»Hier mordet man wie man Milch trinkt. Gott! es ist kein anderer Gott als Du!«

Eine heftige Bö raste um den Turm, die Christin ergriff das Wort:

Kapitel IX

»Diese Khanum«, sagte sie und nickte zur Greisin am Kohlenbecken hin, »weiß, was Kummer ist. Ihr Sohn wurde gerade in den Bergen ermordet, ein Räuber tötete ihn mit einem Messer, man fand seine Leiche entkleidet am Wegesrand.«

Seine Mutter rückte wieder näher zur Kohle, die Glut warf einen rötlichen Schein auf ihr altes Gesicht.

»Hier mordet man wie man Wasser verschüttet«, stöhnte sie. »Barmherziger!«

Es war spät, als die Frauen aufbrachen. Eine erbot sich, in meinem Zimmer zu übernachten, was ich ebenso höflich wie nachdrücklich ablehnte.

Am nächsten Morgen weckten mich heftiges Donnern und das Prasseln von Hagelkörnern gegen meine Fensterläden. Wir hatten keine andere Wahl, als weitere vierundzwanzig Stunden unter dem Dach des Kaimakams zu verbringen, und mussten dankbar sein, überhaupt ein Dach über dem Kopf zu haben. Ich erforschte die Burg bis in den letzten Winkel und das mit der tiefen Befriedigung des ewigen Kindes, das in uns allen lebt und das unterirdische Kerker und Wehranlagen einer Festung mehr liebt als jedes andere alte Gemäuer. Qal'at al-Husn ist so groß, dass die halbe Dorfbevölkerung in den überwölbten Gängen der Unterburg wohnt, während die Garnison die Oberburg belegt. Die Ringmauer erhebt sich über einem Wassergraben hinter der äußeren Zwingermauer, durch dessen Torlabyrinth wir am Vorabend gekommen waren. Neben dem Tor zum inneren Mauerring wohnte der Metzger der Burg; jeden Morgen schlachtete er auf der Schwelle ein Schaf und jeder Passant muss durch einen Bluttümpel waten, als wolle man am Tor allmorgendlich ein barbarisches Opferritual durchführen. In der Burg gab es eine Kapelle, die in eine Moschee verwandelt worden war, sowie einen großen Saal mit gotischen Fenstern, deren Maßwerk und Öffnungen allerdings zugemauert waren, um die Bewohner vor der Kälte zu schützen. Der Wehrturm, in dem ich wohnte, gehörte zum oberen Befestigungswerk und stand auf drei übereinander liegenden Gewölben. Von dort führt ein schmaler Gang auf der Mauer in einen großen, prächtigen Raum und dann in einen Rundturm. Dort lag ein weiterer kreisrunder Raum mit Kreuzrippengewölbe, von einem Dekorationsband aus Rosetten umlaufen, das Licht fiel durch gotisch-spitze Fenster. In den Chroniken der Kreuzritter heißt diese Burg *Krak des Chevaliers*. Sie war im Besitz des Hospitaliter-Ordens, dessen Großmeister sie zu seiner Residenz machte. Der ägyptische Sultan Malek ed Daher eroberte sie, restaurierte sie und ließ über dem Eingangsportal eine triumphierende Inschrift anbringen. Diese Burg ist vermutlich die Vollkommenste der vielen Festungen, die Zeugnis von diesem eigenartigen Geflecht aus ehrenwertem Eifer, Fanatismus, Ehrgeiz und Verbrechen ablegen, das die Geschichte der Kreuzzüge ausmacht. Die christlichen Nationen können diese Seite ihrer Geschichtsbücher nicht aufschlagen, ohne zu erröten, und sie nicht ohne jenes Gefühl von widerstrebendem Mitleid lesen, das vergeblicher Heldenmut in uns hervorruft. Für eine unwürdige Sache zu sterben, ist die bitterste Niederlage.

Der *Krak des Chevaliers* ist eng mit der Militärarchitektur Südfrankreichs verwandt, zeigt aber auch orientalische Einflüsse. Gegen sie war keiner der großen Ritterorden immun, die Tempelritter gaben ihnen aber stärker nach als die Hospitaliter. Wie bei allen zeitgenössischen arabischen Festungswerken, werden auch hier die Mauern zum Fundament hin breiter. So entsteht eine schräg abfallende Bastion aus solidem Mauerwerk, die sehr effektiv gegen Angreifer schützt, die weit aus der Mauer herausragenden Rundtürme aber sind ihrem Charakter nach ganz und gar französisch. Der Überlieferung nach fanden die Kreuzritter auf diesem Gipfel bereits eine Burg vor und nahmen sie den Moslems ab, ich konnte aber keine Hinweise auf ältere Bauwerke entdecken.

Kapitel IX

Teile der jetzigen Festung stammen allerdings aus späterer Zeit, ein Beispiel ist ein großes Gebäude am inneren Graben, in dessen Mauern Löwen eingemeißelt sind, die dem seldschukischen Löwen ähneln.

Nach dem Mittagessen stapfte ich den schlammigen Hügel hinunter ins Dorf, um Sitt Feredeh und ihren Ehemann zu besuchen. Es war ein zweites christliches Paar da, er hieß Sahib es Sanduk und war, wenn ich das richtig verstanden habe, eine Art Schatzmeister. Die beiden Herren unterhielten sich über die Lage der Armen in Syrien. Der Landvermesser sagte, dass niemand verhungere, und skizzierte das Jahreseinkommen eines durchschnittlichen Bauern. Der ärmste Fellache verdiene im Jahr etwa 1000 bis 1500 Piaster (das sind 7 bis 10 Pfund), Geld brauche er nur für die Kopfsteuer und um jemanden zu bezahlen, der den Militärdienst für ihn ableiste. Fleisch ist ein unbekannter Luxus; ein Fass Semen (ranzige Butter) kostet nicht mehr als 8, höchstens 10 Schilling und hält mehrere Monate; sie verbessert den Geschmack von Burghul und anderen Getreidegerichten. Wenn die Getreide- und Samenvorräte zur Neige gehen, muss er nur in die Berge oder ins noch herrenlose flache Land gehen, und essbare Blätter sammeln oder Wurzeln ausgraben. Sein Haus erbaut er mit eigenen Händen, er hat weder Geräte noch Möbel, und der Boden, auf dem es steht, kostet nichts. Und was braucht er schon an Kleidung? Ein paar Leinenhemden, für den Kopf ein Baumwolltuch, jedes zweite oder dritte Jahr einen Wollumhang. Die Alten und Kranken bleiben selten ohne Pflege: wenn sie eine Familie haben, kümmern sich die Angehörigen um sie, wenn nicht, können sie sich mit Betteln ernähren, denn im Osten weist niemand die Bitte um ein Almosen zurück, auch wenn die Armen selten Geld geben können. Nur wenige Fellachen besitzen eigenes Land; sie arbeiten als Tagelöhner auf den Anwesen der Reichen. Den größten Landbesitz bei Qal'at al-Husn hat die aus Tripolis stammende Familie Danadisheh. Die Burg selbst gehörte bis vor kurzem nicht der Regierung, sondern der Familie Za'bieh, sie hatte sie zweihundert Jahre lang besessen und bewohnte immer noch Räume im äußeren Wall. Hier schaltete sich der Schatzmeister ein und sagte, die osmanische Herrschaft sei sogar bei der moslemischen Bevölkerung verhasst. Sie würden lieber von Fremden regiert werden, selbst wenn es Ungläubige wären. Am liebsten von den Engländern, Ägyptens Wohlstand mache tiefen Eindruck auf die Syrer.

Am Abend schickte mir der Kaimakam eine Nachricht mit der Frage, ob ich allein zu Abend essen, oder ihm und seiner Frau die Ehre geben wolle. Ich bat, mich ihnen anschließen zu dürfen. Er bemühte sich auf rührend offenkundige Weise, ein guter Gastgeber zu sein, war aber niedergeschlagen und schweigsam, bis wir ein Thema fanden, das ihn von seiner Trauer abzulenken vermochte. Die großen Toten kamen uns mit Worten zur Hilfe, die seit vielen Generationen das stockende Herz der Menschen zu stärken vermögen. Der Kaimakam war mit der arabischen Literatur sehr vertraut, viele Werke der Dichter des Zeitalters der Unwissenheit beherrschte er auswendig, und als er erfuhr, dass ich sie liebte, aber zu wenig kannte, rezitierte er ein Lied nach dem anderen. Er selbst bevorzugte allerdings die jüngeren Dichter; einer seiner Lieblingsdichter war offenbar al-Mutanabbi aus dem zehnten Jahrhundert. In dessen Strophen glüht noch etwas vom Feuer der Alten; als der Kaimakam die berühmte Ode vortrug, in der der Dichter von den Freuden der Jugend Abschied nimmt, loderte es wieder hell in ihm auf:

> Wie oft habe ich das Alter herbeigesehnt, den Sturm im
>   Herzen mir zu stillen!
> Und sollte ich nun klagen, da mein Bitten mir erfüllt?
> Alles Wünschen ist erstorben, nur dem Speer noch gilt
>   mein Lieben,

Kapitel IX

> Ihm allein sei Spiel und Scherz geweiht.
> Gibt's einen schön'ren Sitz im Leben als den Sattel des flücht'gen Renners?
> Einen bessren Gefährten für die Muße als ein Buch?

»Diese Zeilen«, sagte er am Ende, »werden Eurer Exzellenz sicher sehr gefallen.«

Als wir zum Gästezimmer zurückkehrten, fragte er, ob er mir sein letztes Gedicht vorlesen solle. Er habe es auf Bitten der Studenten des American College in Beirut verfasst (die bekannteste Institution ihrer Art in Syrien), Anlass sei ein Jahrestag, den sie in Kürze begingen. Er zog erst den Brief der Studenten hervor, der sehr schmeichelhaft formuliert war, dann sein Manuskript. Er deklamierte die Verse mit dem feinen Gespür des orientalischen Vortragenden, hin und wieder hielt er inne, um die Bedeutung einer Metapher oder eine schwierige Strophe zu erklären. Sein Thema war eine Hymne auf die Bildung, er schloss aber widersinnigerweise mit einer überschwänglichen Eloge auf den Sultan, auf die er ungeheuer stolz war. Es war, soweit ich es beurteilen kann, keine große Dichtung, aber spielte das eine Rolle? Nichts tröstet im Unglück besser als eigenes Schreiben, der Kaimakam hatte für einen Moment lang seinen Kummer vergessen und eine Sphäre betreten können, in der es weder Tod noch Klage gibt. Ich äußerte an den passenden Stellen Mitgefühl und Zuspruch und musste fast lachen, weil ich auf Arabisch den gleichen freundlichen Unsinn plapperte, den man so oft auf Englisch sagt. Statt zwischen den kahlen Wänden einer Kreuzfahrerburg hätte ich ebenso gut in einem Londoner Salon sitzen können. Letztlich ist doch die ganze Welt aus gleichem Stoff gemacht.

Am folgenden Morgen regnete es immer noch, daher war ich beim Anziehen und Frühstücken sehr niedergeschlagen. Dann aber schwenkte jemand den Zauberstab, die Wolken lösten sich auf, um halb acht konnten wir bei strahlendem Sonnenschein aufbrechen. Am Fuß des steilen Burghügels liegt in einem Olivenhain ein griechisches Kloster. Dort stieg ich vom Pferd, um den Abt kennenzulernen. Er war, wie sich zeigte, ein alter Bekannter von mir, ich hatte ihn vor fünf Jahren bei meiner Rückkehr aus Palmyra im Kloster Maalula kennengelernt. Dieser glückliche Zufall sorgte für große Freude, zur Feier des Tages nahmen wir viel Gelee, Wasser und Kaffee zu uns. Das Kloster war neu erbaut, nur die kryptaähnliche Kapelle war nach Meinung des Abtes 1200 Jahre alt. Das Gewölbe wird von vier paarig angeordneten Marmorsäulen getragen, die unter dem Kapitell abgebrochen und in die Mauer zurückgebaut sind, das Ganze wirkt eher kurios als schön. Die Kapitelle haben die Form von Lilienblüten im byzantinischen Stil. Nahe der Altarwand, eine ausgezeichnete moderne Holzschnitzarbeit, befinden sich einige sehr schöne persische Kacheln. An der Westwand des Klosters zeigte man mir eine Tür, die zwischen zwei Stützpfosten lag und so schmal war, dass man sich kaum hindurchzwängen konnte. Die Mönche sagten, das gelinge nur dem, der reinen Herzens sei. Ich verzichtete auf den Versuch, um meinen Ruf nicht zu gefährden.

Von da ritten wir durch ein weites, bewaldetes Tal voller Blumen; die Obstblüte hatte begonnen, die Blätter des Geißblatts sprießten, an einem kleinen Friedhof rasteten wir unter einer knospenden Eiche. Vor uns lag der schwierigste Abschnitt des Tages. Auf dem Ausläufer des gegenüberliegenden Berges sahen wir schon den Wehrturm der Burg Safita, waren von ihr aber durch einen Hochwasser führenden Fluss getrennt. Die Brücke war fortgerissen und man hatte uns gesagt, dass die Furt unpassierbar sei. Wir erreichten das Ufer des Abrash und sahen ihn in seinem breiten Bett brausen, durch diese schäumenden Wassermassen kam kein beladener Maulesel hindurch. Darum ritten wir fast zwei Stunden

Kapitel IX

lang flussabwärts, die zweite Brücke, Jisr el Wad, erreichten wir praktisch im letzten Moment, der mittlere Pfeiler hielt gerade noch stand, sie war kurz vor dem Zusammenbrechen. Die Hügel am anderen Ufer waren von niedrigem Buschwerk bedeckt, aus dem die zauberhafte Schwertlilie ihre blauen Blütenblätter streckte, belebt wurde das Bild auch durch einen ständigen Strom weißgekleideter Nusairier, die zur Brücke hinuntergingen. Ich hatte einen kurdischen Saptieh dabei, Abdul Mejid, der die Berge und ihre Bewohner gut kannte. Obwohl er Moslem war, hatte er nichts gegen die Nusairier, er sagte, sie seien völlig harmlose Menschen, als wir ihnen begegneten, wurde er von jedem freundlich gegrüßt. Er erzählte mir, die Weißgekleideten seien auf dem Weg zu den Trauerfeierlichkeiten für einen großen, für seine Wohltätigkeit berühmten Scheich, der in der vergangen Woche gestorben sei. Die Feierlichkeiten bei solchen Anlässen finden zwei Tage nach der Beisetzung statt, und wenn die Gäste das Mahl verzehrt haben, entrichtet jeder der Anwesenden der Familie des Verstorbenen einen Obolus. Der Betrag hängt von den Möglichkeiten des Einzelnen ab, er liegt zwischen einer und fünf oder gar sechs Lira. Im Djebel Nosairi den Ruf der Heiligkeit zu genießen entspricht etwa einer Lebensversicherung bei uns.

Wegen des großen Umwegs erreichten wir Safita erst um vier Uhr. Ich lehnte die Einladung des Kommandanten ab, und schlug mein Lager auf einem Grat außerhalb des Dorfes auf. Der Turm, den wir von weitem gesehen hatten, war alles, was von der Weißen Burg der Tempelritter geblieben ist. Er steht oben auf dem Hügel, das Dorf dicht gedrängt zu seinen Füßen, von seiner Dachterrasse reicht der Blick bis zum Mittelmeer und zum Nordabschnitt der phönizischen Küste. Unter den Altertümern, die mir hier zum Kauf angeboten wurden, waren eine phönizische Münze sowie die kleine Bronzefigur eines phönizischen Gottes – vielleicht diente

Safita dieser Handelsnation als Stützpunkt im Landesinneren. Der Turm überraschte uns mit einer architektonischen Besonderheit: Er enthielt weder, wie man erwartet hätte, eine Gewölbehalle noch ein Refektorium, sondern, mitten im Herz der Festung, eine große Kirche. Als wir eintraten, fand gerade ein Gottesdienst statt, die Strahlen der untergehenden Sonne fielen durch das Westtor auf die Betenden und hüllten sie in rotes Licht. Die Einwohner von Safita sind überwiegend Christen, viele sprechen Englisch mit stark amerikanischem Akzent, den sie erwarben, als sie in den Vereinigten Staaten zu ihrem kleinen Wohlstand kamen. Neben dem Akzent hatten sie von dort eine Vertraulichkeit im Umgang mitgebracht, die mir missfiel, und im Gegenzug einiges von den guten Manieren verloren, die ihre Heimat auszeichnet. Abdul Mejid, der schneidige Unteroffizier, begleitete mich durch die Stadt, rettete mich vor den Klauen der amerikanisierten Christen, zwirbelte seinen ausnehmend militärischen Schnurrbart in Richtung der kleinen Buben, die uns folgen wollten, und begleitete deren Rückzug mit dem erlesensten Repertoire an Schimpfwörtern, das mir je zu Ohren gekommen ist.

Am späteren Abend wurden mir zwei Besucher gemeldet, es waren der Zabit (Kommandant) und ein weiterer Beamter, den der Kaimakam von Drekish geschickt hatte, um mich willkommen zu heißen und in sein Dorf einzuladen. Also ritten wir am frühen Morgen zu Dritt los, gefolgt von zwei Soldaten, zwei Stunden folgten wir einem gewundenen Pfad durch die Berge, bis wir schließlich in ein Tal voller Olivenhaine kamen, an dessen Hängen das Dorf Drekish lag. Bei den ersten Olivenbäumen warteten drei Honoratioren in Gehrock und Fes, um uns zu empfangen; als sie uns kommen sahen, stiegen sie auf ihre Pferde und schlossen sich uns an, weitere Standespersonen kamen auf dem Weg über die Dorfstraße hinzu, am Ende umfasste unsere Prozession dreizehn Personen. Der Kaimakam empfing uns, in Gehrock und sehr

Kapitel IX

förmlich, an der Tür seines Hauses und geleitete mich in seinen Audienzraum, wo wir Kaffee tranken. Die Gruppe war inzwischen auf etwa dreißig bedeutende Herrschaften angewachsen. Nach diesem offiziellen Empfang führte mich mein Gastgeber in sein Privathaus und machte mich mit seiner Gattin bekannt, einer charmanten Damaszenerin. Hier konnten wir ein kurzes Gespräch führen, bei dem ich mehr über ihn erfuhr. Riza Beg el 'Abid verdankt seinen gegenwärtigen Posten dem Umstand, dass er ein Vetter von Izzet Pascha ist, in dessen großer Familie es keinen gibt, der nicht mindestens das Amt eines Kaimakam versieht. Riza Beg hätte die soziale Leiter auch ohne diese Unterstützung erklommen; er hat außerordentlich angenehme Umgangsformen und verfügt in hohem Maße über den scharfen Verstand, der die Syrer generell auszeichnet. Die Familie, zu der er und Izzet gehören, hat arabische Wurzeln, die Mitglieder der Familie sagen, dass sie dem edlen Geschlecht der Muwali entstammen und auf diesem Weg mit Harun er Rasheed verwandt sind. Sollten Sie Izzet Pascha jemals begegnen, tun Sie gut daran, ihn zu seiner Verwandtschaft mit dem Kalifen zu beglückwünschen, auch wenn er weiß, und weiß, dass Sie wissen, dass die Muwali diese Behauptung voller Verachtung zurückweisen. Für sie ist er ein Nachkomme ihrer Sklaven, das beweise schon sein Name Abid (Sklave). Ob Sklave oder Freier, jedenfalls sind die Mitglieder des Hauses Abid so geschickt aufgestiegen, dass sie der Türkei den Fuß in den Nacken setzen konnten. Diese riskante Stellung werden sie behalten, bis Izzet in Ungnade fällt. Als ich auf seine hohen Verbindungen anspielte, blickte Riza Beg ernst und sagte, eine so große Macht, wie seine Familie sie genieße, sei keine einfache Sache; er selbst hätte gern einen weniger prominenten Posten als den eines Kaimakam! Wer weiß, vielleicht würde ja auch der Pascha die Freuden von Konstantinopel gern gegen einen Ort tauschen, der bescheidener und sicherer wäre; vielleicht ist eine solche Vermutung gar nicht abwegig. Wenn die Gerüchte stimmen, hat Izzet in den Jahren, in denen er in der Gunst des Paschas stand, alles erreicht, worauf ein Mann vernünftigerweise hoffen kann. Ich versicherte dem Kaimakam, dass ich dem Pascha meine Aufwartung machen werde, sobald ich Konstantinopel erreichte. Was ich übrigens mit solchem Erfolg tat, dass ich mich jetzt, um Izzets Worte zu zitieren, zu jenen zählen darf, die seiner lebenslangen Freundschaft sicher sein können.

Inzwischen war das Mittagessen fertig, die Khanum hatte sich zurückgezogen. Es kamen vier Gäste, der Zabit, der Kadi und zwei weitere. Die Mahlzeit war reichlich, hervorragend und sehr unterhaltsam. Das Gespräch floss mühelos, angestoßen und befördert vom Kaimakam, der es mit der Eleganz eines Mannes von Welt verstand, ein Thema nach dem anderen anzustoßen. Während er sprach, konnte ich wieder einmal feststellen, was für eine außerordentlich schöne und differenzierte Sprache das moderne syrische Arabisch ist, wenn es von einem Gebildeten gesprochen wird. Der Kadi hatte den Ruf großer Gelehrsamkeit zu verteidigen, weshalb er sich auf die tote Sprache des Korans beschränkte, was seine Beiträge schwer verständlich machte. Als ich mich verabschiedete, sagte der Kaimakam, dass ich auch für die Nacht sein Gast sei. Er habe erfahren, sagte er, dass ich mein Lager an der Ruine des Heiligtums von Hosn Soleiman aufschlagen wolle, und darum meine Karawane unter dem Schutz eines Saptieh dorthin geschickt. Dort werde sich ein Verwandter um mein Wohlergehen kümmern, er habe sich bereits mit Diener und Verpflegung auf den Weg gemacht. Ich möge mich von Zabit sowie Ra'ib Effendi ek Helu, auch er ein Gast jenes Abends, begleiten lassen, er hoffe, dass das alles zu meiner Zufriedenheit sei. Ich dankte ihm überschwänglich und beteuerte, dass ich seine arabische Herkunft allein an seiner großzügigen Gastfreundschaft erkannt hätte.

Kapitel IX

Unser Weg führte zum Gipfel der Nosairiyyah-Berge und dann am Grat entlang, ein felsiger, schöner Pfad. Die Berge waren außerordentlich steil, dort wuchs nichts als Gras und Blumen, aber hier und dort standen auf den Gipfeln hohe Eichen, durch deren kahle Äste die weiße Kuppel eines nusairischen Tempels leuchtete. Die Nusairis haben weder Moschee noch Kirche, errichten aber auf jedem Berggipfel einen Schrein als Zeichen einer Begräbnisstätte. Diese in der Höhe gebetteten Toten haben zwar die Welt der Menschen verlassen, wirken aber weiter segensreich: Sie sind die Beschützer der Bäume, die zwischen ihren Gebeinen wurzeln, und als einzige ihrer Art unangetastet wachsen dürfen.

Hosn Soleiman liegt am Eingang eines Hochtals. Unter seinen Mauern entspringt eine klare Quelle, deren Wasser eine natürliche, grasbewachsene Insel umfließt, wo wir die Zelte aufschlugen. Die Berge hinter der Anlage umsäumen sie wie ein Amphitheater und fallen davor ins Tal ab, die Götter, denen das Heiligtum geweiht wurde, können die verfallene Schönheit ihres Schreins in Abgeschiedenheit genießen. Die Mauern um den heiligen Bezirk waren efeubedeckt, in den Ritzen wuchsen Veilchen. Vier Tore führen in den Innenhof zur Tempelruine, etwas südlich der Tempelcella steht das Fundament eines Altars mit einer Widmung in schönster griechischer Schrift. Sie erzählt die Geschichte eines römischen Centurio namens Decimus aus der Legion Flavians (?), der im Jahr 444, mit seinen beiden Söhnen und einer Tochter, dem Gott von Baitokaike einen Bronzealtar gestiftet und auf ein gemauertes Podest gestellt hat. Die Jahreszahl bezieht sich auf die seleukidische Zeitrechnung, nach unserer Zeitrechnung 132 n. Chr. Es ist bedauerlich, dass Decimus den Namen des Gottes nicht nennt, er bleibt in allen Inschriften unbestimmt. Das Nordtor ist eine dreifache Tür, ihr gegenüber befindet sich eine zweite viereckige Umfriedung. An deren Südostseite steht ein kleiner Antentempel, an der Nordwand die Apsis eines Tempels. Sie könnte die Statue des unbekannten Gottes enthalten haben, denn es führen Stufen hinauf und auf beiden Seiten stehen Säulenstümpfe. Wie in Baalbek, weihten die Christen auch diesen Ort durch den Bau einer Kirche, sie steht in der zweiten Umfriedung in rechtem Winkel zum nördlichen Tempel. Die Außenmauern beider Höfe sind sehr massiv, manche Blöcke sind sechs oder gar acht Fuß dick. Der Schmuck ist viel strenger als in Baalbek, erinnert aber in einigen Details so stark an jenen, dass, meiner Meinung nach, hier wie dort derselbe Baumeister am Werk gewesen sein könnte. Vermutlich hat er auch die Reliefs mit den Adlern und Cherubinen gemeißelt, die schon die Architrave seines Jupitertempels schmückten. Die Bauern sagen, dass sich unter dem Heiligtum und dem ummauerten Bezirk tiefe Gewölbe befinden. An diesem Ort würden sich sorgfältige Ausgrabungen lohnen, auch wenn die Schönheit dieses wunderbaren Heiligtums der Berge durch nichts gesteigert werden kann.

Der Kaimakam hatte Wort gehalten. Man hatte uns Scharen von Schafen und Hühnern geopfert, und nachdem meine Freunde und ich ein wahres Festmahl genossen hatten, kamen die erfreuten Soldaten und Maultiertreiber an die Reihe. Die Lagerfeuer loderten hell in der klaren, kalten Bergluft, der Himmel war sternenübersät, der Bach plätscherte über Steine; ansonsten herrschte völlige Stille, denn Kurt war fort. Irgendwo in den Bergen war er weggelaufen und nicht zurückgekommen. Ich betrauerte seinen Verlust, schlief danach aber ungestörter als vorher.

Am nächsten Tag begleiteten uns alle Freunde und alle Soldaten bis zur Grenze des Distrikts Drekish. Dort verließen sie uns, allerdings nicht, ohne zuvor in Ain esh Sems einen unwilligen Nusairier aus seinem Haus gejagt und verpflichtet zu haben, dem Saptieh, der uns begleitete, bei der Suche nach einem außerordentlich felsigen Bergpfad nach

Kapitel IX

Masyaf zu helfen. Als wir wieder allein waren, rief ich Mikhail zu mir und fragte ihn, was er über unsere Bewirtung denke. Er deutete auf seine arabische Weise ein Naserümpfen an und sagte:

»Euer Exzellenz glauben sicher, dass wir Gäste des Kaimakam waren. Aber ich will Euch sagen, wessen Gäste wir waren. Erinnert Ihr Euch an die Fellachen von Nosairiyyeh, diese armen Kerle, die Euch neulich morgens ein paar antike Fundstücke verkauft haben? Das waren Eure Gastgeber. Alles, was Ihr bekommen habt, wurde ihnen ohne Bezahlung genommen. Sie haben das Holz für das Feuer gesammelt, es waren ihre Hühner, ihre Eier, die Lämmer kamen aus ihren Herden, und als Ihr »Ich bin satt« sagtet und nichts mehr haben wolltet, packten die Soldaten noch ein Lamm und nahmen es mit. Die einzige Bezahlung, die die Fellachen dafür bekamen, waren die paar Metaliks, die Ihr ihnen für ihre alten Münzen gegeben habt. Aber wenn Ihr auf mich hört«, fuhr Mikhail nicht ganz logisch fort, »könnt Ihr das Land Anatolien bereisen, ohne auch nur einen Viertel Mejideh aus Eurer eigenen Börse zu holen. Ihr werdet von einem Kaimakam zum nächsten reisen und man wird Euch überall gut bewirten. Diese Leute wollen nämlich keine Bezahlung, sie wollen, dass Euer Exzellenz ein gutes Wort für sie einlegen, wenn Ihr nach Konstantinopel kommt. Ihr schlaft in ihren Häusern, speist an ihren Tafeln, wie damals, als ich mit Sacks reiste ...«

Wenn ich alles wiedergeben wollte, was Mikhail auf seiner Reise mit Mark Sykes erlebt hat, käme ich nie nach Masyaf.

Von diesem Tag sind mir die außerordentliche Beschwerlichkeit des Weges und die Schönheit der Blumen in Erinnerung geblieben. Auf den Berggipfeln wuchsen wilde Alpenveilchen, gelbe, weiße, purpurne Krokusse, weiße Primeln überzogen ganze Abhänge; weiter unten blühten Iris, Narzissen, schwarze und grüne Orchideen, in einem Myrtenfeld rosa Knabenkraut und blaue Windröschen. Als wir am Fuß des steilsten Abhangs angekommen waren, schickte ich den unglücklichen Nusairier fort, nie hätte er ein so hohes Trinkgeld von einem Abenteuer erwartet, das mit dem Befehl eines Soldaten begonnen hatte. Um drei Uhr erreichten wir Masyaf und kampierten unterhalb der Festung.

Masyaf erwies sich allerdings als Enttäuschung. Es ist tatsächlich eine große Burg, die aber, soweit ich das beurteilen kann, wie die Stadtmauern arabischen Ursprungs ist. Da eine Römerstraße von Hama durch Masyaf führt, müsste es Reste einer römischen Siedlung geben, aber ich habe keine gesehen. Ich hörte von einer Burg in Abu Kbesh, die im Gebirge liegen soll, besuchte sie aber nicht, weil es hieß, sie sei nur eine kleinere Version der Burg von Masyaf. Diese hat einen äußeren Mauerring und eine Oberburg, die man, wie in Qalʿat al-Husn, durch eine überwölbte Rampe erreicht. Die ehemalige Oberburg ist fast völlig zerstört, Ismailiten, die diesen Ort vor mehreren Jahrhunderten besetzten, haben sie durch nachlässig gebaute Hallen und Kammern ersetzt. Das erfuhr ich von einem alten Mann, Emir Mustafa Milhem, der der Sekte angehörte und mich herumführte. Er behauptete, dass seine Familie diese Burg seit sieben oder acht Jahrhunderten bewohne. Das war vielleicht gelogen, sicher aber ist, dass sie schon so lange im Besitz von Ismailiten ist. Im Mauerwerk der Außentore sind Kapitelle und Säulen, die offenbar aus byzantinischen Bauwerken stammen. Über einem Portal stehen alte arabische Inschriften, sie nennen die Namen der Erbauer dieses Festungsabschnittes, leider sind sie sehr verwittert. Später sagte man mir, ich hätte einen Ort namens Deir Soleib besuchen sollen, dort gebe es zwei Basiliken und eine kleine Festung. Aber es ist nicht auf der Karte verzeichnet, und als ich das erste Mal davon hörte, lag es schon zu weit hinter mir.

Als ich am nächsten Tag nach Hama reiste, sah ich hier und da Reste der Rasif, der antiken Römerstraße. An der Brü-

Kapitel IX

cke über das Flüsschen Sarut, viereinhalb Stunden von Masyaf entfernt, steht ein eigenartiger Erdwall, dessen Vorderseite bis an die oberste Spitze mit einer groben Mauer aus riesigen Steinblöcken verkleidet ist. Vor der Mauer fand Mikhail in einer Feldfurche eine römische Münze. Vom Fluss aus stand uns noch eine zweieinhalbstündige, langweilige Reise bevor, die ich allerdings in der sehr angenehmen Gesellschaft eines alten Türken verbrachte. Er war Telegraphenbeamter, der sich uns an der Brücke angeschlossen hatte und mir während des Ritts seine Geschichte erzählte.

»Effendim, meine Familie stammt aus der Nähe von Sofia. Effendim, Ihr kennt die Stadt? Maschaallah, ein schönes Land! Wo ich lebte, gab es Bäume, in den Bergen Obstbäume und Pinien, in den Ebenen Rosengärten. Effendim, viele von uns zogen nach dem Krieg gegen die Moskowiter hierher, wir wollten unter keinem anderen Herrscher leben als dem Sultan. Aber kaum, dass sie hier waren, kehrten viele nach Hause zurück. Warum Effendim? Warum? Sie konnten nicht in einem Land ohne Bäume leben; bei Gott, sie ertrugen es einfach nicht.«

So plaudernd, erreichten wir Hama.

X

Von Hama nach Apamea

Hama sieht der Reisende erst, wenn er fast hineinzustürzen droht – nur so lässt sich der Standort des Neuankömmlings angemessen beschreiben. An dieser Stelle ist das Flussbett des Orontes sehr tief, die Böschung verdeckt die Stadt vollständig. Die eintönigen Kornfelder strecken sich über die weite Ebene, soweit das Auge reicht, irgendwann stößt man auf ein wahres Gewirr von Friedhöfen. Wir kamen an dem allwöchentlichen Allerseelentag an, auf den Gottesäckern drängten sich die Lebenden und die Toten. Plötzlich, fast unter unseren Füßen, brach der Boden ab, wir standen am Rand einer steilen Schlucht, unter uns lagen die Stadt und der Orontes mit den gewaltigen persischen Wasserschöpfrädern, dahinter der Bergkegel mit den Festungen von Hamath, Epiphania und wer weiß was noch, denn dies ist einer der ältesten besiedelten Orte der Welt. Zwei Soldaten, die auf dem Erdboden hockten, standen auf und kamen zu uns herüber, um mich zu einem Lagerplatz zu führen. Aber ich war müde und missgestimmt, eine Verfassung, in die der Reisende mitunter gerät, und der kahle, zwischen Häusern gelegene Flecken, zu dem sie uns brachten, war mir ausgesprochen zuwider. Schließlich erklärte der reizende Türke, der immer noch bei uns war, er kenne eine Stelle, die mir mit Sicherheit gefallen werde. Daraufhin führte er uns dicht am Abhang entlang in den äußersten Norden der Stadt und zeigte mir eine grüne

Kapitel X

Wiese, die man sich schöner nicht hätte vorstellen können. Inmitten blühender Aprikosenhaine verließ der Orontes die unter uns liegende Stadt, hinter den Minaretten lag das goldene Abendlicht, eines der riesigen Wasserräder, eine Nouria, sang das alte Lied des Flusses.

Hama ist gegenwärtig die Endstation der französischen Eisenbahn[8] und Sitz eines Muteserrif. Die Eisenbahngesellschaft hatte mir als Führer und Begleiter einen syrischen Stationsvorsteher an die Seite gegeben, ein durch und durch einfältiger Mann, der eine Missionsschule besucht hatte und keinesfalls Arabisch sprechen wollte, wo er doch Französisch radebrechen konnte. Er verkündete, sein Name sei Monsieur Kbes und seine Leidenschaft die Archäologie, und um unter Beweis zu stellen, dass er der Avantgarde des modernen Denkens angehörte, schrieb er jedes antike Relikt in Hama, ob byzantinisches Kapitell oder arabische Arabeske, den Hethitern zu. Mit dem Muteserrif geriet ich sofort aneinander, weil er darauf bestand, mein Lager nachts von acht Soldaten bewachen zu lassen, eine unsinnige Zahl, in jedem anderen Distrikt waren zwei mehr als genug gewesen. Eine so große Wachmannschaft hätte uns auf unerträgliche Weise gestört, die Soldaten hätten die ganze Nacht geschwatzt und dem Lager die Ruhe geraubt, also schickte ich trotz ihrer Proteste, dass sie den Befehlen ihrer Vorgesetzten gehorchen müssten, sechs von ihnen wieder fort. Sie verbanden den Befehl des Muteserrif mit dem meinen, indem sie die Nacht etwa eine Viertel Meile entfernt in der Ruine einer Moschee verbrachten, wo sie sich, von keinerlei Verantwortung gestört, aufs Wunderbarste ausruhen konnten.

Keine syrische Stadt ist malerischer als Hama. Der breite Fluss mit seinen Wasserrädern ist eine ständige Augenweide,

---

[8] Es wird nur noch ein oder zwei Monate lang die Endstation sein, denn die Strecke reicht bereits bis Aleppo.

die schwarz und weiß gestreiften Türme der Moscheen sind eine herausragende architektonische Besonderheit, Sonne und Schatten fangen sich in den engen, teilweise überwölbten Straßen zu unvergleichlichen Lichteffekten, und die Basare sind nicht durch die Eisendächer entstellt, die in Damaskus und Homs den Charakter der dortigen Basare so stark beeinträchtigen, ja zerstört haben. Die große Moschee im Zentrum der Stadt war ursprünglich eine byzantinische Kirche, an den Moscheewänden lassen sich noch die Umrisse der Türen und Fenster des früheren Bauwerks ausmachen; das westliche Minarett scheint auf den Grundmauern eines älteren Turms errichtet. Der Hof ist von einer Vielzahl byzantinischer Säulen und Kapitelle geschmückt, die schöne kleine Kubbeh wird von acht korinthischen Säulen getragen. An einer der Säulen entdeckte ich das byzantinische Motiv des verwehten Akanthus. Als es die Steinmetze zu langweilen begann, Blätter immer gleich und immer kerzengerade anzuordnen, legten sie sie weich um die Kapitelle, das wirkt spielerisch, als rausche ein Windhauch in die Blätter, und ist von großer Anmut. Kbes und ich bestiegen den Zitadellenhügel, oben angekommen sahen wir, wie immens groß das Plateau war; die Steine der Festung waren allerdings samt und sonders fortgeschleppt und in der unter uns liegenden Stadt verbaut worden. Ich hatte den Eindruck, dass die Abgetrenntheit des Hügels nicht naturgegeben ist, sondern dass ein Stück des Vorgebirges, das sich ins Tal hinein streckt, abgetragen wurde, um diesen Kegel von der Hügelkette abzutrennen. Sollte dies zutreffen, wäre es eines der großen Werke des Altertums, denn der Einschnitt ist sowohl breit als auch tief.

Das Interessanteste an diesem Tag in Hama aber waren seine Bewohner. Vier mächtige mohammedanische Familien bilden die Aristokratie der Stadt, es handelt sich um die Azm Zadeh, die Teifur, die Killani und die Barazi, einen Angehö-

Kapitel X

rigen der letzteren hatte ich in Damaskus kennen gelernt. Das Jahreseinkommen jeder Familie beläuft sich auf etwa 6.000 englische Pfund und stammt ausschließlich aus Ländereien und den Dörfern, Handel gibt es in Hama kaum. Bevor sich die osmanische Regierung fest etabliert hatte, herrschten diese vier Familien über Hama und das Umland; sie haben immer noch beträchtlichen Einfluss auf die Verwaltung der Stadt, die Beamten des Sultans sehen im Großen und Ganzen untätig zu, wie diese Familien ihre eigenen Wege gehen, die vom rechten Wege oft genug abschweifen. Über den Azm Zadeh kursiert eine alte, böse Geschichte, die seine Familie, soweit ich hörte, nicht bestreitet. Danach gab es in jüngerer Vergangenheit einen Azm, der, ähnlich wie König David, den Weingarten seines Nachbarn begehrte, den dieser aber nicht verkaufen wollte. Daraufhin heckte der große Mann einen Plan aus. Er ließ einen seiner Sklaven erschlagen, vierteilen und dann, nicht zu tief, in einer Ecke des begehrten Grundstücks vergraben. Als eine angemessene Zeit verstrichen war, schickte er dem Eigentümer eine Nachricht: »Ihr habt mich oft eingeladen, Euch zu besuchen, um im Garten mit Euch Kaffee zu trinken; nun werde ich kommen. Bereitet alles vor.« Der Mann fühlte sich durch diese Leutseligkeit geehrt und bereitete ein Fest vor. Der Tag kam und mit ihm Fürst Azm. Das Mahl war unter einem Obstbaum gerichtet, doch der Gast sagte, diese Stelle gefalle ihm nicht, und ging zu jener Ecke, wo sein Sklave vergraben worden war. Der Gastgeber protestierte. Dies sei, sagte er, ein übler Fleck, er liege nahe bei den Abfallhaufen, doch der Azm sagte, nun sei er zufrieden. So begann das Gastmahl. Wenig später hob der Gast den Kopf und sagte: »Etwas riecht hier eigenartig.« »Mein Herr« sagte der Gastgeber, »das kommt von den Abfallhaufen.« »Nein«, antwortete sein Gast, »da ist noch etwas anderes.« Er rief seine Diener herbei und befahl ihnen, dort, wo sie saßen, die Erde aufzugraben. Die gevierteilte

Leiche des Sklaven wurde gefunden und identifiziert, der Eigentümer des Weingartens des Mordes beschuldigt, festgenommen und gefesselt, sein gesamter Besitz als Entschädigung eingezogen.

Solch summarische Methoden der Rechtlosigkeit, sagte Kbes, gehörten keinesfalls der Vergangenheit an. Im Stadtteil direkt unterhalb meines Lagers sei unlängst aus einem Laden, der Abdul Kadir al Azm gehöre, eine beträchtliche Menge Zwiebeln gestohlen worden. Daraufhin seien Diener des Abdul Kadir beim Scheich des Stadtteils aufgetaucht und hätten von ihm das Eigentum ihres Herrn verlangt. Als dieser, der von der Geschichte nichts wusste und den Dieb folglich nicht benennen konnte, packten sie ihn und seinen Sohn, den sie dabei mit einer Kugel an der Hand verletzten, schleppten die beiden zum Flussufer, entkleideten sie, prügelten sie fast zu Tode und ließen sie liegen, ohne sich weiter um sie zu kümmern. Ganz Hama erfuhr von dem Vorfall, aber die Regierung unternahm nichts, um Abdul Kadir zu bestrafen.

Ich besuchte Khalid Beg Azm, das Haus ist das schönste der Stadt, ebenso prachtvoll wie der berühmte Azem-Palast in Damaskus. Khalid führte mich durch die Räume, jeder Zoll war mit einer unglaublichen Vielfalt persischer Muster verziert, gearbeitet in Gips, Holz und Mosaik. Alle Räume grenzten an einen Innenhof mit Arkaden von höchster arabischer Handwerkskunst, in der Mitte stand ein Brunnen, in den Nischen Töpfe mit blühenden Ranunkeln und Narzissen. Die Frauen des Hauses Azm sind noch berühmter als die kostbaren Mauern, die sie umschließen; sie stehen im Ruf, die schönsten Frauen Hamas zu sein.

Auch die Killani besuchte ich in ihrem bezaubernden Palais am Orontes, dem Tekkiyah Killaniyyah. Er enthält ein Mausoleum, wo drei ihrer Vorfahren beigesetzt sind, die Zimmer des Palastes gehen auf den Fluss hinaus und sind vom sanften Knirschen des persischen Rades erfüllt. Als

Kapitel X

nächstes machte ich dem Muteserrif meine Aufwartung, ein fast zu Boden gekrümmter Greis, der keine andere Sprache sprach als Türkisch. Es beruhigte mich sehr, dass er mir mein ungebührliches Benehmen die Wachen betreffend nicht nachtrug. Als wir zum Essen nach Hause spazierten, begegneten wir einem alten, ganz in Weiß gekleideten Afghanen. Sein Name war Derwisch Effendi. Er fragte den Stationsvorsteher, wer ich sei, und als er erfuhr, dass ich Engländerin bin, kam er lächelnd auf mich zu, grüßte und sagte auf Persisch: »Engländer und Afghanen sind gute Freunde.« Tatsächlich wusste er über den Austausch von Visiten, Depeschen und Höflichkeiten zwischen Kabul und Kalkutta ebenso gut Bescheid wie die britische Öffentlichkeit, möglicherweise sogar besser; die Lehre aus dieser Begegnung (die in einem langen und ermüdenden, aber sehr herzlichen Besuch von Derwisch Effendi mündete) ist, dass Nachrichten von Ereignissen im äußersten Winkel Asiens mehr oder weniger umgehend an dessen entgegen gesetztes Ende gelangen. Man kann ohne Übertreibung sagen, dass englische Touristen in den Straßen von Damaskus verhöhnt werden, wenn an den Grenzen Afghanistans gerade ein englisches Regiment aufgerieben wurde. Der Islam ist das Band, das den Westen und die Mitte des asiatischen Kontinents verknüpft, er leitet noch die kleinste Befindlichkeit weiter wie ein elektrischer Strom. Es verstärkt seine Macht, dass Gefühle territorialer Nationalität, die dem gegensteuern könnten, schwach oder gar nicht ausgebildet sind. Ein Türke oder ein Perser sagt oder denkt niemals, ›mein Land‹, wie Engländer oder Franzosen das tun; sein Patriotismus bleibt auf die Stadt begrenzt, aus der er stammt, und umfasst im äußersten Fall den Landstrich, in dem diese Stadt liegt. Auf die Frage nach seiner Nationalität wird er antworten: »Ich bin ein Mann aus Isfahan« oder »Ich komme aus Konya«, so wie ein Syrer sagt, dass er aus Damaskus oder Aleppo stammt – ich erwähnte ja bereits, dass Syrien nur eine geographische Bezeichnung ist, für das seine Bewohner keinerlei Nationalgefühle hegen. Wenn man in den Basaren den Gesprächen der Ladenbesitzer lauscht, deren Verdienst oft davon abhängt, wie es in Gegenden zugeht, die weit von ihrem eigenen Ladentisch entfernt liegen, oder wenn man dem zuhört, was die Eseltreiber sagen, die zwischen den Städten ja viel mehr befördern als ihre Lasten, dann entsteht rasch der Eindruck, als sei ganz Asien durch zarte verwandtschaftliche Bande miteinander verflochten. Es scheint zudem, als werde jede Einzelheit der europäischen Außenpolitik, von China bis sonst wohin, von der öffentlichen Meinung erwogen und mehr oder weniger zutreffend beurteilt.

Nun stehen einem Reisenden, dem Gerüchte zu Ohren kommen, keine Schlussfolgerungen zu. Wir können nur allen, die es hören wollen, berichten, was jene Männer sagen, die in unserem Lager am Feuer sitzen oder uns durch Wüsten und Berge begleiten; ihre Worte sind Strohhalme auf den Fluten der arabischen Politik, sie zeigen an, in welche Richtung der Strom fließt. Diese Männer wissen dank persönlicher Erfahrungen alles über den Handel und sie kennen das Vokabular der Politik. Kriegsführung, Verhandlungen und Kompromisse sind ihnen ebenso vertraut wie heimliche, geduldig und lang gehegte Rachepläne. Ob sie den Ausgang einer Blutfehde oder die Folgen internationaler Missgunst erörtern, oft sind ihre Einschätzungen richtig und ihre Vermutungen zutreffend.

Soweit ich es aufgrund dieser Erfahrungen beurteilen kann, ist das Ansehen der Engländer in letzter Zeit deutlich gestiegen. Die Grundhaltung uns gegenüber ist eine völlig andere als die, die ich vor fünf Jahren, in der schlimmsten Phase des Burenkriegs, mit Sorge registrierte. Gespräche, denen ich zugehört habe, lassen mich vermuten, dass sich dieser Wandel weniger unserem Sieg in Südafrika verdankt, als

Kapitel X

vielmehr Lord Cromers hervorragender Verwaltung Ägyptens, Lord Curzons Politik am Persischen Golf sowie unserer Allianz mit den siegreichen Japanern.

Als ich endlich den Afghanen los geworden war und allein auf meiner Wiese saß, die das Zelt von der einige hundert Fuß unter mir liegenden Stadt trennte, fuhr eine bedeutende Persönlichkeit vor, um ihre Aufwartung zu machen: Mufti Muhammad Effendi. In seiner Begleitung war ein gebildeter Mann aus Busrah al-Harir in der Hauran-Ebene. Er hatte Zypern bereist und wusste über unsere dortige Verwaltung viel (und wenig Gutes) zu berichten. Der Mufti war der gleiche Typ Mann wie der Kadi von Homs und Scheich Naksh Pendi: ein Orientale mit scharfem Blick und scharfem Intellekt, dessen edle Gesichtszüge durch eine Schläue entstellt werden, die an Verschlagenheit grenzt. Er machte es sich auf dem besten Stuhl des Lagers bequem und bemerkte selbstzufrieden:

»Ich habe gefragt: ›Spricht sie Arabisch?‹, und als die Antwort ›Ja‹ lautete, rief ich sofort nach meiner Kutsche und kam hierher.«

Sein Thema war der Jemen, man hatte ihn vor einigen Jahren dorthin geschickt, um nach dem letzten arabischen Aufstand den Frieden wiederherzustellen. Er erzählte von der dreitägigen Reise von der Küste durch die sengend heiße Wüste, von den waldbedeckten Bergen im Binnenland, wo es sommers wie winters regnet, von riesigen Trauben an den Weinstöcken und der großen Vielfalt von Früchten in den Obstgärten, von Städten, groß wie Damaskus, mit fantastischen Befestigungsanlagen, die eintausend Jahre alt und völlig aus Lehm erbaut sind. Die Araber, sagte er, seien Stadtbewohner, keine Nomaden, ihr Hass auf die osmanische Herrschaft sei hier größer als an anderen Orten. Als die Soldaten des Sultans gegen sie vorrückten, flohen sie in die Berge. Das machten sie seit jeher so, darum glaubte der Mufti, dass sie dort jahrelang ausharren könnten. Aber er täuschte sich. Wenige Monate genügten, um den Truppen des Sultans den Sieg zu sichern, das verdankten sie ihrer kühnen militärischen Führung und ihrer großen Ausdauer bei Wüstenmärschen. Wie viele andere, sei auch dieser Aufstand gescheitert, weil die arabischen Stämme einander noch unversöhnlicher hassten als alle zusammen die Osmanen hassten. Wie bei niedergeschlagenen Aufständen in der Türkei üblich, sei allerdings auch dieser schon wieder aufgeflammt. Der Mufti erwähnte auch, dass man in Hama graben könne, wo man wolle, man finde immer antike Fundamente, sogar unter dem Flussbett.

Ihm folgten erst mein türkischer Freund, der Telegraphenbeamte, der erfreut konstatierte, wie gut ich mich eingerichtet hatte, und dann der Muteserrif, der aus seiner Kutsche ausstieg und ängstlich zwischen den Zeltseilen herumtapsend zu mir herüber kam. Er stellte mir seine Kutsche zur Verfügung, damit ich die Stadtteile am Ostufer des Orontes besuchen konnte, Kbes und ich fuhren mit zwei Vorreitern los, die ausnahmsweise einmal nicht in Lumpen gehüllt waren. Der Ostteil, er heißt Hadis, ist überwiegend von Beduinen bewohnt; hier ersetzt die raue Wüstensprache das städtische Arabisch, die Basare wimmeln von Arabern, die Kaffee, Tabak und gestreifte Umhänge kaufen. Dort befindet sich auch eine schöne Moschee, klein und recht verfallen, sie stammt angeblich aus der Seldschukenzeit, und man nennt sie wegen der gewundenen Säulen ihrer Fenster El Hayyt, Schneckenmoschee. An der Nordseite des Innenhofes befindet sich eine Kammer mit dem Marmorsarkophag des berühmten Geographen Abu l-Fida, Emir von Hama. Er starb 1331, was in einer schönen Grabinschrift vermerkt ist, und zwar in der Zeitrechnung der Hidschra.

An jenem Abend lud ich den Stationsvorsteher, den syrischen Arzt Sallum sowie den griechischen Priester zum Essen ein. Es war eine ungleiche, aber geistesverwandte Tisch-

Kapitel X

gesellschaft, wir unterhielten uns bis tief in die Nacht. Wie alle praktizierenden Ärzte, kleine wie große, die man in Syrien trifft, hatte auch Sallum am American College in Beirut studiert. Er war Christ und gehörte einer anderen Glaubensrichtung an als der Priester, Kbes vertrat eine dritte christliche Konfession. Allgemein gesprochen, sagte der Priester, gebe es in Hama kaum anti-christliche Gefühle, er erfahre allerdings auch wenig Achtung für sein Amt; gerade heute hätten ihn, auf seinem Weg durch die Stadt, muslimische Frauen von einem Hausdach aus mit Kieselsteinen beworfen und gerufen:»Du Hund von einem Christenpriester!« Kbes sprach über die Vorteile der Eisenbahn (die ich für ein bemerkenswert schlecht geleitetes Unternehmen halte) und sagte, Hama habe davon fraglos profitiert. Die Preise seien in den letzten beiden Jahren gestiegen, Fleisch, das sonst keinen Käufer gefunden hätte, werde nun nach Damaskus und Beirut geliefert, und er, der bei seiner Ankunft in Hama für einen Franc ein Schaf bekommen habe, müsse jetzt zehn bezahlen.

Der Saptieh, den mir der Muteserrif von Hama zur Verfügung stellte, erwies sich als der beste, den ich auf meinen Reisen je hatte. Hajj Mahmud, aus Hama gebürtig, war ein großer, breitschultriger Mann, der der Leibgarde des Sultans in Konstantinopel angehört und dreimal die Pilgerreise gemacht hatte, einmal als Pilger, zweimal als eskortierender Soldat. In den zehn Tagen, die er mit mir ritt, erzählte er mir mehr Geschichten, als in ein Buch passen, und zwar in einer schönen, bildhaften Sprache, die er meisterlich beherrschte. Er war schon mit einem deutschen Archäologen gereist und kannte die eigenartigen Vorlieben der Europäer im Hinblick auf Ruinen und Inschriften.

»In Qalaat al Mudiq sagte ich zu ihm: ›Wenn Ihr einen Stein sehen wollt, der mit einem Pferd und Reiter verziert ist, beim Lichte Gottes! Ich kann ihn Euch zeigen!‹ Das erstaunte ihn sehr, er belohnte mich mit Geld. Bei Gott und Mohammed, seinem Propheten! auch Ihr, werte Damen, sollt ihn betrachten!«

Mahmuds Angebot war bemerkenswerter, als es auf den ersten Blick den Anschein haben mag, denn es gehört zu den großen Schwierigkeiten bei der Suche nach Altertümern, dass Menschen an entlegenen Orten eine Statue selbst dann nicht als Statue erkennen, wenn sie direkt vor ihr stehen. Es überrascht nicht, dass sie eine Inschrift auf einem Stein nicht von natürlichen Rissen und Witterungsspuren unterscheiden können, aber es verblüfft schon, wenn man jemanden fragt, ob es Steine mit Darstellungen von Menschen oder Tieren gibt, und er dann antwortet: »Wallah! Wir wissen nicht, wie das Bild eines Menschen aussieht.« Selbst wenn man ihm ein Reliefteil mit gut ausgearbeiteten Figuren zeigt, wird er in aller Regel nicht verstehen, was diese Muster darstellen.

Mahmuds erinnerungswürdigster Reisegefährte war ein Japaner, der, wie ich später erfuhr, von seiner Regierung ausgesandt worden war, um die Baustile im Ostteil des Römischen Reiches zu studieren und darüber Bericht zu erstatten – mitten im Krieg hatten die Japaner Muße für solche Forschungsaufgaben! Dieser kleine Mann, dessen Landsleute den gefürchteten Russen den Sieg wegschnappten, schien Mahmuds Neugier sehr zu beschäftigen.

»Den ganzen Tag ritt er, und die ganze Nacht schrieb er in seine Bücher. Er aß nichts außer einem Stück Brot, und er trank Tee, und wenn er etwas zurückweisen wollte, sagte er (da er weder Arabisch noch Türkisch sprach) ›Noh! Noh!‹. Das ist Französisch«, schloss Mahmud.

Ich antwortete, das sei nicht Französisch, sondern Englisch, was Mahmud Stoff zum Nachdenken gab, denn dann fügte er hinzu:

»Vor dem Krieg hatten wir nie von ihnen gehört, aber im Angesicht der Wahrheit! die Engländer kannten sie!«

Kapitel X

Zwischen Hama und Qalaat Sheizar beschreibt der Orontes einen Halbkreis, wir folgten der Sehne des Bogens und ritten durch die gleiche eintönige, bewirtschaftete Ebene, die ich aus Masyaf kommend durchquert hatte. Überall sahen wir Dörfer mit bienenkorbartigen Lehmhütten. Man findet sie auf den Ebenen bis ganz nach Aleppo, aber Dörfer wie diese gibt es nirgends sonst, ausgenommen jene Hütten, die in Reiseberichten aus Zentralafrika abgebildet sind. Wenn ein Mann zu Wohlstand kommt, baut er an sein Wohnhaus einen Bienenkorb nach dem anderen an, schließlich stehen ein Dutzend oder mehr um einen Innenhof, in einigen von ihnen wohnt er mit seiner Familie, in anderen sind die Küche, der Vorratsspeicher oder sein Vieh untergebracht. In einiger Entfernung sahen wir ein Dorf namens Al Herdeh, Mahmud sagte, die Bewohner seien Christen und hätten einmal alle dem griechischen Glauben angehört. Sie lebten in Frieden und Wohlstand, bis ihnen das Unglück widerfuhr, von einem Missionar entdeckt zu werden, der Traktate verteilte und etwa sechzig Dörfler zur Church of England bekehrte. Seither gebe es in Al Herdeh nur noch Streit. Wir ritten nebeneinander und Mahmud erzählte mir Geschichten über die Ismailiten und die Nusairier. Über die Ismailiten sagte er, dass es zwar in jedem Haus eine Fotografie des Aga Khan gebe, sie in Wahrheit aber eine Frau anbeteten. Jedes Mädchen, das am 27. des Monats Radschab zur Welt komme, gelte als die Inkarnation des Göttlichen, sie trage den Namen Rozah. Rozah arbeitet nicht, ihre Haare und Nägel werden niemals geschnitten, selbst ihre Familie ehrt sie auf die ihr gebührende Weise, jeder Mann des Dorfes trägt, in seinen Turban gefaltet, ein Eckchen ihrer Kleidung oder eines ihr Haare. Sie darf nicht heiraten.

»Was aber«, fragte ich, »wenn sie heiraten möchte?«

»Das ist ausgeschlossen«, antwortete Mahmud. »Niemand würde sie heiraten, welcher Mann könnte Gott heiraten?«

Es ist bekannt, dass die Sekte über geheime Schriften verfügt, die bisher kein europäischer Forscher zu Gesicht bekommen hat. Mahmud hatte eine gesehen und gelesen; es sei eine Lobpreisung Rozahs gewesen, das jedes Detail von ihr hymnisch beschrieb. Er wusste zu berichten, dass die Ismailiten auch den Koran lesen, und erwähnte weitere Eigentümlichkeiten, die zu wiederholen ich aber, wie Herodot, unangemessen fände. Die dunklen Ursprünge der Glaubensrichtung liegen offenbar in der Astarte-Verehrung oder dem ältesten und fundamentalsten Kult, der allem zugrunde liegt: die Verehrung der Muttergöttin. Wenn ich es richtig verstanden habe, ist der Vorwurf der Unschicklichkeit, der gegen sie vorgebracht wird, ganz unberechtigt.[9]

Über die Nusairier wusste Mahmud viel zu erzählen, er hatte viele Jahre lang bei dieser Sekte die Kopfsteuer eintreiben müssen, daher waren ihm die Berge, die sie bevölkern, sehr vertraut. Sie sind Ungläubige, sagte er, die weder den Koran lesen noch den Namen Gottes kennen. Er erzählte eine eigenartige Geschichte, die ich wiedergeben möchte:

»Nun, verehrte Dame! Es trug sich in dem Winter zu, als ich Steuern eintrieb. Die Nusairier feiern im Kanun al Awwal (Dezember) ein großes Fest, es wird zur gleichen Zeit begangen wie das Fest der Christen (Weihnachten). Am Tag zuvor, als ich mit zwei Begleitern durch die Berge ritt, war so viel Schnee gefallen, dass wir nicht weiterkommen konnten, also suchten wir im ersten Dorf im Haus des Dorfscheichs Zuflucht. Denn jedes Dorf hat einen Dorfscheich, edle Dame, und einen Glaubensscheich, bei den Nusairiern gibt es Eingeweihte und Unwissende. Aber die Frauen kennen die Geheimnisse der Religion nicht, denn eine Frau kann – bei Gott! – kein Geheimnis bewahren. Der Scheich begrüßte uns

---

9 Im örtlichen Dialekt lautete der Plural von Ismaili Samawileh. Ich weiß nicht, ob das die literarische Form ist, aber es ist die, die ich immer gehört habe.

Kapitel X

gastfreundlich und brachte uns unter, doch als ich am nächsten Morgen aufwachte, war kein Mann im Haus, nur die Frauen. Ich rief aus: ›Bei Gott und dem Propheten Mohammed! Was ist das für eine Gastfreundschaft? und sind hier keine Männer, um den Kaffee zuzubereiten, nur Frauen?‹ Und die Frauen antworteten: ›Wir wissen nicht, was die Männer tun, sie sind zum Haus des Glaubensscheichs gegangen und dessen Haus dürfen wir nicht betreten.‹ Ich schlich mich also zu dem Haus, sah durch das Fenster, und bei Gott! in dem Zimmer saßen die Eingeweihten, in der Mitte der Glaubensscheich, vor ihm standen eine mit Wein gefüllte Schale und ein leerer Krug. Mit leiser Stimme stellte der Scheich dem Krug Fragen, und beim Lichte der Wahrheit! ich hörte, wie der Krug Antworten gab, die Stimme sagte: ›Bl. ... bl. ...‹ Das war Zauberei, verehrte Dame, ganz ohne Zweifel. Wie ich so hineinspähte, hob einer den Kopf und sah mich. Da rannten sie alle aus dem Haus, packten mich und wollten mich schlagen, aber ich rief: ›Scheich! Ich bin euer Gast!‹ Da trat der Glaubensscheich vor und hob die Hand, alle, die mich hielten, ließen sofort los. Dann fiel er mir zu Füßen, küsste meine Hände und den Saum meines Mantels und sagte: ›Edler Hajj! Ich gebe Euch zehn Mejides, wenn Ihr verschweigt, was Ihr gesehen habt.‹ Und beim Propheten Gottes (Friede sei mit ihm), bis heute habe ich es keinem erzählt.«

Nach einem vierstündigen Ritt kamen wir nach Qalaat Sheizar. Die Burg steht auf einem langen Felsrücken, der in der Mitte durch einen künstlichen Graben unterbrochen ist und jäh zum Orontes hin abfällt, der hier durch eine enge, tiefe Schlucht fließt. Die Grabenmauer, die den Hügel zwischen dem Durchstich und dem Fluss krönt, wirkt von unten betrachtet wahrlich grandios. Am Fuße des Berges liegt ein Dörfchen mit Bienenkorb-Hütten. Nach der großen Menge von Hausteinen zu urteilen, die dort verstreut liegen, muss die seleukidische Stadt Larissa auf den grasbewachsenen

Hängen im Norden gelegen haben. Ich schlug mein Lager am anderen Ende der Brücke auf, mitten in einem Aprikosenhain mit schneeweißen Blüten und summenden Bienen, die Wiese war von Anemonen und tiefroten Ranunkeln übersät. Die Burg gehört Scheich Ahmed Seijari, sie befindet sich seit drei Jahrhunderten im Familienbesitz. Er und seine Söhne bewohnen einige kleinere, moderne Häuser, die, aus alten Steinen erbaut, mitten in der Festung stehen. Ihm gehören beträchtliche Ländereien und etwa ein Drittel des Dorfes, die übrigen Zweidrittel gehören – zu ungleichen Teilen – den Killanis von Hama und den Smatiyyeh-Arabern, ein halbnomadischer Stamm, der im Winter feste Häuser bewohnt. Mustafa Barazi hatte mir ein Empfehlungsschreiben an Scheich Ahmed mitgegeben, und obwohl Mahmud meinte, dass ich ihn wegen eines lange währenden Streites zwischen der Seijari-Familie und den Smatiyyeh kaum in der Burg antreffen würde, gingen wir zum Tor und von da dann einen Weg hinauf, der, wie der Aufgang zu Qalʿat al-Husn, teilweise noch überwölbt war. Wir umrundeten Berge von Ruinen, bis wir endlich zu den modernen Häusern der Seijari-Scheiche kamen. Ich erkundigte mich nach Ahmeds Haus und wurde zu einer großen Holztür geschickt, die sehr streng verschlossen war. Ich klopfte und wartete, Mahmud klopfte lauter, wir warteten weiter. Schließlich öffnete sich über uns ein Fensterladen und eine sehr schöne Frau fragte, was wir wollten. Ich sagte, dass ich ein Schreiben von Mustafa für Ahmed habe und ihn zu sehen wünsche. Sie antwortete:

»Er ist nicht da.«

Ich sagte: »Ich würde gern seinen Sohn begrüßen.«

»Den könnt Ihr nicht treffen«, erwiderte sie. »Er ist in Hama im Gefängnis. Er ist des Mordes angeklagt.«

Damit schloss sie den Fensterladen und ließ mich mit der Frage allein, welche Regeln des guten Benehmens unter solch delikaten Umständen gelten mochten. Im gleichen Mo-

Kapitel X

ment wurde die Tür von einem Mädchen eine Handbreit geöffnet. Ich reichte ihr den Brief und meine auf Arabisch geschriebene Visitenkarte, murmelte einige Worte des Bedauerns und ging. Mahmud versuchte nun, mir die Sache zu erklären. Es war eine dieser langen Geschichten, wie man sie im Orient oft hört, ohne Anfang, ohne Ende, ohne den geringsten Hinweis darauf, welcher der Protagonisten im Recht sein könnte, aber einer stets mitschwingenden Andeutung, dass möglicherweise alle im Unrecht waren. Die Smatiyyeh hatten Vieh der Seijari gestohlen, woraufhin Ahmeds Söhne ins Dorf hinunter gegangen waren und dort zwei Araber getötet hatten; in der Burg hieß es, sie seien von ihnen angegriffen worden und hätten in Selbstverteidigung gehandelt. Die Regierung, die die partielle Unabhängigkeit der herrschenden Scheiche sowieso mit tiefem Argwohn verfolgte, sah die Gelegenheit gekommen, gegen die Seijari vorzugehen, ob sie nun schuldig waren oder nicht. Es kamen also Soldaten aus Hama, sie töteten einen von Ahmeds Söhnen und steckten zwei weitere ins Gefängnis, außerdem nahmen sie alles Vieh mit. Den verbleibenden Seijaris wurde befohlen, die Festung nicht zu verlassen, was sie allerdings auch nicht gekonnt hätten, denn vor den Toren lauerten Smatiyyeh, fest entschlossen, jeden zu töten, der die Mauern verlässt. Die Seijaris baten in Hama um Schutz, daraufhin wurde am Fluss eine zehnköpfige Wache postiert, es war allerdings unklar, ob sie das Leben der Scheiche schützen oder deren Gefangenschaft noch strenger beaufsichtigen sollte. Diese Vorfälle lagen bereits zwei Jahre zurück. Seither lebten die Seijaris in Hama und in ihrer eigenen Burg als Gefangene, ihre Äcker gingen zugrunde, weil sie deren Bewirtschaftung nicht überwachen konnten. Eine Verbesserung der Lage schien nicht in Sicht. Am späten Nachmittag erhielt ich die Nachricht, dass Ahmeds Bruder Abdul Kadir sich freuen würde, mich empfangen zu dürfen; er wäre gern selbst gekommen, um mich willkommen zu heißen, dürfe aber die Burg nicht verlassen. Ich ging, dieses Mal ohne Mahmud, hinauf und hörte die ganze Geschichte noch einmal, nun aus dem Blickwinkel des Scheichs. Das machte mich nicht klüger, es war in den entscheidenden Punkten eine völlig andere Geschichte als die, die Mahmud erzählt hatte.

Unbestritten (und vielleicht nicht so unwichtig, wie es scheinen mag) war nur, dass die Frauen der Seijaris von außerordentlicher Schönheit waren. Sie trugen dunkelblaue Beduinengewänder, der blaue Stoff, der den Kopf umhüllte, war mit schwerem Goldschmuck befestigt, die Schläfen-Ornamente erinnerten an den Mykene-Schatz. Ihre Gesellschaft erwies sich als außerordentlich angenehm, leider musste ich meinen Besuch wegen der unzähligen Flöhe, die die Gefangenschaft der Familie teilen, vorzeitig abbrechen. Zwei der jüngeren Frauen begleiteten mich durch die Ruinen der Zitadelle zum großen Außentor; als ich auf der Schwelle stand, blieben sie stehen und sahen mich an.

»Allah!«, sagte eine, »Sie gehen fort und reisen durch die ganze Welt, und wir waren noch nie in Hama!«

Als ich mich umdrehte, um ihnen zum Abschied zuzuwinken, sah ich sie im Tor stehen. Groß und aufrecht, voll anmutiger Geschmeidigkeit, in engen blauen Gewändern, den Goldschmuck auf der Stirn, folgten ihre Augen der Straße, die sie nicht betreten durften. Denn was immer mit den Scheichs geschehen mochte, eines ist sicher: Frauen, die so zauberhaft sind wie diese beiden, werden von ihren Herren auch weiterhin im Qalaat Sheizar gefangen gehalten. Am folgenden Tag ritten wir durch Ackerland nach Qalaat al Mudiq, es war eine kurze Etappe von weniger als vier Stunden. Am Weg lagen einige völlig verfallene Ruinenstädte, ich erinnere mich vor allem an eine namens Sheikh Hadid mit einer Anhöhe, die dem Aussehen nach eine Akropolis gewesen sein könnte. Aber ohne Mahmuds Geschichten wäre es eine unin-

Kapitel X

teressante Reise gewesen. Er plauderte über die Eigenheiten der vielen Völker, die das türkische Reich ausmachen. Die meisten hatte er selbst kennengelernt, als er zu den Tscherkessen kam, schien er meine Abneigung gegen sie zu teilen.

»Ach, werte Dame«, sagte er, »sie wissen nicht, wie man Freundlichkeiten erwidert. Der Vater verkauft seine Kinder, die Kinder würden ihren Vater töten, wenn er Gold am Gürtel trüge. Einmal ritt ich von Tripolis nach Homs. In der Nähe der Karawanserei, Ihr kennt den Ort, traf ich einen Tscherkessen, der allein ging. ›Friede mit Euch, warum geht Ihr zu Fuß?‹, fragte ich, denn ein Tscherkesse geht nie zu Fuß. Er sagte: ›Man hat mir mein Pferd gestohlen, und nun gehe ich voll Angst diese Straße entlang.‹ Ich sagte: ›Geht mit mir, dann kommt Ihr sicher nach Homs.‹ Aber ich ließ ihn vor meinem Pferd her gehen, denn er war mit einem Schwert bewaffnet, und wer weiß, was ein Tscherkesse tut, wenn man ihn nicht im Auge behält? Nach einiger Zeit sahen wir einen Greis, der auf dem Feld arbeitete, der Tscherkesse lief zu ihm hin, sprach mit ihm und zog dann sein Schwert, als wolle er ihn töten. Ich rief ihm zu: ›Was hat Euch der Alte getan?‹ Er antwortete: ›Bei Gott! Ich habe Hunger und ihm gesagt, dass er mir etwas zu essen geben soll. Aber er antwortet, ›Ich habe nichts‹. Darum töte ich ihn.‹ Da sagte ich: ›Lasst ihn. Ich gebe euch etwas zu Essen.‹ Und ich gab ihm die Hälfte von allem, was ich hatte, Brot, Kuchen und Orangen. Schließlich kamen wir an einen Fluss, ich hatte Durst, stieg von meinem Pferd, hielt es an den Zügeln und neigte mich zum Trinken. Wie ich aufblicke, sehe ich, dass der Tscherkesse auf der anderen Seite des Pferdes den Fuß im Steigbügel hat. Er wollte gerade aufsteigen und wegreiten! Bei Gott! Ich war ihm Vater und Mutter gewesen, also schlug ich mit dem Schwert nach ihm, so dass er zu Boden fiel. Ich fesselte ihn, brachte ihn nach Homs und übergab ihn der Regierung. So sind sie, die Tscherkessen, Gott verfluche sie!«

Ich fragte ihn nach der Mekka-Reise und den Entbehrungen, die die Pilger auf dem Weg ertragen.
»Beim Angesicht des Herrn! Sie leiden«, sagte er. »Zehn Tagesstrecken von Maan nach Meda'in Saleh, zehn von da nach Medina, zehn von Medina nach Mekka. Die letzten zehn sind die Schlimmsten, denn der Scherif von Mekka und die arabischen Stämme stecken zusammen, die Araber rauben die Pilger aus und teilen die Beute mit dem Scherif. Diese Etappen sind nicht zu vergleichen mit den Etappen, die die vornehmen Reisenden zurücklegen. Zwischen einer Wasserstelle und der nächsten können fünfzehn Stunden liegen, manchmal zwanzig, auf dem letzten Stück nach Mekka sind es sogar dreißig. Die Regierung bezahlt die Stämme dafür, dass sie die Pilger in Frieden vorüberziehen lassen, und sobald der Haddsch sich nähert, versammeln sie sich auf den Hügeln an der Straße und rufen dem Amirul Hadsch zu: ›Zahl uns unseren Tribut, Abd ur Rahman Pasha!‹ Dann gibt er jedem, was ihm zusteht, dem einen Geld, dem anderen eine Pfeife und Tabak, dem dritten Tuch und dem vierten einen Umhang. Aber am meisten leiden nicht die Pilger, sondern die Wachen, die an der Straße die Forts mit den Wassertanks schützen, jede Festung ist wie ein Gefängnis. Als ich einmal als militärische Eskorte mitritt, wurde mein Pferd krank, es lahmte so stark, dass ich in einer Festung zwischen Meda'in Saleh und Medina zurückgelassen wurde, bis der Zug wiederkam. Sechs Wochen, vielleicht länger, lebte ich mit dem Hüter des Forts. Wir sahen niemanden, aßen, schliefen in der Sonne, dann aßen wir wieder, schliefen wieder, ausreiten konnten wir nicht, denn wir hatten Angst vor den Howeitat und den Beni Atiyyeh, die gegeneinander Krieg führten. Dieser Mann lebte dort seit zehn Jahren und war nie weiter als eine Viertelstunde von der Festung entfernt gewesen, denn er bewachte die Vorräte, von denen sich der Haddsch bedient, wenn er hier vorbei kommt. Beim Propheten Gottes!«,

Kapitel X

sagte Mahmud mit einer weiten Geste von der Erde zum Himmel, »er hatte zehn Jahre lang nichts gesehen als die Wüste und Gott! Er hatte einen kleinen Sohn, der Junge war taub und stumm, aber sehen konnte er besser als jeder andere, der stand den ganzen Tag oben auf dem Turm und hielt Ausschau. Eines Tages kam er zu seinem Vater gelaufen und deutete mit den Händen, der Vater verstand, dass er am Horizont eine Räuberbande gesehen hatte. Also eilten wir ins Fort und verriegelten die Tore. Die Reiter kamen heran, es waren fünfhundert Beni Atiyyah, sie tränkten ihre Pferde und verlangten etwas zu essen. Wir wagten nicht, die Tore zu öffnen, darum warfen wir Brot hinunter. Noch während sie aßen, preschten die Plünderer der Howeitat über die Ebene. Da begann vor den Mauern des Forts ein Kampf, der bis zum Abendgebet dauerte, dann ritten die Lebenden davon und ließen die Toten zurück, dreißig an der Zahl. Wir blieben die ganze Nacht hinter verschlossenen Toren, bei Morgengrauen gingen wir hinunter und beerdigten die Toten. Aber immer noch besser, in einer Festung an der Haddsch-Straße zu leben« fuhr er fort, »als im Jemen Soldat zu sein. Da bekommen die Soldaten nämlich keinen Sold und zu wenig Proviant, um davon leben zu können, und die Sonne brennt heiß wie Feuer. Wenn im Jemen jemand im Schatten stünde und auf dem Boden vor sich eine Börse voller Gold in der Sonne läge, bei Gott! er würde nicht hingehen, um sie aufzuheben, denn die Sonne lodert wie das Höllenfeuer. Werte Dame, ist es wirklich wahr, dass die Soldaten in Ägypten Woche für Woche und Monat für Monat ihren Sold bekommen?«

Davon ginge ich aus, antwortete ich, denn so sei es in der englischen Armee üblich.

»Bei uns«, sagte Mahmud, »ist der Sold immer ein halbes Jahr überfällig, und oft bekommen wir für zwölf Monate nur den Sold für sechs. Wallah! Nie habe ich für ein Jahr mehr Sold bekommen als für acht Monate. Einmal«, fügte er hinzu, »war ich in Alexandria – Maschaallah, so eine schöne Stadt! die Häuser sind groß wie Königspaläste, und alle Straßen haben eine gepflasterte Seite, wo die Menschen gehen. Dort habe ich einen Droschkenkutscher gesehen, der eine Dame wegen des Fahrpreises verklagte, und der Richter sprach es ihm zu! Bei der Wahrheit! unsere Richter haben andere Sitten«, bemerkte Mahmud nachdenklich. Dann rief er, abrupt das Thema wechselnd: »Schaut nur! Da ist Abu Saad.«

Ich blickte hinüber und sah Abu Saad über ein gepflügtes Feld gehen, das weiße Gewand makellos rein, als wäre er nicht gerade ebenso weit und lange gereist wie Mahmud, die schwarzen Ärmel fielen ordentlich gefaltet an den Seiten hinunter. Ich beeilte mich, den Vater des guten Omens willkommen zu heißen, denn in Syrien ist der erste Storch wie die erste Schwalbe bei uns. Da ein Storch aber ebenso wenig einen Sommer macht wie eine Schwalbe, ritten wir an jenem Tag durch strömenden Regen nach Qalaat al Mudiq.

Qalaat al Mudiq ist das seleukidische Apamea. Es wurde von Seleukos Nikator gegründet, dem großen Städtebauer, auf den viele Städte zurückgehen: Seleukia in Pieria, Seleukia am Kalykadnos, Seleukia in Babylonien, und andere mehr. Apamea wurde von Erdbeben völlig zerstört, doch es sind noch immer genug Ruinen da, um seine antike Pracht zu bezeugen, das weite Rund seiner Stadtmauer, die vielen Tempel, die Größe seiner Säulenstraßen. Anhand der zerstörten Kolonnaden lässt sich der Verlauf der Hauptstraße von einem Tor zum anderen nachvollziehen, an der Kreuzung der beiden großen Straßen stehen noch die Steinfundamente von Statuen. Hier und da öffnet sich ein gewaltiger Portikus ins Leere, der Palast, zu dem er gehörte, wurde dem Erdboden gleich gemacht; ein bewaffneter Reiter schmückte eine Grabstele, die seine Verdienste pries. Die Christen bauten da weiter, wo die Seleukidenkönige aufgehört hatten. An der Säulenstraße stehen die Grundmauern einer großen Kirche

Kapitel X

mit rundem, säulenbestandenem Innenhof. Als ich im leichten Frühlingsregen durch hohes Gras und Blumen, vor allem Narzissen, streifte, übrigens zum Missvergnügen der grauen Eulen, die blinzelnd auf den Steinhaufen saßen, kam es mir vor, als seien die Geschichte und die Architektur dieser Stadt der Inbegriff der einzigartigen Verschmelzung von Griechenland und Asien, die auf Alexanders Eroberungen folgte. Ein griechischer König, dessen Hauptstadt am Tigris lag, gründete am Orontes eine Stadt und benannte sie nach seiner persischen Gattin. Welche Baumeister haben diese Säulen errichtet, die Apamea, wie alle griechisch-inspirierten Städte Syriens, mit Formen der Klassik schmücken, die zugleich den Geist orientalischer Üppigkeit atmen? Wer waren die Bürger, die zwischen diesen Mauern spazierten, eine Hand nach Athen, die andere nach Babylon gestreckt?

Von Qalaat al Mudiq ist nur die Zitadelle selbst bewohnt, sie steht auf dem Boden der seleukidische Akropolis, ein Hügel mit Blick über das Orontestal und das Nosairiyyeh-Gebirge. Sie zeugt von arabischer Handwerkskunst, auch wenn an der Erbauung viele Hände beteiligt waren, Bruchstücke griechischer und arabischer Inschriften sind willkürlich in die Mauern eingefügt. Im Süden der Zitadelle befindet sich ein stark zerstörtes klassisches Bauwerk, für das mir keine Erklärung bekannt ist. Es könnte das Prozenium des Theaters gewesen sein, denn dahinter steigt das Gelände in einem Halbrund an, das an Zuschauerränge erinnert. Schon geringfügige Grabungen würden zeigen, ob unter der Grasnarbe wirklich Reste von Zuschauerreihen sind. Im Tal stehen eine Moschee sowie eine schöne Karawanserei, beide ebenfalls halb verfallen. Der Scheich der Zitadelle servierte mir Kaffee und erzählte eine weitere Version der Seijari-Geschichte, die mit den beiden mir bereits bekannten völlig unvereinbar war. Ich gratulierte mir zu dem bereits gefassten Entschluss, die Lösung dieses verzwickten Problems anderen zu überlassen. Vom Zitadellenhügel aus betrachtet, schien das Orontestal völlig unter Wasser zu stehen. Das, sagte der Scheich, sei der Asi-Sumpf, der im Sommer völlig austrockne. Dann waren die Inseldörfer (als die ich sie jetzt sah) wieder Teil der Ebene. Nun ja, selbstverständlich sei das Leben dort sehr ungesund. Die Dörfer wurden sommers wie winters von Fiebern heimgesucht, die meisten Einwohner starben jung – aber wir gehören Gott, zu Ihm kehren wir zurück! Im Winter und im Frühling waren diese kurzlebigen Menschen Fischer, sobald der Sumpf austrocknete, betrieben sie eine ihnen sehr eigene Art der Landwirtschaft. Sie mähten das Schilf, säten Mais darauf und brannten die Fläche dann ab. Aus dieser Asche stieg der Mais und wuchs – eine phönixgleiche Methode des Ackerbaus.

In Apamea ging der Vorrat an wunderbaren Kuchen zu Ende, die ich in Damaskus gekauft hatte. Das war schwer zu ertragen, denn gerade jetzt war unsere Speisekarte sehr eintönig. Die reizloseste Mahlzeit war das Mittagessen, hart gekochte Eier und kalter Braten sind nicht verlockend, wenn man ein oder zwei Monate lang kaum etwas anderes zu essen bekommen hat. Nach und nach lehrte ich Mikhail, unseren Speiseplan mit dem zu bereichern, was das Land bot, Oliven und Schafskäse, gesalzene Pistazien, kandierte Aprikosen und ein halbes Dutzend weitere Köstlichkeiten, darunter eben auch die Kuchen aus Damaskus. Der einheimische Koch meint, dass Europäer es unter ihrer Würde finden, dergleichen zu essen, denn er ist es gewohnt, Scharen von Cook's-Touristen Sardinen und Dosenfleisch vorzusetzen. Also muss man mit ihm durch die Basare gehen und ihm zeigen, was er kaufen soll, sonst kann es passieren, dass man durch die üppigsten Landstriche reist und bei kaltem Hammelfleisch verhungert.

XI

Von Apamea nach Aleppo

An die Etappe des nächsten Tages erinnere ich mich vor allem wegen einer kleinen Sache, kein Abenteuer, eher ein Zwischenfall, ein Missgeschick. Nicht weniger anstrengend als ein echtes Abenteuer (und wie anstrengend die sein können, weiß nur, wer schon welche erlebt hat), aber es fehlte das Prickeln möglicher Gefahr, das eine Geschichte am Lagerfeuer erst erzählenswert macht.

Um acht Uhr brachen wir bei strömendem Regen von Qalaat al Mudiq in Richtung Norden auf, wir wollten in den Djebel Zawiye, eine niedrige Bergkette zwischen dem Orontestal und der weiten Aleppo-Ebene. Auf dem Weg lagen einige Ruinenstädte, die meisten aus dem fünften und sechsten Jahrhundert. Alle wurden von de Vogüé und Butler detailliert beschrieben, einige sind inzwischen von syrischen Fellachen bewohnt. Als wir eine leichte Anhöhe hinauf ritten, hörte es auf zu regnen, die rote Erde rundum war bewirtschaftetes Ackerland, die Dörfer lagen in grünen Olivenhainen. Dieses weite und karge Land hatte eine eigene Schönheit, zu der auch die vielen Toten Städte beitragen, die über das ganze Gebiet verstreut liegen. Die ersten Ruinen waren kaum mehr als Steinhaufen, aber Kefr Anbil hatte einige gut erhaltene Häuser, eine Kirche, einen Turm sowie eine weitläufige Nekropolis mit einem unterirdischen, in den Felsen gehauenen Grabraum. Hier änderte sich die Landschaft, das fruchtbare Land schrumpfte zu winzig kleinen Flecken, die rote Erde wich karstigem Fels, aus dem die vielen grauen Ruinen wie gewaltige Felsblöcke ragten. Die verfallenen Städte bezeugen, dass hier einmal eine sehr große Bevölkerung gelebt hat, daher muss das Land damals landwirtschaftlich stärker genutzt gewesen sein. Aber zahllose Winterregen haben die angelegten Terrassen zerstört und die Erde ins Tal gespült; die ehemaligen Bewohner könnten heute keine Ernten mehr erzielen, die sie ernähren würden. Nordöstlich von Kefr Anbil tauchten hinter einem Felsenlabyrinth die Mauern der wunderbaren Stadt Khirbet Hass auf, die ich unbedingt besuchen wollte. Also schickte ich die Maultiere direkt nach Bara, unserem Lagerplatz für die Nacht, engagierte einen Dörfler, der uns den Weg durch die Steinwüste zeigen sollte, und brach mit Mikhail und Mahmud auf. Der Pfad führte durch Felsen, er war nicht mehr als ein schmaler, mit zahllosen Steinen übersäter Grasstreifen. Die Nachmittagssonne brannte, ich stieg ab, zog meinen Mantel aus, band ihn (wie ich meinte) fest an meinen Sattel, dann ging es zwischen Gras und Blumen weiter. Hier begann das Missgeschick. Khirbet Hass ist, einige schwarze Zelte ausgenommen, völlig verlassen. Die Marktstraßen waren leer, die Mauern der Geschäfte eingestürzt, die Kirche schon lange von den Gläubigen verlassen, die wunderbaren Gebäude lagen ebenso still wie die Gräber. Niemand pflegte die umzäunten Gärten, niemand zog aus den tiefen Zisternen Wasser herauf. Es war zauberhaft und rätselhaft, ich streifte umher, bis die Sonne tief am Himmel stand und ein kalter Wind aufkam, der mich an meinen Mantel erinnerte. Doch als ich zu den Pferden zurückkam, war er von meinem Sattel verschwunden. Nun wachsen Tweedmäntel in Nordsyrien nicht auf Bäumen, es stand außer Frage, dass wir zumindest versuchen sollten, ihn zurück zu bekommen. Mahmud ritt fast bis nach Kefr Anbil und kehrte nach anderthalb Stunden mit leeren Händen zu-

Kapitel XI

rück. Es würde bald dunkel werden, wir hatten einen einstündigen Ritt durch sehr unwegsames Gelände vor uns, zu allem Überfluss zog im Osten ein dunkles Gewitter auf. Mikhail, Mahmud und ich ritten sofort los und tappten auf einem Pfad vorwärts, der kaum noch auszumachen war. Es war großes Pech, dass in dem Moment, als die Dämmerung einsetzte, das Gewitter über uns hereinbrach, es wurde pechschwarze Nacht, und da uns der Regen ins Gesicht peitschte, verfehlten wir die Abzweigung nach Medea. In diesem Moment glaubte Mikhail, einen Hund bellen zu hören, also wandten wir unsere Pferde in die Richtung, aus der seiner Meinung nach das Bellen kam. Das war Teil zwei des Missgeschicks. Zumindest ich hätte daran denken müssen, dass Mikhail immer und unter allen Umständen ein unsäglich schlechter Führer war; er verfehlte einen Ort selbst dann, wenn er wusste, in welcher Richtung er lag. Wir stolperten weiter, bis am Himmel ein bleicher Mond auftauchte und wir sehen konnten, dass unser Weg nirgendwohin führte. Als wir uns dessen sicher waren, feuerten wir einige Pistolenschüsse ab, falls das Dorf in der Nähe war, würden die Maultiertreiber uns hören und reagieren. Das geschah nicht, also kehrten wir an die Stelle zurück, wo uns der Regen blind gemacht hatte, nur um erneut durch ein vermeintliches Bellen in die Irre geführt zu werden. Wir begannen die wilde Hundejagd von vorn, ritten dieses Mal aber noch etwas weiter. Der Himmel allein weiß, wo wir letztlich gelandet wären, wenn ich nicht am verschleierten Mond hätte zeigen können, dass wir direkt nach Süden ritten, während Bara im Norden lag. Niedergeschlagen kehrten wir um. Wenig später stiegen wir ab und setzten uns auf eine Mauerruine, zum einen wollten wir besprechen, ob es ratsam sei, die Nacht in einer leeren Grabkammer zuzubringen, zum anderen wollten wir Brot und Käse aus Mahmuds Satteltaschen essen. Die hungrigen Pferde kamen herüber und stupsten uns an, ich gab meinem die Hälfte meiner Brotration, schließlich leistete es mehr als die Hälfte der Arbeit. Mit dem Essen kehrte unser Unternehmungsgeist zurück; wir brachen auf und waren im Nu an der ursprünglichen Abzweigung. Dort nahmen wir einen dritten Weg, der uns binnen fünf Minuten in das Dorf Bara brachte, das wir seit drei Stunden umrundeten. Die Maultiertreiber schliefen in ihren Zelten; wir weckten sie etwas grob und fragten, ob sie nicht unsere Schüsse gehört hätten. O ja, antworteten sie freudig, sie hätten aber nicht weiter darauf geachtet, weil sie glaubten, dass ein Räuber die Sturmnacht nutze, um jemanden zu töten.

Das also ist die Geschichte des Missgeschicks; sie gereicht keinem der Beteiligten zur Ehre, ich erröte, wenn ich sie erzähle. Sie hat mich aber gelehrt, nicht an der Ehrlichkeit von Reisenden zu zweifeln, die von ähnlichen Vorfällen berichten. Jetzt habe ich allen Grund, solchen Berichten zu glauben.

Bara mag bei Nacht unerträglich sein, bei Tag ist es unsagbar schön, wie ein Wunder. Es gleicht den Traumstädten, die Kinder abends vor dem Einschlafen im Bett bauen, wenn sie an die leuchtenden Straßen ihrer Fantasie einen Palast neben den anderen setzen. Es gibt keine Worte, die dem Zauber dieses Ortes oder der Magie des syrischen Frühlings gerecht würden. Man geht mit Generationen von Toten die Straßen entlang und sieht sie über Balkone huschen, sie schauen aus Fenstern, die von weißer Klematis umkränzt sind, wandeln hinter Mauern in Gärten, die immer noch von Iris, Hyazinthen und Anemonen übersät sind, wo immer noch Olivenbäume und Weinstöcke wachsen. Doch in den Chroniken sucht man diese Menschen vergebens; sie nahmen keinen Einfluss auf die Geschichte, es genügte ihnen, in Frieden zu leben, bemerkenswerte Häuser zu bauen, in denen sie wohnen, und schöne Grabmale, in denen sie nach ihrem Tod ruhen konnten. Hunderte von Kirchenruinen bezeugen ebenso wie die Kreuze über den Türen und Fenstern ihrer Häu-

Kapitel XI

ser, dass sie Christen wurden; die Ausschmückungen beweisen, dass sie Künstler waren; ihre geräumigen Wohnhäuser, Sommerhäuser, Ställe und Nebengebäude zeugen von ihrem Wohlstand. Von den Griechen entlehnten sie alles, was sie an Kultiviertheit und Künsten brauchten, und verschmolzen es mit jener orientalischen Pracht, der sich die Fantasien des Westens nie entziehen konnten. Sie lebten in einer Annehmlichkeit und einer Sicherheit, die wenigen ihrer Zeitgenossen vergönnt waren. Dann kam die muslimische Invasion und löschte sie aus.

Ich blieb zwei Tage in Bara und besuchte auch fünf oder sechs Dörfer in der Umgebung, meine Führer waren der Scheich von Bara und seine Söhne. Er war ein lebhafter alter Mann namens Yunis; er hatte alle berühmten Archäologen seiner Zeit geführt, erinnerte sich an sie und erwähnte sie mit ihrem Namen; nun ja, eher mit *seinen* Namen, denn sie waren von den ursprünglichen weit entfernt. Ich erkannte de Vogüé und Waddington, ein dritter, ganz und gar unverständlich, könnte Sachau gewesen sein. Wir kamen nach Serjilla, eine Stadt mit einer Atmosphäre nüchterner und solider Ehrbarkeit, die ihresgleichen sucht, inzwischen allerdings ohne Dächer und menschenleer ist. Dort schenkte der Scheich mir einen Palast und eine angrenzende Grabstätte, damit ich in seiner Nachbarschaft leben und sterben könne, und als ich aufbrach, begleitete er mich bis Deir Sanbil, damit ich mich nicht verirrte.

Er war an diesem Tag wegen eines Vorfalls in einem nahen Dorf sehr aufgebracht. Zwei Männer aus einem Nachbardorf hatten einen Mann überfallen und bestohlen. Ein Nachbar war dem Unglücklichen zur Hilfe geeilt, gemeinsam konnten sie den Angriff abwehren, aber der Freund verlor bei dem Kampf sein Leben. Daraufhin hatten dessen Verwandte das Dorf der Räuber überfallen und das gesamte Vieh mitgenommen. Mahmud war der Meinung, dass sie das Gesetz nicht selbst in die Hand hätten nehmen dürfen.

»Bei Gott!«, sagte er. »Sie hätten den Fall der Regierung vorlegen sollen.«

Aber Yunis antwortete mit zwingender Logik:

»Was für einen Sinn hätte es gehabt, das der Regierung vorzulegen? Sie wollten ihr Recht.«

Im Laufe der Unterhaltung fragte ich Yunis, ob er jemals in Aleppo gewesen sei.

»Bei Gott!«, sagte er. »Aber sicher. Dort sitze ich dann im Basar und sehe die Konsuln vorübergehen, vor jedem geht ein Mann in einem Mantel her, der seine zweihundert Piaster wert ist, und die Damen habe so etwas wie Blumen auf dem Kopf.« (Moderne europäische Hüte, vermute ich). »Ich fahre immer nach Aleppo, wenn meine Söhne dort im Gefängnis sind«, erläuterte er. »Manchmal hat der Wächter ein weiches Herz, und ich bekomme sie mit ein bisschen Geld frei.«

Dies schien mir ein heikles Thema zu sein, daher lenkte ich mit der Frage ab, wie viele Söhne er habe.

»Acht, Gott sei gepriesen! Jede meiner Ehefrauen hat mir vier Söhne und zwei Töchter geschenkt.«

»Gott sei gepriesen«, sagte ich.

»Möge Gott Euch ein langes Leben schenken«, sagte Yunis. Und fügte hinzu: »Meine zweite Ehefrau hat mich viel Geld gekostet.«

»Ach ja?«, sagte ich.

»Bei Gott, so war es, verehrte Dame! Ich nahm sie von ihrem Ehemann, und dann, bei Gott (Sein Name sei gepriesen und gelobt!), musste ich ihm zweitausend Piaster bezahlen und dem Richter dreitausend.«

Das war mehr, als das Ehrgefühl des Haddsch Mahmud ertragen konnte.

»Ihr habt sie ihrem Ehemann genommen?«, sagte er. »Wallah! das war die Tat eines Nusairiers oder Ismailiten. Stiehlt ein Moslem die Frau eines anderen? Das ist verboten.«

Kapitel XI

»Er war mein Feind«, sagte Yunis. »Bei Gott und dem Propheten, zwischen uns herrscht Todfeindschaft.«

»Hatte sie Kinder?«, fragte Mahmud.

»Eh, wallah!«, bestätigte Yunis, etwas verstimmt wegen Mahmuds Missbilligung, »Aber ich gab dem Ehemann zweitausend und dem Richter dreitausend ...«

»Beim Angesichts Gottes«, rief Mahmud noch zorniger. »Das war die Tat eines Ungläubigen.«

Ich beendete die Diskussion über die Feinheiten des Falles mit der Frage, ob es der Frau denn gefallen habe, gestohlen zu werden.

»Ohne Zweifel«, sagte Yunis. »Es war ihr Wunsch.«

Daraus können wir wohl schließen, dass es hierbei weniger um Moralfragen ging, auch wenn er Ehemann und Richter so üppig entschädigt hatte.

Diese Geschichte leitet zu dem Thema über, was denn gewöhnlich für eine Ehefrau bezahlt wurde.

»Bei Leuten wie uns«, sagte Yunis mit dem unbeschreiblichen Gestus gesellschaftlicher Überlegenheit, »kostet ein Mädchen nicht weniger als viertausend Piaster, aber ein Armer, der kein Geld hat, gibt dem Vater eine Kuh oder ein paar Ziegen, damit ist er zufrieden.«

Nachdem wir uns getrennt hatten, ritt ich weiter über Ruweiha, wo ich die berühmte Kirche neben dem Kuppelgrab des Bizzos sehen wollte. Sie ist mit ihrem prächtigen Narthex, den aufwendig verzierten Türbögen, den weiten Bögen und Arkaden des Mittelschiffes die schönste Kirche im Djebel Zawiye. Als der Baumeister es wagte, zwischen den Pfeilern so außerordentlich weite Bögen zu spannen, hatte er großes Vertrauen in die Beherrschung seines Materials. Völlig zu Recht, denn einer der Rundbögen steht immer noch. Der kleine Grabtempel des Bizzo ist noch fast so intakt wie bei seiner Erbauung. Die Inschrift über der Tür ist Griechisch, sie lautet: »Bizzos Sohn des Pardos. Ich habe gut gelebt. Ich bin gut gestorben. Nun ruhe ich gut. Betet für mich.« Am bemerkenswertesten an der ganzen nordsyrischen Architektur sind klassische Motive, die in den Friesen anklingen, aber von fast gotischer Freiheit sind, und das klassische Gebälk, das so viele Kirchenfenster und Architrave ziert. Ursprünglich bestanden syrische Dekorationen lediglich aus aneinandergereihten Kreisen oder Kränzen, die mit Wirteln oder dem Christusmonogramm gefüllt waren. Als das Können der Bildhauer wuchs, verbanden sie die Kreise zu einer Fülle eleganter, hervorragend gearbeiteter Formen, sie meißelten Akanthus, Palme, Lorbeer, legten sie als fließende Musterbänder um Kirchen und Gräber. Ihre Fantasie kannte keine Grenzen. Das Gras unter ihren Füßen und die Blätter über ihren Köpfen inspirierten sie zu einer Fülle dekorativer Entwürfe, wie sie zwölfhundert Jahre später auch William Morris inspirieren sollten.

Es gibt eine weitere Kirche in Ruweiha, die fast so gut erhalten wie die Bizzos-Kirche, in ihrer Anlage aber weniger prächtig. Bemerkenswert an ihr ist ein Bauwerk nahe der Südmauer, das man als Glockenturm, Grab, Kanzel oder aber gar nicht gedeutet hat. Es hat zwei Geschosse, das untere besteht aus sechs Säulen, die eine Plattform tragen, auf deren niedrigen Mauern ruhen vier Eckpfeiler, die ihrerseits eine Kuppel oder einen Baldachin tragen. Die Ähnlichkeit mit einigen norditalienischen Grabmalen, wie beispielsweise das Grab des Rolandino in Bologna, ist so augenfällig, dass der Betrachter dem eleganten Bauwerk in Ruweiha unwillkürlich den gleichen Verwendungszweck zuschreibt.

Am Abend schlugen wir unser Lager in Dana auf. Dort steht ein Pyramidengrab mit einem Portal aus vier korinthischen Säulen, das im Hinblick auf seine Ausführung und seine ausgewogenen Proportionen nicht perfekter sein könnte. An der Straße von Ruweiha hierher sahen wir eine Landvilla, die mir für die Wohnhausarchitektur des sechsten Jahr-

Kapitel XI

hunderts typisch schien. Sie stand völlig frei in der Hügellandschaft, ein oder gar zwei Meilen vom nächsten Dorf entfernt, hatte gen Westen offene Veranden und gen Norden ein sehr schönes Giebelportal, wie man es auch an englischen Landhäusern unserer Tage findet. Man sah förmlich vor sich, wie der Bewohner im sechsten Jahrhundert auf einer Steinbank saß und nach seinen Freunden Ausschau hielt; Feinde fürchtete er offenbar nicht, sonst hätte er sein Haus nicht so weit draußen auf dem Land gebaut und es mit nichts als einem Gartenzaun geschützt.

In Qasr al-Banat, das die Syrer *Mädchenschloss* nennen, beeindruckte mich mehr als an allen anderen Orten das hohe Maß an sozialer Ordnung, die im Djebel Zawiye erreicht worden war. Offenkundig herrschten hier Sicherheit und Wohlstand, man hatte überdies die Muße, den Künsten nachzugehen. Beim Weiterreiten dachte ich darüber nach, ob die Zivilisation wirklich, wie wir in Europa glauben, eine unaufhaltsam vorwärts drängende Kraft ist, die alle mitreißt, die es verstehen, ihren Fortschritt für sich zu nutzen. Oder ob sie nicht doch, wie die Gezeiten, ewig steigt und fällt, und bei diesem Kommen und Gehen, wie die Flut am Strand, immer nur einen, den immer gleichen Endpunkt erreicht.

Am späteren Abend kam einer von Scheich Yunis' Söhnen zu uns geritten, er wollte wissen, ob sein Vater noch bei uns sei. Offenbar war der unternehmungslustige alte Herr, nachdem er uns verlassen hatte, nicht in den Schoß seiner besorgten Familie zurückgekehrt. Ich habe den Verdacht, dass sein freundliches Angebot, uns den richtigen Weg zu zeigen, zu einem sorgfältig ausgeheckten Plan gehörte, wie er selbst in den Nachbarschaftsstreit eingreifen könnte, der ihn am Morgen so sehr beschäftigt hatte. Jedenfalls hatte er sich davongemacht, kaum dass wir außer Sichtweite waren, vermutlich, um sich schnellstmöglich in die Streitigkeiten einzumischen. Ich habe nie erfahren, was mit ihm passiert ist, auf eines aber würde ich wetten: Sollte im Dorf El Mughara jemand ins Gras gebissen haben, war es nicht Scheich Yunis.

Von Aleppo trennten uns drei ereignislose Tage. Wir hätten die Strecke in zwei Tagen schaffen können, aber ich entschied mich für eine östlichere Route, weil ich die sattsam bekannte Fahrstraße meiden und stattdessen Landstriche durchqueren wollte, die vielleicht nicht interessanter, aber wenigstens neu waren. Ein fünfstündiger Ritt von Dana über eine weite Hügellandschaft brachte uns nach Tarutin. Auf dem Weg lagen mehrere antike Stätten, die nur noch Ruinen waren, dennoch wohnten dort halb-sesshafte Araber der Mulawi-Stämme. Überall am Westrand der Wüste gehen Beduinen daran, Land zu bewirtschaften, was sie zwingt, sich in der Nähe ihrer Felder anzusiedeln. Der Scheich von Tarutin sagte: »Wir werden Fellachen.« In einer fernen Zukunft wird alles Land dieser Erde gepflügt und bestellt sein, dann wird es in Arabien keine Nomaden mehr geben. Anfangs lebten die frisch gebackenen Bauern noch in ihren Zelten. Die sind jetzt aber auf Dauer aufgeschlagen, Abfall und Schmutz häufen sich an, solche Ansiedlungen sind für alle Sinne schwer erträglich. Die wenigen Familien in Tarutin hatten die Sitten der Wüste aber noch nicht vergessen. Sie waren ausgesprochen angenehme Menschen, selbst wenn das gerade Gesagte auch auf ihr Zeltdorf zutraf.

Ich war noch keine Stunde in meinem Zelt, als unter meinen Männern große Aufregung ausbrach. Mikhail kam zu mir gelaufen und rief: »Die Amerikaner! Die Amerikaner!« Es handelte sich also nicht um Banditen, sondern um die Archäologische Expedition Princeton. Die Gruppe kam ebenfalls aus Damaskus, allerdings über eine andere Route als wir, und wollte in den Djebel Zawiye. Alle in meinem Lager freuten sich über diesen glücklichen Zufall, jeder traf Bekannte, ob unter den Forschern oder den Maultiertreibern, und konnte Gespräche führen, wie Menschen es tun, die sich

Kapitel XI

zufällig auf einer leeren Straße begegnen. Mein Tag in Tarutin bescherte mir zudem eine bewundernswerte Anschauung in praktischer Archäologie. Als die Mitglieder der Expedition die Ruinen vermaßen und die Inschriften entzifferten, stieg die Stadt des fünften Jahrhunderts aus der Asche und zeigte sich uns – Kirchen, Häuser, Forts, Felsengräber, an deren Eingang die Namen und Lebensdaten der Beigesetzten eingemeißelt waren.

Am folgenden Tag stand uns ein zehnstündiger Marsch bevor. Wir ritten nach Norden, passierten zwei kleine Lehmdörfer, Helban und Mughara Merzeh, letzteres mit einer Kirchenruine und Felsengräbern von sehr schlichter Machart. (Diese Orte sind auf der Kiepertschen Karte nicht verzeichnet.) Dann wandten wir uns nach Osten, in Tulul standen wir am Rand einer riesigen überschwemmten Fläche, die sich vom Sumpf El Match, wo der Bach Kuweik mündet, mindestens zwölf Meilen weit nach Süden erstreckte. In Tulul trauerten einige Araberinnen an einem frischen Grab. Sie weinen nach der Beerdigung des Toten drei Tage lang an seinem Grab; nur in Mekka und Medina, sagte Mahmud, werden Dahingeschiedene nicht betrauert. Verlässt dort der Atem den Körper, stoßen die Frauen drei Schreie aus, dann weiß die Welt, dass die Seele entfleucht ist; darüber hinaus gibt es kein Wehklagen, keine Träne darf das Gesicht des Verstorbenen berühren. Der Herr hat's gegeben, der Herr hat's genommen.

Wir ritten also am Rand des höher gelegenen Geländes nach Süden, zu einem kleinen Hügel namens Tell Selma. Dort wandten wir uns nach Osten und umrundeten die Überschwemmung bis zu dem großen Dorf Moyemat, es bestand teils aus Zelten, teils aus den erwähnten Bienenkorbhütten. Hier war Lehm das einzige Baumaterial; nachdem wir den felsigen Grund verlassen hatten, auf dem Tarutin steht, sahen wir keinen einzigen Stein mehr; keinen Stein, keinen Baum, nichts als endlose Getreidefelder, zwischen dem jungen Weizen blühten die ersten roten Tulpen. Der Boden unter den Hufen der Pferde war weich, dennoch kamen wir nur mühsam voran. Es würde das Reisen sehr erleichtern, wenn es auf Syriens Fels etwas mehr Erde und in der Ebene etwas mehr Steine gäbe. Er, dem keiner gleicht, hat es allerdings anders gewollt. Von Moyemat ritten wir nordöstlich bis nach Hober, ein Dorf an einem Ausläufer des Djebel el Hass; an sich wollten wir hier unser Lager aufschlagen. Wir konnten aber weder Hafer noch Gerste, nicht einmal eine Handvoll Häcksel bekommen, darum zogen wir weiter nach Kefr Abid, das auf der Karte verzeichnet ist, und schlugen dort um sechs Uhr die Zelte auf. Die Dörfer, die Kiepert nicht kennt, könnten neuere Gründungen sein. Sie sind außerordentlich zahlreich, bei Hober habe ich im Umkreis von ein oder zwei Meilen fünf gezählt, die meisten noch halbe Zeltlager. Die dort wohnenden Araber halten an der Nomaden-Sitte der Fehde fest. Jedes Dorf hat Verbündete und Blutsfeinde, die politischen Beziehungen zwischen ihnen sind ebenso labil wie in der Wüste. Mein Journaleintrag für diesen Tag endet mit: »Immergrün, weiße Iris, die wir in Bara in Blau sahen, rote und weiße Ranunkeln, Störche, Lerchen.« Nichts anderes durchbrach die Monotonie des langen Rittes.

Etwa eine halbe Stunde nördlich von Kefr Abid gab es in einem kleinen Bienenkorbdorf ein makellos erhaltenes Mosaik mit geometrischen Mustern. Überall in diesem Dorf fanden sich weiterer Mosaikfragmente, manche in Häusern, andere in Höfen, die ganze Gegend müsste sorgfältig erforscht werden, denn die neuen Siedler graben die Erde auf und zerstören, was immer sie finden. Gegen Mittag erreichten wir Aleppo, der Weg führte an einem offenen Abwasserkanal entlang. Ich weiß nicht, ob es an den üblen Gerüchen, der tiefhängenden Wolkendecke und der vom Wind sandgeschwängerten Luft lag, jedenfalls war der erste Eindruck von Aleppo enttäuschend. Zu diesem Namen in seiner charman-

KAPITEL XI

ten, europäisierten Form sollte eine reizvollere Stadt gehören, und reizvoll ist Aleppo keinesfalls. Es liegt am Eingang zur großen mesopotamischen Ebene, und das ist eine unfruchtbare, baumlose, gestaltlose Welt. Die Lage der Stadt erinnert an eine Tasse mit Untertasse, die Häuser stehen auf der Untertasse, die Zitadelle oben auf der umgedrehten Tasse. Dessen Minarett ist aus mehreren Wegstunden Entfernung sichtbar, die Stadt hingegen zeigt sich erst auf der letzten Meile. Ich blieb zwei Tage, in denen es unaufhörlich regnete, daher kenne ich Aleppo nicht. Eine orientalische Stadt lässt keinen in den Kreis der Eingeweihten ein, der nicht Monate in ihren Mauern verbracht hat, und auch das nur, wenn er sich um einen guten Eindruck bemüht. Ich verließ Aleppo aber durchaus mit dem vagen Gefühl, dass es dort mehr zu wissen gäbe. Sie war einmal eine fantastische arabische Stadt; der Gang durch die engen Straßen führt zu Minaretten und Toren, die in der schönsten Periode arabischer Architektur entstanden sind; auch einige Moscheen, Badehäuser und Karawansereien (insbesondere die halb verfallenen und die geschlossenen) sind im gleichen Stil erbaut. In ganz Syrien findet sich kein besseres Beispiel für die arabische Handwerkskunst des zwölften Jahrhunderts als die Zitadelle, mit schmiedeeisernen Toren aus jener Zeit – sie sind datiert – und wunderbaren Schmuckelementen. Es muss in Aleppo immer noch eine Vitalität geben, die diesen Zeugnissen ehemaliger Größe entspricht, aber es herrschen schlechte Zeiten. Die Stadt wird von den Eifersüchteleien europäischer Konzessionsjäger erstickt und leidet zudem stärker als die meisten Städte unter dem Würgegriff der osmanischen Regierung. Sie stirbt langsam, weil sie keinen direkten Zugang zum Meer hat, und weder die französische noch die deutsche Einbahnlinie werden diesen Mangel beheben. Die beiden Gesellschaften waren bislang vor allem damit befasst, sich gegenseitig zu behindern. Die ursprüngliche Konzession für die

Bahnlinie Rayak-Hama reicht bis Aleppo und im Norden bis Birijik – mir wurde erzählt, man habe die Fahrkarten nach Birijik gedruckt, als in Rayak die ersten Schienen gelegt wurden. Dann kamen die Deutschen mit dem großen Plan einer Eisenbahn bis Bagdad. Sie sicherten sich die Konzession für die Seitenlinie von Killiz nach Aleppo, und taten ihr Möglichstes, Frankreich an der Fortführung der Linie über Hama hinaus zu hindern. Die Begründung lautete, dass die französische Eisenbahn den Wert der deutschen Konzession mindere. Meine Informationen stammen, wie man sich unschwer denken kann, nicht aus der Kaiserlichen Kanzlei, sondern aus einer Quelle in Aleppo selbst. Nach meiner Abreise haben die Franzosen ihre unterbrochenen Arbeiten an der Rayak-Hama Linie wieder aufgenommen, nun soll sie aber, soweit ich weiß, nicht bis Birijik gehen, sondern nur bis Aleppo.[10] Der Stadt wird das nicht nützen. Die Kaufleute von Aleppo wollen ihre Waren nicht auf eine dreitägige Reise nach Beirut schicken; sie möchten einen eigenen, bequem erreichbaren Seehafen, der es ihnen erlaubt, die Profite aus dem Handel selbst einzustecken, und dieser Hafen soll Alexandretta sein. Auch die Bagdad-Bahn bietet, falls sie weitergebaut wird, keinerlei Aussicht auf Vorteil. Dank einer bereits existierenden Nebenlinie (die von englischen und französischen Kapitalgebern erbaut wurde, aber jüngst unter deutsche Verwaltung kam) wird die Eisenbahn bei Mersina das Meer erreichen, aber Mersina ist von Aleppo genauso weit entfernt wie Beirut. Aber dass die Bahn direkt von Aleppo nach Alexandretta gebaut wird, ist äußerst unwahrscheinlich. Der Sultan will die binnenländischen Karawanenwege keinesfalls mit der Küste verbinden, denn dann wäre es für ausländische Truppen, vor allem die Engländer, gefährlich einfach, von ihren Kriegsschiffen an Land zu gehen und nach Osten zu mar-

---

10 Die Eisenbahnlinie ist jetzt bis Aleppo fertiggestellt.

Kapitel XI

schieren. An sich sollte Aleppo, wie seit jeher, der große Umschlagplatz für Waren vom Festland sein, aber der Handel ist fast zum Erliegen gekommen, weil die Regierung unablässig Lastkamele requiriert. Zum ersten Mal wurde das im Vorjahr spürbar, als wegen des drohenden Jemenkrieges Männer und militärisches Material an die Küste gebracht werden mussten, um von dort zum Roten Meer verschifft zu werden. Über einen Monat lang war der Handel fast zum Stillstand gekommen, im Basar türmten sich die Waren für die Küste. Es hätte nicht viel gefehlt und die Kamele wären gar nicht zurückgekommen, denn die Besitzer aus dem Osten wagten es nicht, in der Gefahrenzone zu ihren Tieren vorzudringen. Wie in allen türkischen Städten, hörte ich auch hier lautes Klagen über die Insolvenz der öffentlichen Hand. Die Regierung hatte keine Mittel, um auch nur die nötigsten Arbeiten durchzuführen, die Staatskasse war völlig leer.

Trotz der Kürze meines Aufenthaltes machte ich einige Bekanntschaften, die wichtigste war die des Wali. Kiazim Pascha ist ein Mann von ganz anderem Zuschnitt als der Wali von Damaskus. Während dieser, im Rahmen seiner Möglichkeiten, ein wahrer Staatsmann ist, ist Kiazim ein kleiner Wichtigtuer.

Er empfing mich in seinem Harem, wofür ich dankbar war, als ich seine Ehefrau sah, denn eine schönere Frau als sie kann es kaum geben. Sie war groß und stolz, der kleine, dunkle Kopf saß auf großartigen Schultern, sie hatte eine kleine, gerade Nase, ein spitzes Kinn, die Brauen wölbten sich über Augen wie dunkle Teiche – solange sie uns Gesellschaft leistete, konnte ich den Blick nicht von ihr wenden. Sie und ihr Gatte sind Tscherkessen, das ließ mich auf der Hut sein, noch bevor der Wali den Mund öffnete. Beide sprachen Französisch, er sogar ganz ausgezeichnet. Er begrüßte mich recht nonchalant, seine ersten Worte an mich waren:

»Je suis le jeune pasha qui a fait la paix entre les églises.«

Ich kannte seine Geschichte gut genug um zu wissen, dass er zu einer Zeit Muteserrif von Jerusalem gewesen war, als die Rivalitäten zwischen den christlichen Glaubensrichtungen zu mehr Morden als üblich geführt hatten. Damals wurde ein schwieriger Kompromiss erreicht, ob durch sein Geschick oder äußere Notwendigkeiten, wusste ich nicht.

»Für wie alt halten Sie mich?«, fragte der Pascha.

Ich antwortete taktvoll, dass ich ihm wohl fünfunddreißig Jahre gäbe.

»Sechsundreißig!«, antwortete er triumphierend. »Aber die Konsuln haben auf mich gehört. Mon Dieu! das war ein besserer Posten als dieser hier, auch wenn ich Wali bin. Hier kann ich keine Konferenzen mit Konsuln abhalten, dabei hat ein Mann wie ich ein tiefes Bedürfnis nach der Gesellschaft gebildeter Europäer.«

(Zweiter Grund zum Misstrauen: Ein orientalischer Beamter, der behauptet, die Gesellschaft von Europäern vorzuziehen.)

»Ich bin sehr anglophil«, sagte er.

Ich kleidete die Dankbarkeit meines Landes in angemessene Worte.

»Aber was wollen Sie im Jemen?«, fügte er schnell hinzu.

»Exzellenz«, sagte ich, »wir Engländer sind ein Seefahrervolk, in ganz Arabien gibt es nur zwei Orte, die für uns von Interesse sind, und das sind ...«

»Ich weiß«, fuhr er dazwischen. »Mekka und Medina.«

»Nein«, sagte ich. »Aden und Kuwait.«

»Und sie halten beide«, antwortete er verärgert – ja, ich muss gestehen, dass er in diesem Moment nicht besonders anglophil klang.

Dann begann er mir zu erzählen, dass er als einziger Pascha die Erfordernisse der modernen Zeit erfasse. Er beabsichtige, eine schöne Chaussee nach Alexandretta zu bauen – nicht, dass sie großen Nutzen haben würde, dachte ich, wenn

Kapitel XI

es keine Kamele gab, die sie benutzten – sie werde wie die Straße, die er von Samaria nach Jerusalem erbaut habe. So eine Straße suche in der ganzen Türkei ihresgleichen – vielleicht kannte ich sie ja sogar? Tatsächlich hatte ich sie unlängst befahren und nutzte die Gelegenheit, ihrem Erbauer zu gratulieren, hielt es aber für unklug, näher darauf einzugehen, dass sie am Fuße der einzigen nennenswerten Steigung abbricht und erst da wieder einsetzt, wo die judäische Hochebene ihren höchsten Punkt erreicht hat.

Mehr muss über die Methoden des Kiazim Pascha nicht gesagt werden.

Eine sehr viel angenehmere Bekanntschaft war die des griechisch-katholischen Erzbischofs, ein Damaszener, der in Paris studiert hatte und Seelsorger der dortigen Gemeinde war, obwohl er noch vergleichsweise jung war. Dank eines Empfehlungsschreibens, das man mir mitgegeben hatte, empfing er mich äußerst liebenswürdig in seinem Privathaus. Wir saßen in einem Zimmer voller Bücher, die Fenster gingen auf einen stillen Innenhof hinaus, und sprachen über die Wege des europäischen Denkens. Zu meiner Freude stellte ich fest, dass der Erzbischof trotz seiner Bildung und seines langen Aufenthalts im Westen im Herzen Orientale geblieben war.

»Ich habe mich gefreut«, sagte er, »als man mich von Paris in meine Heimat zurück beorderte. In Frankreich gibt es viel Gelehrsamkeit, aber wenig Glaube; in Syrien hingegen findet man viel Unwissenheit, aber die Religion ruht auf einem festen Glaubensfundament.«

Aus dieser Bemerkung ließen sich Schlussfolgerungen ziehen, die für die Kirche nicht schmeichelhaft sind, aber ich enthielt mich eines Kommentars.

Als er mir am Nachmittag einen Gegenbesuch abstattete, eine gesellschaftliche Pflicht, der vom Wali abwärts alle genügen müssen, trug er sein goldenes Kreuz und hielt den erzbischöflichen Stab in der Hand. Von dem hohen, krempenlosen Hut fiel ihm ein schwarzer Schleier über den Rücken, das schwarze Gewand war purpurfarben gesäumt, hinter ihm ging ein unterwürfiger Kaplan. Er traf auf einen anderen Besucher, der mir bereits im Salon des Hotels Gesellschaft geleistet hatte, ein reicher Bankier seiner eigenen Gemeinde namens Nicola Homsi. Homsi gehört einer bedeutenden christlichen Familie an, die in Aleppo beheimatet ist, sein Bankhaus hat Niederlassungen in Marseille und London. Er und der Erzbischof sind für Syriens fortschrittlichste und gebildetste Schichten durchaus repräsentativ. Sie sind es, die am meisten unter den Türken leiden – der Geistliche wegen des blinden, sinnlosen Widerstands, die offizielle Stellen den Christen grundsätzlich entgegenbringen; der Bankier, weil seine Interessen dringend nach Fortschritt verlangen, Fortschritt aber etwas ist, was die Türken nie verstehen werden. Daher fragte ich sie, wie sie die Zukunft des Landes sehen. Sie wechselten einen Blick, und der Erzbischof antwortete:

»Ich weiß es nicht. Ich habe lange darüber nachgedacht, aber wie immer ich es drehe und wende, ich sehe für Syrien keine Zukunft.«

Das ist die einzige glaubwürdige Antwort, die ich, zu welchem Aspekt auch immer, in der türkischen Frage gehört habe.

Die Luft in Aleppo eignet sich nach der Einschätzung des Sultans offenbar besonders gut für Paschas, die in Konstantinopel sein Missfallen erregt haben. Der Stadt steckt so voller Verbannter, dass selbst ein zufälliger Besucher nicht umhin kann, diesen oder jenen kennenzulernen. Einer wohnte in meinem Hotel, er war ein sanftmütiger Magenkranker, bei dem man keine revolutionären Neigungen vermutet hätte. Vermutlich hatte er auch keine und verdankte seine Verbannung allein einem unbedachten Wort, das ein Feind oder Spion aufgeblasen und weitergetragen hatte. Ich traf in Kleinasi-

Kapitel XI

en viele Verbannte, wie er einer war. Von denen, die ich persönlich kennenlernte, konnte mir keiner den Grund seiner Verbannung nennen. Einige hatten sicher einen Verdacht, andere kannten ihr Vergehen genau, die meisten aber waren wirklich so ahnungslos, wie sie behaupteten. Dies ist für das Thema des türkischen Patriotismus wichtiger, als es zunächst scheinen mag. Die Wahrheit ist nämlich, dass diese exilierten Paschas selten Patrioten sind, die büßen, weil sie für ein nationales Ideal eingetreten waren. Sie sind vielmehr Männer, die es sich durch eine unglückliche Schicksalswendung mit der bestehenden Ordnung verscherzt haben. Wenn es auch nur die geringste Chance gibt, dass man sie in Gnaden wieder aufnimmt, sind sie selbst im Exil ängstlich und nervös darauf bedacht, nichts zu tun, was das offizielle Misstrauen verstärken könnte. Erst wenn sie überzeugt sind, dass es für sie keine Hoffnung mehr gibt, so lange der gegenwärtige Sultan lebt, wagen sie es, sich mit Europäern sehen zu lassen und ihre Klagen laut zu äußern. Soweit ich es beurteilen kann, haben liberale Ansichten in der Türkei kein gemeinsames Sprachrohr, es gibt nur individuelle Unzufriedenheit als Folge von persönlichem Missgeschick. Falls die Verbannten nach dem Tod des Sultans nach Konstantinopel zurückkehren, werden sie kaum Reformen vorantreiben oder Interesse daran haben, ein System zu verändern, in dem sie dann wieder, dem natürlichen Gang der Dinge folgend, einen angesehenen Posten bekleiden.

Eine andere Art Exil, das in der Türkei verhängt werden kann, ist die ehrbare Verbannung auf einen fernen Posten. Dies hat, wie ich vermute, Nazim Pascha ebenso getroffen wie meinen Freund Muhammad Ali Pascha von Aleppo. Letzterer ist ein angenehmer Mann, etwa dreißig Jahre alt und mit einer Engländerin verheiratet. Er begleitete mich zum Haus des Wali, erlangte für mich die Erlaubnis, die Zitadelle besichtigen zu dürfen, und war auch sonst auf vielerlei Weise hilfreich. Seine Frau ist eine nette kleine Dame aus Brixton; er hatte sie in Konstantinopel kennengelernt und dort geheiratet, was, wie ich gut wusste, durchaus ein Grund für seinen Gunstverfall gewesen sein könnte, denn die Engländer sind im Yildiz Kiosk keineswegs *gens grata*. Muhammad Ali Pascha ist ein Gentlemen im eigentlichen Wortsinne und scheint seine Frau glücklich gemacht zu haben; grundsätzlich möchte ich aber sagen, dass ich jungen Damen aus Brixton einen türkischen Pascha nicht als Ehemann empfehlen kann. Muhammad Ali Paschas Gattin spielte zwar im Tennisclub Tennis und besuchte ein Nähkränzchen der europäischen Kolonie, musste aber bis zu einem gewissen Grad die Regeln für Musliminnen befolgen. Sie gehe, sagte sie, nie unverschleiert auf die Straße, »weil es Gerede gäbe, wenn sie als die Gattin des Paschas ihr Gesicht zeigen würde«.

Wir erreichten die Zitadelle in der einzigen Stunde, in der während meines gesamten Aleppo-Aufenthaltes die Sonne schien, und wurden von höflichen Offizieren herumgeführt. Sie sahen prachtvoll aus in ihren Uniformen, mit rasselnden Schwertern und Sporen, besonders wichtig war ihnen, dass mir die kleine Moschee in der Mitte der Zitadelle nicht entging, die ganz genau an der Stelle stand, wo Abraham seine Kuh gemolken hatte. Eben diesem historischen Ereignis, sagten sie, verdanke Aleppo seinen Namen, es steht außer Zweifel, dass Haleb, der arabische Name für Aleppo, aus den gleichen seltenen Konsonanten bestehe wie das Verb *melken*. Trotz der immensen Wichtigkeit der Moschee interessierte ich mich mehr für den Blick von der Minarettspitze. Vor uns lag, flach wie ein Brett, die mesopotamische Ebene; an einem klaren Tag kann man von diesem Turm aus den Euphrat sehen, hätte die runde Erde nicht die Unart, sich zu wölben, sähe man gar bis Bagdad, denn auf dieser weiten Ebene ist nichts, das den Blick behinderte. Unter uns drängten sich die Dächer der Basare und Karawansereien, hier und da fiel der

Kapitel XI

Blick aus der Vogelperspektive in marmorne Innenhöfe, hier und da stand der elegante Turm eines Minaretts. Es war eine Landschaft ohne Bäume und ohne Wasser, und so ist die Wasserversorgung auch Aleppos größtes Problem. Der träge Fluss, der mit El Match verbunden ist, trocknet im Sommer aus, die Brunnen sind das ganze Jahr über brackig. Gutes Trinkwasser muss über weite Strecken hierher gebracht werden und kostet jeden Haushalt mindestens einen Piaster pro Tag, ein ernstzunehmender Posten bei den Lebenskosten. Aber das Klima ist gut, der Winter beißend kalt, im Sommer gibt es nur einen oder zwei wirklich heiße Monate. Das ist Aleppo, die großartige Stadt mit dem hochtönenden Namen und den Spuren einer glänzenden Vergangenheit.

XII

Von Aleppo nach Basufan

In den beiden Tagen in Aleppo war ich in jeder freien Minute damit beschäftigt, die Maultiertreiber auszutauschen. Das war ein ebenso bedauerlicher wie notwendiger Schritt, denn in Antiochia würden wir die Grenze der arabisch sprechenden Bevölkerung hinter uns lassen. Habib und sein Vater konnten kein Wort Türkisch, Mikhail beherrschte einige Substantive wie Eier, Milch und Piaster, meine eigenen Kenntnisse waren kaum größer, und ich wollte mich mit meinem Grüppchen keinesfalls in Gegenden wiederfinden, wo wir nur die dringendsten Bedürfnisse äußern oder nach dem Weg fragen konnten. Ich hatte Lobendes über das bemerkenswerte Geschick nordsyrischer Maultiertreiber gehört – wobei die Bezeichnung Maultiertreiber irreführend ist, denn es ist eine Tatsache, dass die Tragetiere dieser Gegend jämmerliche Klepper sind, *kadish*, wie es auf Arabisch heißt. Ich bezweifele, dass ich zwischen Alexandretta und Konya überhaupt ein Maultier gesehen habe, und ganz gewiss keine Maultierkarawane. Man hatte mir gesagt, dass ich gar nicht wüsste, was es heißt, bequem, sorgen- und verantwortungfrei, pünktlich und zügig zu reisen, bevor ich nicht meine Begleitung umorganisiert hätte. Sobald ich in Konya sei, könne ich meine Karawane nach Belieben auflösen, die Männer aus Aleppo würden für den Heimweg eine andere Last finden. Also verabschiedete ich mich von meinen Beirutern – und vom Frieden.

Kapitel XII

Von da an folgte die Reise einem neuen Gesetz, und zwar dem der Erpressung. Der Erpresser war ein zahnloser alter Gauner, Faris mit Namen, der mit seinem Bruder eines der größten Lasttiergespanne Aleppos besaß. Wegen des fehlenden Gebisses waren sein Arabisch und Türkisch gleichermaßen unverständlich; er stellte mir vier Lastpferde und ritt selbst auf einem fünften, zur eigenen Bequemlichkeit und auf eigene Kosten, obwohl er bei unserer Ankunft in Konya vergeblich versuchte, mich für sein Pferd zahlen zu lassen. Er stellte zwei Jungen an, die im Lager und auf dem Marsch die ganze Arbeit machen mussten, zahlte ihnen Hungerlöhne und gab ihnen Hungerrationen zu essen. Die beiden Unglücklichen gingen zu Fuß (die unabhängigen Libanesen hatten für sich selbst Esel mitgebracht). Es war Teil unseres Vertrages, dass Faris ihnen Schuhe geben sollte, aber er weigerte sich, das zu tun, bis ich einschritt und ihm drohte, selbst Schuhe zu kaufen und seinen Lohn um deren Preis zu kürzen. Ich musste sogar den Proviant überprüfen, um sicherzustellen, dass die beiden genug zu essen hatten, um arbeitstüchtig zu bleiben. Trotz all dieser Bemühungen flohen die Tagelöhner an jeder Station. Das bereitete mir endlose Unannehmlichkeiten, zum einen verursachte die Suche nach Ersatz große Verzögerungen, zum anderen, und das war noch schlimmer, mussten die Neuen immer wieder in die Einzelheiten ihrer Arbeit eingewiesen werden – wohin sie die Zeltpflöcke setzen oder wie sie die Lasten verteilen mussten, hunderte kleiner Dinge, die alle wichtig waren. Ständig musste ich Faris antreiben, wenigstens einen Teil der Pflichten zu übernehmen, was mühsam war, denn in ganz Aleppo kennt keiner so viele Ausreden wie er, sich vor der Arbeit zu drücken. Außerdem musste ich morgens und abends das Füttern meiner Pferde beaufsichtigen, sie wären sonst ebenso vom Hungertod bedroht gewesen wie die angeheuerten Knaben. Als wir in Konya ankamen, fand ich zudem heraus, dass

Faris seine letzten beiden Sklaven einfach auf die Straße gesetzt und sich kategorisch geweigert hatte, sie in ihr Heimatdorf Adana zurückzubringen. Als Begründung sagte er, er könne billigere Männer finden, sobald er meiner Aufsicht entronnen sei. Ich konnte die beiden, die bei aller Dummheit ihr Möglichstes getan hatten, um mir zu dienen, nicht einfach zurücklassen, also musste ich ihnen helfen, an ihren Heimatort zurückzukehren. Zusammenfassend kann ich sagen, dass jemand, der die Maultiertreiber von Aleppo und ihr widerwärtiges System empfiehlt, offenbar noch nie eine gut ausgebildete und straff geleitete Camp-Mannschaft geführt hat, wo alle Männer freundliche Gesichter und willige Hände haben und ihre Arbeit mit der Zuverlässigkeit von Big Ben erledigen. Er hat offenbar auch keinerlei Erfahrung mit beruflich motivierten Reisen, denn die lassen sich nur mit Dienstleuten durchführen, die auch im Angesicht von Schwierigkeiten Mut, Unternehmungsgeist und Ideenreichtum beweisen. Ich gestehe, dass meine Erfahrungen auf diesem Gebiet gering sind, und ich kann mit Sicherheit sagen, dass sie gering bleiben werden, denn bevor ich Faris und seinesgleichen ein weiteres Mal anstelle, bringe ich meine Maultiertreiber aus Bagdad mit.

Gerade als sich die Schwierigkeiten der Reise zu türmen begannen, verließ Mikhail den Pfad der Tugend. Zwei Tage lang trank er auf die Gesundheit seiner scheidenden Gefährten, mit denen er, wie es in einem guten Camp sein sollte, in bestem Einvernehmen war. Das reichte, um eine zweimonatige Abstinenz zu beenden, von da an beulte die Arak-Flasche seine Satteltaschen aus. Während sich eine Flasche Arak in Satteltaschen suchen, finden und an einem Stein zerschellen lässt, konnte kein Maß an Wachsamkeit Mikhail daran hindern, in jeder neuen Stadt den Weinladen aufzusuchen. Das Missgeschick hält manche Lehren für uns bereit; ich blicke mit gemischten Gefühlen auf die unangenehmen vier Wo-

Kapitel XII

chen zwischen unserer Abreise von Aleppo und dem Tag, an dem das Schicksal mir einen anderen und besseren Mann schickte. An diesem Tag stählte ich mein Herz, um Mikhail zu entlassen, bedauere aber nicht, dass mir diese Lehre aufgezwungen worden war.

Auch die Vereinbarung mit Haddsch Mahmud war in Aleppo zu Ende, auch von ihm verabschiedete ich mich schweren Herzens. Der Wali schickte mir einen Saptieh namens Haddsch Nijib, ein Kurde von unvorteilhaftem Äußeren, der sich aber bei näherer Bekanntschaft als zuvorkommend und sehr hilfreich erwies, denn die Gegend, die wir zusammen bereisten, war ihm ebenso vertraut wie ihre Bewohner. Wir brachen spät auf, Mikhail war voll Arak, die Maultiertreiber beim Beladen ungeschickt. Es war der 30. März, ein wolkenloser Tag, zum ersten Mal war die Sonne unangenehm heiß. Als wir um zehn Uhr los ritten, brannte sie schon erbarmungslos, in der kargen Landschaft gab es den ganzen Tag keine Spur von Schatten. Wir nahmen erst die Hauptstraße nach Alexandretta, nach einer Meile passierten wir eine von wenigen Bäumen umsäumte Kaffeestube, kurz dahinter führte ein Weg links in die kahlen Berge und war bald ebenso steinig wie diese. Wir bewegten uns nach Ostnordost. Als wir um halb eins rasteten, mussten wir eine ganze Stunde auf das Gepäck warten, was mir Gelegenheit gab, in Ruhe über die Marschgeschwindigkeit der neuen und der alten Dienstleute nachzudenken, sowie über die Sonne, deren sengende Hitze beim Reiten nicht so spürbar gewesen war. Nach einer weiteren halben Stunde kamen wir nach Yakit Ades, ein sehr elender Fleck, Najib schlug vor, dort unser Lager aufzuschlagen. Mir war das aber zu früh, darum gaben wir Faris strenge Anweisungen, welche Route er nehmen sollte und an welcher Stelle wir lagern würden. Dann beschleunigten der Saptieh und ich das Tempo, und obwohl wir immer noch im Schritttempo unterwegs waren, hatten wir die anderen bald aus dem Blick verloren. Wir ritten durch ein kahles, windiges Tal, hier und da sahen wir Orte, die zwar auf der Karte verzeichnet, aber kaum mehr als Steinhügelchen waren. Um vier Uhr ritten wir den Nordhang hinauf und erreichten einen kleinen Ort, den Kiepert nicht vermerkt; Najib sagte, dies sei Kbeshin. Zwischen antiken Mauerresten und modernen Abfallhaufen lag ein kurdisches Lager, eines jener Frühlingslager, wo Halbnomaden in der Zeit des jungen Grases sich mit ihren Herden niederließen. Die Zeltwände, wenn man sie denn so nennen möchte, bestanden aus einer etwa ein Meter fünfzig hohen, grob zusammengefügten Steinmauer, überdacht mit Ziegenhaar-Decken, die in der Mitte von Zeltstangen hoch gehalten wurden. Die kurdischen Schafhirten umringten uns und unterhielten sich mit Najib in ihrer Sprache, die wegen der Ähnlichkeit mit dem Persischen vage vertraut klang. Sie sprachen auch Arabisch, es war ein eigenartiger, mit türkischen Worten durchsetzter Dialekt. Eine Zeitlang saßen wir bei den Abfallhaufen und hielten nach den Lasttieren Ausschau, bis ich trotz Najibs Beruhigungsversuchen überzeugt war, dass etwas passiert sein musste und wir möglicherweise bis in alle Ewigkeit und völlig vergeblich warteten. Gerade da verkündete der kurdische Scheich, dass Essenzeit sei, und lud uns ein, das Mahl mit ihm zu teilen. Es gehört zu den Vorteilen eines Lebens unter freiem Himmel bei karger Kost, dass es keine Minute am Tag gibt, wo man nicht willens und bereit wäre, etwas zu essen. Daher stimmten wir dem Vorschlag freudig zu.

Die Kurden genießen in Reiseberichten keinen guten Ruf, sie gelten als mürrisch und streitsüchtig. Nach meiner Erfahrung verfügen sie allerdings über viele Eigenschaften, die einem angenehmen gesellschaftlichen Umgang sehr zuträglich sind. Man führte uns in das größte Haus, dort war es hell und kühl, luftig und sauber, die ungewöhnliche Konstrukti-

Kapitel XII

on vereinte die Vorteile von Haus und Zelt. Das Mahl bestand aus frischem Brot, Joghurt und einem ausgezeichneten Pilaw, der nicht mit Reis, sondern Bulgur zubereitet worden war. Serviert wurde auf Matten, wir saßen im Kreis auf Teppichen, die Frauen bedienten uns. Als wir um sechs Uhr fertig waren, fehlte von der Karawane immer noch jede Spur. Najib war ratlos, unser Gastgeber zeigte großes Mitgefühl und beteuerte, er werde uns mit großer Freude beherbergen. Wir zögerten noch, als ein kleiner Junge mit der Nachricht angelaufen kam, dass die Karawane auf der anderen Seite des Tals gesehen worden sei. Sie sei durch das Dorf Fafertin gekommen und befinde sich jetzt auf dem Weg nach Qalaat Seman, unserem Endziel. Es gab keine Zeit zu verlieren, die Sonne war untergegangen, und ich erinnerte mich nur allzu gut daran, wie wir bei Bara in einer ganz ähnlichen Landschaft nachts umhergeirrt waren. Bevor wir aufbrachen, nahm ich Najib beiseite und fragte ihn, ob ich mich für die Bewirtung mit Geld erkenntlich zeigen könne. Er antwortete, das sei völlig undenkbar, Kurden erwarteten nicht, von ihren Gästen bezahlt zu werden. So blieb mir nur, die Kinder um mich zu scharen und unter ihnen eine Handvoll Metaliks zu verteilen, eine wohlfeile Form der Großzügigkeit und eine, die auch die empfindsamsten Gemüter nicht verletzen kann. Wir ritten los, Najib voran und zwar so schnell, dass ich auf dem steinigen Pfad die größten Probleme hatte, ihm zu folgen. Ich wusste, dass Qalaat Seman, die große Kirche des Heiligen Simeon Stylites, auf einem Berg stand. Sie musste schon von weitem zu sehen sein, selbst wenn die berühmte Säule des Heiligen, um die herum die Kirche erbaut worden war, schon vor Jahrhunderten umgestürzt war. Nach einstündigem, strauchelndem Ritt deutete Najib schweigend auf die dämmrigen Berge; am Gipfel konnte ich mit Mühe etwas ausmachen, das einer Festungssilhouette glich. Erst eine halbe Stunde später, um halb acht, und in völliger Dunkelheit erreichten wir ihre Mauern. Als wir in die riesige Kirchenruine hinein ritten, hörten wir zu unserer Erleichterung das Klingeln der Karawanenglocken, so wussten wir, dass die Zelte da waren; wir hörten aber auch Mikhail rufen und fluchen, unter dem Einfluss von reichlich Arak wütete er wie ein wildes Tier und weigerte sich, den neuen Maultiertreibern irgendwelche Hinweise zu geben, wie sie mit meinem englischen Zelt umzugehen hatten. Da ich von den Anwesenden die einzige war, die sowohl ihre fünf Sinne beisammen hatte als auch wusste, wie die Stäbe zusammengefügt, die Heringe eingeschlagen, die Möbel aufgeklappt werden mussten, sah ich mich gezwungen, die Arbeit beim Schein zweier Kerzen mehr oder weniger selbst zu erledigen. Als das geschehen war, durchsuchte ich die Vorratskörbe nach Brot und Butter für die Maultiertreiber, denn mein aufsässiger Koch hatte den Befehl, das übliche abendliche Reisgericht zuzubereiten, mit höhnischen Flüchen gegen alles und jeden quittiert. Mit einem Betrunkenen lässt sich nicht streiten, ich hoffe nur, dass im Großen Buch der Sünden nicht vermerkt wurde, mit welchen Gefühlen ich schwieg.

Als endlich alles erledigt war, entfernte ich mich vom Lager und streifte in der milden Frühlingsnacht durch die imposante und friedvolle Kirche, an deren Mauern unsere Zelte standen. Sofort fand ich mich in einem nach oben offenen Rund wieder, von hier wiesen Haupt- und Querschiffe der Kirche in die vier Himmelsrichtungen. Der Hof war früher von einem wunderbaren Säulengang umgeben, viele Bögen waren noch erhalten. In der Mitte stand ehemals jene Säule, auf der der Heilige Simeon lebte und starb. Ich kletterte über verstreute Steine bis zum Postament der Säule, ein großer, rissiger Steinblock mit einer Vertiefung in der Mitte, etwa so groß wie eine kleine Schüssel. Darin stand klares Regenwasser, mit dem ich mir Hände und Gesicht wusch. Es war kein Mond zu sehen, Säulen und Bögen ragten in verfallener und

Kapitel XII

dunkler Pracht, die milde Luft war reglos wie ein spiegelglatter See. Erschöpfung und Missgestimmtheit fielen ab, die Seele öffnete sich für das Firmament und den Frühling. Ich dachte über den merkwürdigen Streich nach, den die Schicksalsgöttinnen in dieser Nacht dem strengen Heiligen spielten. Für eine Nacht überließen sie sein Podest der bitteren Visionen einem Menschen, dessen Träume so rosig und freudvoll waren, dass er sie sicher als Erster verdammt hätte. Während ich darüber nachdachte, fing ich den Blick eines großen Sterns auf, der über der lückenhaften Arkadensilhouette aufgestiegen war, wir waren uns einig, dass es besser sei, Erde und Himmel zu bereisen, als seine Tage auf einer Säule sitzend zu verbringen.

Die Mitglieder der amerikanischen Vermessungsgesellschaft haben die nördlichen Berge bis Qalaat Seman genauestens kartographiert und erforscht, aber weder von ihnen noch von anderen Reisenden gibt es Berichte über die Hügelregion nordöstlich des Pilgerheiligtums.[11] Ich bin durch sie hindurchgeritten, habe fast alle Ruinendörfer besucht und dabei gelernt, dass die Einheimischen diese Landschaft Djebel Seman nennen, was ich übernehmen werde. In diesem Simeon-Gebirge mit dem Djebel Barisha im Südwesten und dem weiter westlich gelegenen Djebel el'Ala finden sich die gleichen architektonischen Strukturen wie im Djebel Zawiye, den wir auf dem Weg nach Aleppo durchquerten. Vermutlich lässt sich ein nördlicher und ein südlicher Stil unterscheiden, wie der amerikanische Architekt Mr. Butler es aufgrund seiner hervorragenden Kenntnis beider Gegenden tun konnte. Dem flüchtigen Betrachter aber scheint der Grund

---

11 Nach der Niederschrift dieses Kapitels habe ich erfahren, dass Mr. Butler und seine Gruppe nach meiner Abreise ihre Forschungen im Norden des Qalaat Seman fortgesetzt haben. Die Veröffentlichungen, in denen sie die Gegend umfassend beschreiben werden, erwarte ich mit großem Interesse.

für die Unterschiede vor allem in den natürlichen Bedingungen zu liegen, aber auch darin, dass der Norden stärker von Antiochia beeinflusst wurde. Diese Stadt war ja in den ersten Jahrhunderten der christlichen Zeitrechnung (nicht nur für Syrien) eine der wichtigsten Quellen künstlerischer Inspiration überhaupt. Die Siedlungen im Djebel Seman sind kleiner und die Wohnhäuser weniger geräumig. Das könnte daran liegen, dass die nördlichen Berge rauer sind und darum keine Bevölkerung ernähren konnten, die so groß und wohlhabend war wie die weiter südlich. Vermutlich wurde der Djebel Seman früher besiedelt und hat den Höhepunkt seines Wohlstandes etwas später erreicht; auch scheinen sie dort nicht der Periode kulturellen Niedergangs ausgesetzt gewesen zu sein, die im Süden schon im Jahrhundert vor der arabischen Invasion einsetzte.[12] Die schönsten Kirchen aus dem sechsten Jahrhundert sind im Norden auf fast übertrieben luxuriöse Weise verziert, was bei den jüngsten Kirchen im Süden nicht der Fall ist. Sie scheinen alle etwa ein Jahrhundert älter zu sein, ausgenommen nur Bizzos Kirche in Ruweiha. Die Ruweiha-Kirche ist zwar jünger als Qalaat Seman, interessanterweise aber viel strenger in den Details; zu erwähnen wäre auch, dass im Norden häufig selbst kleinere Bauwerke vielfältiger und reicher verziert sind als die im Süden.[13] Die Inschriften, die der Reisende in Kirchen und Wohnhäusern des Nordens findet, geben alle Daten in antiochischer Zeit-

---

12 Ich vermute den Grund für diesen Niedergang auch in der außerordentlich hohen Steuerlast, die Justinian den Ostprovinzen seines Reiches auferlegte, weil er hoffte, auf diese Weise die Westprovinzen wiederzuerlangen. Wer Diehls großartiges Werk über Justinian kennt, wird sich erinnern, dass die soziale und politische Organisation seiner Provinzen unter den Belastungen seiner Kriege in Italien und Nordafrika zusammenbrach. Die östlichen Teile des Reiches waren die reichsten und litten am meisten.
13 Diese Beobachtung stammt aus Mr. Butler, »Architecture and other Arts«.

Kapitel XII

rechnung an, was die Annahme rechtfertigt, dass die Architrave und Kapitelle, Friese und Simse von antiochischen Künstlern geschaffen wurden. Am Bau der Kirche zu Ehren des berühmten Heiligen Simeon scheint die ganze christliche Welt beteiligt gewesen zu sein, daher wurde die Kirche vermutlich auch nicht von lokalen Handwerkern erbaut, sondern von antiochischen Baumeistern und Steinmetzen. Sollte meine Vermutung zutreffen, muss man wohl auch die schöne Kirche von *Qalb Lhose* diesen Meistern zuschreiben, überdies zeigen etwa ein Dutzend kleinerer Kirchen ähnliche Einflüsse, als Beispiel sei die Ostkirche von Baqirha genannt.

Am Morgen erkundete ich die Simeonskirche und das Dorf am Fuße des Berges, wo einige hervorragend erhaltene Basiliken sowie die Ruine einer großen Pilgerherberge stehen. Um die Mittagszeit erschien ein Kurde auf der Bildfläche, so gewinnend und intelligent, dass ich ihn sofort als Führer für die nächsten Tage engagierte, denn die Gegend, die ich besuchen wollte, war felsig, ohne Wege und auf der Karte ein weißer Fleck. Der Name meines neuen Freundes war Musa, und als wir zusammen in den Nachmittag ritten, vertraute er mir an, dass er den Jesiden angehöre. Die Mohammedaner bezeichnen sie als Teufelsanbeter, ich hingegen halte sie für harmlose und wohlmeinende Menschen. Sie sind im oberen Teil Mesopotamiens zu Hause, auch Musas Familie stammte von dort. Wir sprachen über verschiedene Glaubensrichtungen, vorsichtig, denn noch kannten wir uns kaum, Musa räumte ein, dass die Jesiden die Sonne verehrten. »Ein sehr angemessenes Objekt der Anbetung«, sagte ich und erwähnte dann, dass die Ismailiten sowohl die Sonne als auch den Mond anbeteten. Ich dachte, das werde ihm gefallen, doch bei der Vorstellung eines solchen Götzendienstes konnte er seinen Abscheu kaum verbergen. Das ließ mich im Stillen darüber nachdenken, ob die Welt seit den Tagen, als der Heilige Simeon auf seiner Säule saß, wirklich klüger geworden war. Ich kam zu einem wenig schmeichelhaften Schluss.

Regen setzte unserem Ritt durch die Dörfer am Fuß des Djebel Sheikh Barakat, dem Gipfel südöstlich des Qalaat Seman, ein Ende und trieb uns ins Lager zurück. Gegen Abend aber riss die Wolkendecke auf, vom großartigen Westtor aus sah ich die Berge kupferrot werden, die grauen Kirchenmauern leuchteten golden. Mikhail servierte mir, niedergeschlagen und reuig, ein ausgezeichnetes Abendessen, ich hätte ihn dennoch auf der Stelle entlassen, wenn mir der Heilige Simeon einen neuen Koch besorgt hätte. Ich spielte sogar mit dem Gedanken, einen neuen Mann aus Aleppo kommen zu lassen, aber es war völlig ungewiss, ob ich einen guten Ersatz bekommen könnte. Diese Unsicherheit sowie eine gewisse Bequemlichkeit verführten mich zur Untätigkeit, die ich mit der Hoffnung zu rechtfertigen versuchte, dass Mikhails Reue von Dauer sein werde. So lebten wir einen Monat lang auf einem Vulkan, der gelegentlich ausbrach, und am Ende flogen wir in die Luft. Doch genug von diesem unerquicklichen Thema.

Am nächsten Tag begann ich mit Musa die Erkundung der Djebel Seman-Dörfer östlich und westlich der Simeonskirche. Wir ritten knapp eine Stunde lang genau nach Osten bis Burjkeh, das alle Charakteristika der Dörfer im äußersten Norden in sich vereint. Es gab jenen hohen viereckigen Turm, den man fast überall findet, das Mauerwerk war massiv, die Blöcke oft nicht in Lagen geschichtet, und wenn, dann waren die Lagen unterschiedlich tief. Die Kirche hatte eine viereckige, über die Mauern des Schiffs hinausreichende Aspis, jedes Fenster krönte ein fortlaufender Fries, der auf Simshöhe von einem Fenster zum nächsten lief und am letzten in einer Spirale endete. Er wirkte wie ein Band, das um die Öffnungen geschlungen war und sich am Ende aufrollte.

Kapitel XII

Solche Friese sind für die nordsyrischen Dekorationen des sechsten Jahrhunderts typisch. Die Häuser von Burjkeh waren rechteckig, sehr einfach und bestanden aus polygonen Bruchsteinmauern. Musa erfuhr von einem jüngst geöffneten Grab unweit der Kirche. Ich konnte mit einiger Mühe hineinkriechen, was sich lohnte, denn in einer Nische fand ich, in antiochischer Zeitrechnung, das Datum 292, was dem Jahr 243 n. Chr. entspricht. Unter der Jahreszahl war eine dreizeilige, leider stark verwitterte griechische Inschrift. In einer halben Stunde kamen wir nach Surkanya, einem verlassenen Dorf, sehr schön am Anfang eines flachen, steinigen Tals gelegen, wo sogar einige Bäume standen. Über den Türen der ungewöhnlich massiv gebauten Häuser waren schwere Steinbalkone angebracht, die offene Veranden bildeten. Ich fand ein Datum, 406 n. Chr. Die dortige Kirche war fast identisch mit der von Burjkeh. Nach einer weiteren dreiviertel Stunde erreichten wir weiter nördlich Fafertin, wo es wieder zu regnen begann. Wir stellten uns in einer Apsis unter, dem letzten Rest einer Basilika, die größer war als alle, die wir bisher gesehen hatten, in der Ausführung allerdings grob.[14] Im Dorf wohnten einige jesidische Kurden. Bei strömendem Regen ritten wir eine Stunde lang nach Nordosten, konnten aber wegen des Wetters in Kharab Shams nichts ausrichten, dann ging es über Kalota nach Norden bis Burj al-Qas, wo ich mein Lager auf durchweichtem Boden errichtet vorfand. Musa war wegen des schweren Regens sehr niedergeschlagen, das nasse Frühjahr, sagte er, sei für seine Felder eine Katastrophe, die Erde sei aus den höheren Lagen ins Tal geschwemmt worden. Die Erosion, die der Fruchtbarkeit Nordsyriens so nachhaltig schadet, schreitet weiter voran.

---

14 Butler schreibt, die Kirche stamme aus dem Jahr 372 n. Chr. Damit wäre sie nicht nur die älteste datierte Kirche Syriens, sondern der Welt.

In Burj al-Qas stand auf dem Berggipfel ein viereckiger Turm, einige alte Häuser waren in Stand gesetzt worden und wurden von Kurden bewohnt. Auf einem Türsturz sah ich die Jahreszahl 406 n. Chr., eine andere Inschrift war nicht zu entziffern. Der restliche Stein war durch ein wieder aufgebautes Haus verdeckt, ich konnte aber in den Spalt hineinspähen und am äußersten Ende eine kleine Figur ausmachen. Der Hausbesitzer meinte, es handele sich ohne jeden Zweifel um die Jungfrau Maria. Das hätte die magere Zahl figürlicher Darstellungen in Nordsyrien auf bemerkenswerte Weise erweitert und theologisch auf Neuland geführt. Als ich mein Bedauern äußerte, dass sie nicht besser zu erkennen sei, holte mein Freund eine Spitzhacke und schlug die fragliche Ecke an seinem Haus ab. Die Marienfigur erwies sich als römischer Adler.

Mit Najib und Musa kehrte ich zu den Dörfern zurück, an denen ich am Vortag wegen des Regens vorbei geritten war. Najib blieb mit den Pferden in Kalota, wir gingen zu Fuß nach Kharab Shams, weil der Weg so steinig war, dass ich ihn meinen Tieren kein zweites Mal zumuten wollte. In Kharab Shams stand eine schöne Kirche, die vom Westtor bis zur Apsis einundzwanzig Schritt maß. Die Außenmauern im Norden und Süden waren eingestürzt, geblieben waren nur fünf Bögen auf jeder Seite des Schiffs, sowie ein Lichtgaden, der von zehn kleinen Rundbogenfenstern durchbrochen war. Das ist ein charmantes Detail, denn es wirkt wie eine frei stehende Loggia. Etwas bergauf stand eine massive, einschiffige Kapelle mit herausgebauter Apsis. Sie ist mit einer Halbkuppel aus viereckigen Quadern überdacht und erinnert an das Baptisterium in Dar Qita aus dem fünften Jahrhundert.[15] In der Bergwand stießen wir auf einige Felsengräber, in einem entdeckte ich zu meiner großen Freude einige ungewöhnli-

---

15 Butler, »Architecture and other Arts«, S. 139.

che Reliefs. Eines war in einer Nische links von der Tür angebracht und zeigte vier grob ausgeführte Figuren, deren Arme in Gebetshaltung erhoben waren, in einer dunklen Ecke sah man an der Wand eine Einzelfigur, sie war mit Hemd und spitzer Mütze bekleidet, in der rechten Hand hielt sie einen eigenartigen Gegenstand, vielleicht einen Korb. Auf dem Rückweg nach Kalota besichtigten wir noch eine Kirche, die westlich des Dorfes völlig frei auf einer Anhöhe stand. Die Mauer neben der Südtür trug eine lange griechische Inschrift. Das Schiff war von der Apsis auf beiden Seiten durch je vier Säulen getrennt, die, den Fragmenten nach zu urteilen, teils kanneliert, teils glatt gewesen waren. Der Säulengang endete an der Apsis mit kannelierten Säulen, die sehr schöne korinthische Kapitelle trugen. Apsis, Prothesis und Diakonikum lagen alle innerhalb der Außenmauern. Das Westtor zeigte über dem zerbrochenen Sturz, der mit einer Zahnschnittleiste verziert war, einen erhabenen, überhöhten Bogen. Südlich der Kirche befand sich ein frei stehendes Baptisterium, der Innenraum etwa 9 Quadratfuß groß, auf den Grundmauern war noch die erste Lage der Steinkuppel zu sehen. Die Kirche muss mit Ziegeln gedeckt gewesen sein, denn das Schiff war von Bruchstücken übersät. Kirche und Baptisterium waren von einer gewaltigen Umfriedungsmauer umschlossen. Im Dorf selbst standen zwei weitere Kirchen, die westliche maß 38 mal 68 Fuß, die andere 48 mal 70 Fuß. Aus den Friesen um ihre Tore lässt sich schließen, dass sie nicht vor dem sechsten Jahrhundert entstanden sein können. Es gab auch einige Häuser mit Steinveranden.

Anderthalb Stunden nordwestlich von Kalota liegt El-Barah, die größte und interessanteste Stadt im Djebel Seman. Die Kurden haben es zum Teil neu besiedelt. Ich fand mein Lager an einer offenen Stelle errichtet, direkt gegenüber einem sehr schönen Grabmonument, ein von vier Eckpfeilern getragenes Pyramidendach auf hohem Sockel. Nicht weit davon standen ein großer Steinsarkophag und weitere Gräber, teils in den Fels gehauen, teils gemauert. In der Stadt besuchte ich zwei Kirchen. In einer war das 68 Fuß 6 Zoll lange Schiff durch vier große Pfeiler von den Seitenflügeln getrennt, sie hatten einen Durchmesser von sechs Fuß und eine Säulenweite von 18 Fuß. Das Schiff war 23 Fuß breit, die Apsis 12 Fuß tief. Die große Säulenweite beweist das vergleichsweise späte Entstehungsdatum, vermutlich sechstes Jahrhundert. Die zweite Kirche war noch größer, 118 Fuß 6 Inch auf 73 Fuß 6 Inch, sie ist aber, von der Westwand und Teilen der Apsis abgesehen, eine Ruine. Nördlich davon stand eine kleine Kapelle mit vorzüglich erhaltener Apsis, unweit davon ein Sarkophag. Das legt die Vermutung nahe, dass es sich bei der Kapelle um ein Mausoleum gehandelt hat. Im Osten der Stadt standen mehrere, aus polygonen Steinen erbaute Gebäude, ein ummauertes Quadrat mit einem Kubus, unter dem sich ein Gewölbe befand, auch das möglicherweise ein Grab. Im äußersten Westen der Stadt standen ein schöner Turm sowie einige große, gut erhaltene Häuser, zwischen diesem Ensemble und der eigentlichen Stadt lag eine kleine Kirche. In der Nähe meines Lagers fiel mir ein merkwürdiges Gebäude auf, das zwei unregelmäßig in die Ostwand gebaute Apsiden hatte. Ich halte es für vorchristlich. Die Mauern standen bis zum völlig erhaltenen Gewölbe. Als Musa und ich das Gebäude ausmaßen und den Grundriss zeichneten, wurden wir von zwei Männern in langen weißen Gewändern und Turbanen beobachtet, die offenbar sehr an unserem Tun interessiert waren. Musa sagte, das seien Regierungsbeamte, die in den Djebel Seman entsandt seien, um mit Blick auf eine Steuererhöhung eine Volkszählung durchzuführen.

Der nächste Tag war einer der unangenehmsten, an die ich mich überhaupt erinnern kann. Ein dichtes Wolkenband lag über dem Djebel Seman. Wir sahen die Berge und die Ebene im Norden und Süden im Sonnenlicht liegen, befan-

Kapitel XII

den uns selbst aber die ganze Zeit im kalten, grauen Schatten. Etwa eine Stunde lang ritten wir nach Norden zu einem großen Dorf am äußersten Ende des Djebel Seman namens Kaifar. Hinter dem Flusstal des Afrin, das die Berge nach Nordwesten begrenzt, ragte schon der Gavur Dag auf. Musa sagt, es gebe weder im Tal noch in den Bergen dahinter weitere Ruinenstätten, die Dörfer hörten am Djebel Seman abrupt auf. Die syrische Zivilisation ist also offenbar nicht weiter nach Norden vorgedrungen, über die Gründe ist nichts bekannt. In Kaifar standen drei fast völlig zerstörte Kirchen, an denen aber Spuren von hervorragend gearbeiteten Verzierungen erkennbar waren, sowie einige gute Häuser und ein Pyramidengrab ähnlich dem in El-Barah. Hier lebten sehr viele Kurden. Wir ritten nach El-Barah zurück und von dort in südöstliche Richtung nach Kafr Nabu, das waren etwa anderthalb Stunden durch Regen und schneidenden Wind. In Kafr Nabu fanden wir über einem Türsturz eine altsyrische Inschrift, ein oder zwei kufische Grabsteine sowie ein außerordentlich prächtiges, teilweise wieder aufgebautes Haus, aber ich zitterte zu sehr, um dem die gebührende Aufmerksamkeit zu schenken. Bis auf die Knochen durchgefroren und zutiefst frustriert durch die vergeblichen Versuche, bei dem starkem Wind Langzeitbelichtungen zu machen, ritt ich auf kürzestem Weg in mein Lager nach Basufan. Das dauerte von Kafr Nabu eine Stunde, einige Ruinenstätten im Süden ließ ich aus.

Musa ist in Basufan zu Hause; als wir uns näherten, trafen wir in den Kornfeldern seinen Vater:

»Gott stärke deinen Körper!«, rief Musa. So begrüßt man jemanden, der Feldarbeit verrichtet.

»Und den deinen!«, antwortete er und sah uns mit trüben Augen an.

»Er ist alt«, sagte Musa, als wir weiter ritten, »und vom Unglück heimgesucht. Aber früher einmal war er der tüchtigste Mann im ganzen Djebel Seman und der beste Schütze.«

»Was für ein Unglück?«, fragte ich.

»Mein Bruder wurde vor einigen Monaten von einem Todfeind erschlagen«, antwortete er. »Wir wissen nicht, wer es war, vielleicht ein Angehöriger seiner Braut, denn er nahm sie ohne Zustimmung ihrer Familie.«

»Was geschah mit der Braut?«, fragte ich.

»Sie ist zu ihrer Familie zurückgekehrt«, sagte er. »Aber sie hat bitterlich geweint.«

Basufan dient Juden und Christen aus Aleppo als Sommerfrische, sie kommen in den heißen Monaten hierher und bewohnen die Häuser der Kurden, die in dieser Jahreszeit in Zelten leben. Im Süden des Dorfes stehen hohe Bäume, die einen großen Friedhof beschatten. Er ist im Wesentlichen moslemischen Toten vorbehalten, die oft über viele Meilen hierher gebracht werden. Im Tal entspringt eine berühmte Quelle, die selbst dann nicht versiegt, wenn in regenlosen Jahren alle anderen Quellen austrocknen. An den Hängen ringsum pflanzten die Kurden früher Tabak an. Die Blätter waren von so hoher Qualität, dass die Ernte rasch verkauft war, aber dann führte die Regierung das Tabakmonopol ein und bezahlte den Kurden einen so geringen Preis, dass sie keinen Gewinn mehr machten. Es gibt keine anderen Abnehmer und so kam dieser Erwerbszweig völlig zum Erliegen. Nun werden die Felder, von etwas Mais abgesehen, nicht mehr kultiviert: »Darum sind wir jetzt alle arm«, schloss Musa seine Erzählung.

Ich war noch keine Stunde im Lager, als der Regen aufhörte, die Sonne zurück kehrte und mit ihr unser Tatendrang. Basufan hat eine große Kirche, die irgendwann einmal durch Hinzufügung dreier Türme in ein Fort verwandelt worden war. Die Reste des ursprünglichen Gebäudes waren von herausragender Qualität. Die Ziersäulen an der Aspis waren spiralförmig kanneliert, das sah ich zum ersten Mal, die korinthischen Kapitelle waren tief und mit großer Sorgfalt behau-

Kapitel XII

en. Musa zeigte mir eine Inschrift in der Südwand, die ich unter großer Mühe und mit wenig Erfolg kopierte: möge der Teufel alle altsyrischen Inschriften holen oder den Reisenden einen schärferen Verstand schenken! Danach blieben mir noch ein paar helle Nachmittagsstunden, also beschloss ich, zu Fuß durch die Berge nach Burj Haidar und Kefr Lab zu gehen, die ich wegen des Regens und der Kälte am Morgen ausgelassen hatte. Musa begleitete mich und nahm seinen ›Partner‹ mit, als solcher wurde er mir vorgestellt, aber welche Unternehmung sie gemeinsam betrieben, weiß ich nicht. Burj Haidar lohnte den Besuch. Es gab dort einen quadratischen Turm und drei Kirchen, eine der drei war hervorragend erhalten, an sie schloss sich ein interessantes Bauwerk an, vielleicht das Wohnhaus des Geistlichen. Vor allem aber ist mir der Ausflug wegen der Unterhaltung meiner beiden Begleiter in Erinnerung geblieben. Mit Musa hatte ich in den drei Tagen, die wir miteinander verbracht hatten, Freundschaft geschlossen, sie beruhte meinerseits auf der Dankbarkeit für all das, was er für mich getan hatte, sowie einer großen Freude an dem strahlenden Lächeln, das alles begleitet, was er tat. Wir hatten einen Grad der Vertrautheit erreicht, die es ihm, dachte ich, ermöglichen sollte, mir den jesidischen Glauben zu erklären. Was immer in Europa üblich sein mag, in Asien gilt es nämlich als unhöflich, einen Mann nach seinem Glauben zu befragen, so lange man von ihm nicht als enger Vertrauter angesehen wird. Fragen danach sind auch nicht klug, denn sie wecken Verdacht und führen nie zu einer befriedigenden Antwort. Als wir in Kefr Lab auf der Schwelle einer kleinen Kirche saßen, leitete ich das Thema vorsichtig mit der Frage ein, ob die Jesiden Kirchen oder Moscheen hätten.

»Nein«, antwortete Musa. »Wir beten unter freiem Himmel. Jeden Tag beten wir bei Tagesanbruch die Sonne an.«

»Werden diese Gebete«, fragte ich, »von einem Imam geleitet?«

»An Festtagen leitet der Scheich das Gebet, an den anderen Tagen betet jeder Mann für sich. Wir haben günstige und ungünstige Tage. Mittwoch, Freitag und Sonntag sind günstig, Donnerstag aber ungünstig.«

»Warum das?«, fragte ich.

»Ich weiß nicht«, sagte Musa. »So ist es.«

»Seid ihr«, fragte ich weiter, »Freund oder Feind mit den Mohammedanern?«

»Hier, auf dem Land rund um Aleppo, fürchten sie uns nicht, denn wir sind wenige. Hier leben wir in Frieden mit ihnen. Aber jedes Jahr kommt ein sehr gelehrter Scheich aus Mosul zu uns, um die Abgaben zu kassieren. Er staunt sehr darüber, dass wir mit den Moslems wie Brüder leben, denn in Mosul, wo es viele Jesiden gibt, herrscht bittere Feindschaft. Dort dienen unsere Leute auch nicht im Heer, aber hier sind wir Soldaten wie die anderen auch – ich war selbst Soldat.«

»Habt Ihr heilige Schriften?«, fragte ich.

»Aber gewiss«, sagte Musa, »und ich werde Euch sagen, was sie lehren. Wenn das Ende der Welt naht, wird Hadudmadud auf der Erde erscheinen. Bevor dies geschieht, sind die Menschen schon so sehr geschrumpft, dass sie kleiner sind als ein Grashalm – aber Hadudmadud ist ein gewaltiger Riese. Und in sieben Tagen, oder sieben Monaten, oder sieben Jahren, trinkt er alle Meere und Flüsse leer und die ganze Erde wird trocken sein.«

»Und dann«, sagte sein Partner, der Musas Erklärungen sehr aufmerksam verfolgt hatte, »schnellt ein großer Wurm aus dem Staub und verschlingt Hadudmadud.«

»Und wenn er ihn gefressen hat«, sagte Musa, »wird es eine Flut geben, sie dauert sieben Tage, oder sieben Monaten, oder sieben Jahren.«

»Und die Erde wird rein gewaschen«, ergänzte sein Partner.

Kapitel XII

»Dann kommt der Mahdi«, sagte Musa. »Er ruft die Angehörigen der vier Glaubensrichtungen zu sich, die Jesiden, die Christen, die Moslems und die Juden, und jeder Prophet eines jeden Glaubens muss seine Gläubigen versammeln. So versammelt Jesid die Jesiden, Jesus die Christen, Mohammed die Moslems und Moses die Juden. Wer zu Lebzeiten seinen Glauben gewechselt hat, wird im Feuer geprüft, um herauszufinden, welchem Bekenntnis er im Herzen angehört. So erkennt jeder Prophet die Seinen. Das ist das Ende der Welt.«

»Seht ihr«, fragte ich, »alle vier Glaubensrichtungen als ebenbürtig an?«

Musa antwortete (möglicherweise diplomatisch): »Wir erachten die Christen und Juden als ebenbürtig mit uns.«

»Und die Moslems?«, fragte ich.

»Die halten wir für Schweine«, sagte Musa.

Das also sind die Glaubenssätze von Musas Religion. Ich wüsste nicht zu sagen, was sie bedeuten, aber wahrscheinlich ist Hadudmadud so etwas wie der englische Riese Gogmagog.

Als wir uns von der Kirchenschwelle erhoben und über die Ruinen von Kefr Lab kletterten, um ins Lager zurückzukehren, ging die Sonne unter. Hinter der Ortschaft war die Erde aufgegraben, in den Felsen unterhalb des Berggipfels bemerkte ich Aushöhlungen. Musas Partner blieb stehen und sagte:

»An diesen Stellen suchen wir nach Schätzen.«

»Und findet ihr welche?«, fragte ich.

»Noch nie, aber es gibt viele Geschichten. Einmal hat ein Ziegenhüter eine Ziege gesucht, die er in den Bergen verloren hatte, am Ende hat er sie in einer Höhle gefunden, die voller Goldstücke war. Er verschloss die Höhle und eilte nach Hause, er wollte einen Esel holen, um das Gold aufladen zu können. In der Eile vergaß er aber die Ziege in der Höhle, und als er an die Stelle zurückkam, waren da weder Höhle noch Ziege oder Gold, so sehr er auch suchte.«

»Ein anderes Mal«, sagte Musa, »schlief ein Junge in den Ruinen von Kefr Lab und träumte, dass er in der Erde einen großen Schatz entdeckt und mit den Händen ausgegraben habe. Als er aufwachte, waren seine Hände mit Goldstaub bedeckt, aber er hatte keine Erinnerung daran, wo er gegraben hatte.«

Leider bietet keine dieser Geschichten genügend Informationen, die die Entsendung einer Schatzgräberexpedition in den Djebel Seman gerechtfertigt hätte.

Als wir Basufan erreichten, fragte Musa, ob seine Schwester Wardeh (die Rose) mir ihre Aufwartung machen dürfe. »Und würden Sie sie«, fügte er hinzu, »bitte überreden zu heiraten?«

»Zu heiraten?«, sagte ich. »Wen soll sie heiraten?«

»Irgendjemanden«, sagte Musa völlig ruhig. »Sie sagte, die Ehe sei ihr verhasst und sie wolle im Haus unseres Vaters bleiben. Ich kann sie nicht umstimmen. Sie ist ein junges Mädchen und hübsch.«

Sie war tatsächlich sehr hübsch und bescheiden dazu, wie sie da in dem schönen Kleid der Kurdinnen in der Tür meines Zeltes stand und eine Schüssel *kaumak* in Händen hielt, ein Gastgeschenk für mich. Ich gestehe, dass ich die Frage der Heirat nicht weiter verfolgte, mir schien, sie könne ihre Angelegenheiten durchaus selbst ordnen. Am folgenden Morgen brachte sie mir zum Frühstück frisches Brot und bat mich, vor der Abreise das Haus ihres Vaters zu besuchen. Als ich kam, fand ich die ganze Familie, Söhne, Schwiegertöchter und Enkelkinder, zu meiner Begrüßung versammelt vor, und obwohl ich gerade gefrühstückt hatte, bestand der alte Vater darauf, Brot und eine Schüssel Sahne vor mich hinzustellen, »damit das Band der Gastfreundschaft zwischen uns sei.«. Sie alle waren freundliche, wohlgestaltete Menschen, auf ihren schönen Gesichtern lag das strahlende Lächeln, das Musa so anziehend machte. Um ihretwillen werden die Kurden künftig einen großen Platz in meiner Wertschätzung haben.

XIII

Von Basufan nach Antiochia

Um acht Uhr am Morgen des 4. Aprils verließen wir Basufan, ritten über unbeschreiblich felsige Pfade nach Süden, der Qalaat Seman lag im Westen, und umrundeten die östliche Flanke des Djebel Sheikh Barakat. Musa sagte, er müsse uns zeigen, wo der Weg anfange, und begleitete uns bis Deir Tazze, ein großes mohammedanisches Dorf mit drei- bis vierhundert Häusern. Hier verließ er uns, und wir ritten in die fruchtbare Ebene von Sermeda hinunter, die von den Hängen des Djebel Halakah umgeben ist. Um die Mittagszeit erreichten wir das Städtchen Dana und rasteten an dem berühmten Grab aus dem dritten Jahrhundert, das de Vogüé beschrieben hat. Meiner Meinung nach ist es von allen kleinen Monumenten Nordsyriens das schönste, seine schlichte Zartheit wäre würdig, neben dem Lysikratesmonument in Athen zu stehen. Sonst hielt uns nichts in Dana, wir warteten die Ankunft der Tragtiere ab, die ich dann mit Kikhail und einem örtlichen Führer weiterschickte, die Anweisung lautete, Najib und mich an den Ruinen von Debes zu treffen. Nach einigen Beratungen kamen Najib und der örtliche Führer überein, um welchen Ort es sich handelte, ich kannte ihn nur aus Reiseberichten und erst als wir dort ankamen, entdeckte ich, dass wir nicht in Dehes waren, sondern in Mehes. Das machte aber nichts, denn wir trafen einander und die Stelle erwies sich als guter Ort für das Lager.

Von Dana aus führte Najib mich auf der Römerstraße in Richtung Norden, wir passierten einen römischen Triumphbogen, den Bab al-Hawa, schön platziert am Eingang zu einem steinigen Tal. Diesem Tal folgten wir ein oder zwei Meilen weit, auf dem Weg lag eine Kirchenruine. Wir nahmen eine Schlucht durch die Berge, sie führte nach Westen und brachte uns auf eine weite Hochebene nahe der verlassenen Stadt Ksejba.[16] Auf dem Weg zum Dorf Babisqa ritten wir durch eine blumenübersäte Landschaft voller verfallener Häuser und Kirchen: angesichts so viel bezaubernder, makelloser Schönheit hüpfte mir das Herz in der Brust. In dieser Höhe war schwer auszumachen, wo Baqirha, die Stadt, die ich besuchen wollte, sein könnte. Aber bei Babisqa trafen wir auf Hirtenzelte und fragten einen der Männer nach dem Weg. Dieser Hirte war äußerst schwerfällig, er sagte, es gebe keine Straße nach Baqirha, der Nachmittag sei für eine solche Unternehmung zu weit fortgeschritten, überdies gehe er gerade mit einem Korb Eier in die entgegengesetzte Richtung und können uns nicht helfen. Ich war nicht so viele Meilen geritten, um jetzt aufzugeben, und so brachten wir den Schäfer mit einigem Schimpfen und viel Überredungskunst dazu, uns zum Fuß des Berges zu führen, auf dem Baqirha liegt. Er ging etwa eine Stunde lang mit uns, dann deutete er auf den Gipfel des Djebel Barisha, sagte »Da ist Baqirha«, drehte sich abrupt um und kehrte zu seinem Korb Eier zurück.

Weit oben am Berghang, von der Nachmittagssonne beschienen, sahen wir die Ruinen, und nachdem wir vergeblich nach einem Pfad Ausschau gehalten hatten, drängten wir die Pferde über Steinblöcke und durch ein Dickicht aus blühenden Dornenbüschen voran. Aber selbst syrische Pferde kommen einmal an den Punkt, wo sie nicht weiterkönnen. Den

---

16 Die amerikanische Expedition hat die antiken Stätten des Djebel Barisha besucht und beschrieben.

Kapitel XIII

hatten unsere Tiere fast erreicht, sie waren an diesem Tag schon stundenlang über Felsbrocken geklettert, und wir mussten auch noch zum Lager zurück reiten, Gott allein wusste, wie weit das entfernt lag. Aber die Mauern, die so nah über uns in der Sonne strahlten, konnte ich nicht aufgeben; also sagte ich dem widerstrebenden Najib, er solle hier unten bei den Pferden warten, ich würde allein hinauf gehen. Der Tag neigte sich schon dem Ende zu, ich kletterte, so schnell ich konnte. Die Felsen lagen unter einem Blumenteppich und waren von der niedrig stehenden Sonne erwärmt, diesen steilen Aufstieg werde ich trotz der großen Eile sicher nie vergessen. Nach einer halben Stunde stand ich am Rand der Stadt in einer großartigen Basilika, deren Ausschmückung und Form außerordentlich schön und vielfältig waren. Dahinter führten menschenleere, zerstörte Straßen am Berghang entlang, Häuser mit geschmückten Balkonen und Portalen, säulenumstandene Marktplätze lagen reglos im goldenen Sonnenlicht. Meine Wallfahrt aber hatte ein anderes Ziel. Ein breiter Weg schlängelte sich aus der Stadt hinaus, ich ging über eine Blumenwiese, der Weg endete an einem Abgrund. Zwischen mir und dem Berggipfel lag nur noch eine schroffe Felswand. Schluchten durchzogen das Gebirge in verschiedene Richtungen, unten lag sonnenbeschienen eine fruchtbare Ebene, am Gipfel, auf einem kleinen Plateau, stand ein exquisites Tempelchen. Ich setzte mich an dem Portal nieder, durch das die Gläubigen den Tempelhof betreten hatten. Unter mir lagen die Nordhänge des Djebel Barisha, die schönen breiten Täler und die schneebedeckten, dunstumflorten Gipfel des Gavur Dag. Tempel, Stadt und Berghänge waren verlassen, nur weit entfernt, auf einem Bergpfad, blies ein Hirtenjunge seinen Tieren eine wild-süße Melodie. Der Ton der Rohrflöte ist die Stimme der Einsamkeit. Ihr Klang stieg schrill, klar und leidenschaftslos zum Tempeltor hinauf, von den Wellen der Bergluft getragen, den Blüten parfümiert, den Strahlen der tief stehenden Sonne gefärbt. Menschen waren gekommen und gegangen, das Leben war zu diesen Berghängen hinaufgeflutet und hatte sich wieder zurückgezogen, nun herrschten die alten Götter wieder allein über Felsen und blühende Dornbüsche. Hier waren Friede, Einsamkeit und Schönheit.

Am Eingang zu diesem Heiligtum erklang ein Loblied in mir, ich dankte und begab mich frohen Herzens auf den Rückweg.

Najib begrüßte mich mit deutlicher Erleichterung.

»Bei Gott!«, sagte er. »Seit ich Eure Exzellenz auf dem Blick verloren habe, habe ich nicht eine Zigarette geraucht, ich habe die ganze Stunde lang nur gesagt ›Bitte, Gott, bitte, mögen ihr zwischen den Felsen keine Räuber auflauern.‹«

Woraufhin er sich, um das Versäumte nachzuholen, die Zigarette anzündete, die er in meiner Abwesenheit trotz seiner Angst hatte rollen können. Ich kann zwar nicht beschwören, dass das wirklich die einzige war, aber seine Gefühle waren doch erfreulich. Damals dachte ich, dass es auf der ganzen Welt keinen unwegsameren Pfad geben könne als den, auf dem wir dann in die Ebene von Sermeda hinunter ritten (die Etappe nach Sermeda am folgenden Tag sollte mich eines Besseren belehren). Unten angekommen, ging es südwärts durch ein enges Tal, ein Streifen Ackerland, der sich durch steile Felsen schlängelte. Wo das Tal sich weitete, lag ein großes, modernes Dorf, dort erwartete uns die willkommene Nachricht, dass unser Lager nicht weit entfernt schon aufgeschlagen war. Völlig erschöpft erreichten wir um viertel nach sechs Mehes, oder vielleicht, wer weiß, war es doch Dehes, jedenfalls waren wir beide sicher, dass unsere Pferde keine weitere Meile geschafft hätten.

Das Lager in Mehes war zauberhaft. Ich hatte nur selten Gelegenheit, die Zelte weit abseits einer Siedlung aufzuschlagen. Die Maultiertreiber sehnten sich nach Joghurt und ande-

Kapitel XIII

ren Annehmlichkeiten der Zivilisation, ich muss zugeben, dass der Joghurt auch mir fehlte. Aber der Charme eines ganz abgeschieden gelegenen Camps tröstete mich darüber hinweg. Die Nacht war still und klar, wir befanden uns im Schiff einer Kirchenruine und schliefen nach unserem langen Ritt den Schlaf der Gerechten.

Bevor ich die Berge verließ, wollte ich eine weitere Ruine besuchen: Die Kirche Qalb Lhose, von der alle Beschreibungen sagten, sie sei nach Qalaat Seman das schönste Bauwerk in ganz Nordsyrien (was zutrifft). Ich schickte die Lasttiere auf den Weg durch die Täler, wobei ich Farris ebenso strikt wie vergeblich einschärfte, er solle nicht trödeln, dann brach ich mit Mikhail und Najib auf, um zu Pferd die Bergketten des Djebel Barisha und des Djebel al'Ala zu überqueren. Berge besteigt man am besten zu Fuß; wer wissen möchte, was ein Pferd körperlich zu leisten im Stande ist, sollte den Djebel al-Ala nach Qalb Lhose hochreiten. Ich meinte, mich auf diesem Gebiet bereits gut auszukennen, musste aber feststellen, dass ich durch diese Expedition viele neue Erfahrungen machte. Westlich von Mehes ritten wir einen unsäglich steinigen Hang senkrecht hoch und kamen so zum Gipfel des Djebel Barisha. Der Boden war sehr felsig, dennoch gab es hier und da kleine Olivenhaine, Weinberge und winzige, weit verstreut liegende Kornfelder. Jeder Vorsprung und jede Vertiefung war ein Wildblumenparadies; in süß duftendem Lorbeerdickicht öffneten hohe blaue Iris die schmalen Knospen, der Duft des purpurroten Seidelbasts schwängerte die Luft. Bewohnt wurde diese Idylle von einem übellaunigen Bauern, schweigsamer und weniger zuvorkommend als er kann kein Mensch sein. Nach langem erfolglosen Verhandeln (er verlangte für alles, was er für uns tun könnte, absurd hohe Preise, aber da wir in seiner Hand waren, mussten wir schließlich nachgeben) willigte er ein, uns nach Qalb Lhose zu bringen und führte uns auf einem bedrohlich schmalen, in den Fels gehauenen Pfad den Djebel Barisha hinunter. Der Weg war so steil und so schmal, dass wir nur mit Mühe an Frauen vorbeikamen, die uns bergauf mit Reisigbündeln – Reisig! es waren blühender Seidelbast und Lorbeer – entgegenkamen. Am Ende des halsbrecherischen Abstiegs lag ein tiefes Tal mit einem See am Ende, direkt vor uns ragte der Djebel al'Ala auf, eine, soweit ich sehen konnte, glatte Felswand, die keinesfalls mit den Pferden zu erklimmen war. Der einsilbige Bauer, der uns führte – ich bin froh, dass ich mich nicht an seinen Namen erinnere – sagte, dass unser Weg dort hinauf führe, Najib schien einverstanden, ich folgte mit sinkendem Herzen. Es war unbeschreiblich. Wir sprangen und stolperten über die Felsen, die Tiere sprangen und stolperten hinter uns her und gingen widerstrebend am Rand kleiner Abhänge entlang, wo sie sich, wären sie gefallen, mit Sicherheit alle Knochen gebrochen hätten. Die Vorsehung hielt die Hand über uns, unverletzt erreichten wir eine Landschaft, die genau so zauberhaft war wie der Gipfel des Djebel Barisha, den wir gerade verlassen hatten. Am Rand eines Olivenhains machte unser Führer kehrt, wenige Minuten später hatten wir Qalb Lhose erreicht.

Ich weiß nicht, ob diese große Kirche jemals von einer nennenswerten Siedlung umgeben war; wir jedenfalls sahen nur ein paar wenige verfallene Wohnbauten. Die Kirche steht allein. Allein auch in dem Sinne, dass es in Syrien kein zweites antikes Monument gibt, das ihr gleichkäme. Die turmtragende Narthex, die weiten Buchten des Schiffs, die mit Ziersäulen geschmückte Apsis, die unvergleichliche Schönheit der Ornamente und die Stimmigkeit der Proportionen fallen dem Betrachter als erstes auf. Doch beim Hinschauen wird ihm langsam gewahr, dass dieses Bauwerk nicht nur die höchste, letzte Vervollkommnung der syrischen Kunst, und der Endpunkt eines Jahrhunderte andauernden Strebens ist. Nein. Mit ihm beginnt zugleich ein neues Kapitel der Weltarchitek-

Kapitel XIII

tur. Die elegante, schlichte Schönheit der Romanik wurde in Nordsyrien geboren. Es sind reizvolle Gedankenspiele, wohin das Genie dieser Architekten hätte führen können, wenn ihnen die arabische Invasion nicht Einhalt geboten hätte. Wir hätten mit Sicherheit unabhängige Schulen großer Baumeister gehabt, vermutlich stark von den Traditionen der Klassik, noch stärker aber vom Osten beeinflusst. Überall hätten sie ihren unverkennbaren, eigenen Stil beweisen können: kühn, fantasievoll und zart. Der Gedanke, dass die Schöpferkraft, die sich in Qalb Lhose offenbart, auch keine Zeit für einen künstlerischen Niedergang hatte, bietet keinerlei Trost.

Ich hatte gehört oder gelesen, dass es in den Bergen um Qalb Lhose Drusendörfer gebe, die von Emigranten aus dem Libanon bewohnt seien. Ich hatte nirgends solche Dörfer gesehen und sie daher fast vergessen. Nahe der Kirche stand ein halbes Dutzend Hütten, die Bewohner kamen heraus und sahen mir beim Fotografieren zu. Ohne dass es mir recht bewusst gewesen wäre, registrierte ich etwas Vertrautes in den Kohl-geschwärzten Augen, eine Besonderheit im Verhalten, beides flüchtig und kaum fassbar, aber es löste in mir ein Gefühl müheloser, freundlicher Vertrautheit aus, vermischt vielleicht mit einem leichten Beschützerinstinkt. Als sich zu den wenigen Männern die Frauen hinzugesellten, fielen mir ihre silbernen Ketten und Spangen auf, ich erinnerte mich vage, dergleichen schon woanders gesehen zu haben. Als wir aufbrechen wollten, trat ein älterer Mann vor und bot sich an, uns eine Stunde lang zu begleiten. Der Weg hinunter nach Harim, sagte er, sei schwer zu finden. Wir waren keine fünfzig Schritte gegangen, als mir plötzlich klar war, was ich unbewusst wiedererkannt hatte.

»Maschaallah!«, sagte ich. »Sie sind Drusen.«

Der Mann sah sich ängstlich nach Najib und Mikhail um, die dicht hinter uns gingen, senkte den Kopf und ging wortlos weiter.

»Sie müssen nichts fürchten«, sagte ich. »Der Soldat und mein Diener sind verschwiegene Männer.«

Da fasste er sich ein Herz und sagte:

»Wir sind nur wenige in den Bergen. Wir haben Angst vor den Mohammedanern und verheimlichen ihnen, dass wir Drusen sind, damit sie uns nicht vertreiben. Alles in allem sind wir nicht mehr als zweihundert Familien.«

»Ich hatte gehofft, Sie zu finden«, sagte ich, »denn ich kenne die Scheiche im Hauran, sie sind mir mit großer Freundlichkeit begegnet. Daher möchte ich jeden Drusen, den ich unterwegs treffe, begrüßen.«

»Allah!«, sagte er, »Ihr kennt Turshan?«

»Bei Gott!«, sagte ich.

»Shibly und seinen Bruder Yahya?«

»Ich kenne Yahya, aber Shibly ist tot.«

»Tot!«, rief er aus. »O Gnädiger! Shibly tot!«

Dann wollte er alle Neuigkeiten aus dem Bergland hören und lauschte mit gespannter Aufmerksamkeit einigen Geschichten, für die ich, so weit von Salchad entfernt, kein offenes Ohr erwartet hatte. Plötzlich hörte er auf zu fragen und ging zu einem jungen Mann, der in einem Weinberg die Stöcke beschnitt.

»O mein Sohn!«, rief er ihm entgegen. »Shibly al-Atrasch ist tot! Leih mir deine Schuhe, damit ich mit der Dame nach Harim gehen kann, meine sind zerschlissen.«

Der junge Mann kam näher und streifte die roten Lederschuhe von den Füßen.

»Wir sind Gottes«, sagte er. »Ich habe Shibly noch vor einem Jahr gesehen.« Dann musste die Nachricht in allen Einzelheiten wiederholt werden.

Der Weg führte an einem steinigen Gebirgsrücken entlang. Wir streiften durch purpurfarbenen Seidelbast, der in wunderbarer Üppigkeit wuchs, und unterhielten uns, als seien wir alte Freunde, die sich nach langer Zeit wiedersehen.

Kapitel XIII

Als wir den Rand des Djebel al'Ala erreichten, sahen wir Harim unter uns liegen, ich bestand darauf, dass mein Gefährte sich die Mühe sparte, mit uns hinunter zu gehen. Er willigte mit großem Bedauern ein, überschüttete mich aber volle fünf Minuten lang mit Segnungen, bevor er sich von mir verabschiedete, und kam dann noch einmal zurück, um ganz sicher zu gehen, dass wir auch wirklich den richtigen Weg nahmen.

»Und wenn Ihr das nächste Mal in die Djebel al'Ala kommt«, sagte er, »müsst Ihr Euer Lager in Qalb Lhose aufschlagen und mindestens einen Monat bleiben. Wir geben Euch alles, was Ihr braucht und zeigen Euch alle Ruinen. Und jetzt geht, so es Gott gefällt, in Frieden und Sicherheit und kehrt nächstes Jahr in Frieden und Gesundheit zurück.«

»Gott schenke Euch ein langes Leben«, sagte ich, »und Frieden.«

So trennten wir uns. Ich mochte diese Menschen so gern, dass mir ganz warm ums Herz war, und so wird es bleiben. Es heißt, sie seien grausame Kämpfer, und dafür gibt es auch erdrückende Beweise; manche nennen sie falsch, andere habgierig. Aber ich werde nicht zögern, jeden Drusen, den ich treffe, als Freund zu begrüßen, bis bewiesen ist, dass mein Vertrauen unangebracht war.

Die Burg Harim steht auf einem Bergkegel am Eingang einer der wenigen Schluchten, die den Zugang zum Djebel al'Ala ermöglichen. Daran schließt sich die weite Orontesebene an, die in antiker Zeit der Kornspeicher der Stadt Antiochia war. Im Norden war ein großer Teil der Ebene überflutet, der morastige See, den die Syrier El Bahra nennen, hatte durch die jüngsten Regenfälle seine äußerste Ausdehnung erreicht. Von Harim ritten wir nach Süden an den Abhängen des Djebel al'Ala entlang bis Salkin, was wegen der außerordentlichen Schönheit der Landschaft eine erinnerungswürdige Etappe war. Nirgends in Syrien hatte ich bisher eine so üppige Fruchtbarkeit gesehen. Oliven- und Mandelhaine teilen sich den fetten Boden mit Gerste und Hafer; dichte Ginster-, Seidelbast- und Brombeergestrüppe säumten die Straße, auf jedem sonnenbeschienenen Fleckchen leuchtete das Blau der *Iris stylose*. Salkin selbst lag in einem bewaldeten Tal und war von zahllosen Olivenhainen umgeben, die sich viele Meilen weit bis zum Orontes hinzogen. Bevor wir die Stadt erreichten, machten wir auf einer Wiese zwischen Olivenbäumen Rast. Es war fünf Uhr, wir ließen uns unter Bäumen nieder, um auf Faris zu warten, der noch nicht da war. Unsere Ankunft sorgte bei den Leuten, die im Gras saßen und die Abendruhe genossen, für einige Unruhe; es dauerte nicht lang, bis ein Mann, offenbar eine hochstehende Persönlichkeit, in Begleitung eines Dieners zu uns herüber kam und mich einlud, in seinem Haus auszuruhen. Er hatte seine Lebensmitte noch nicht erreicht, war aber stattlich gebaut und von angenehmer Erscheinung; ich nahm die Einladung an, weil ich mir gern ansehen wollte, was Salkin zu bieten hatte. Man sollte nie eine Gelegenheit versäumen, seinen Bekanntenkreis zu erweitern, das gilt besonders in der Fremde.

Ich begriff schnell, dass ich dem reichsten Einwohner der Stadt in die Hände gefallen war. Muhammad Ali Agha ist ein Sohn des Rustum Agha, von Geburt Tscherkesse und ein Bediensteter der bedeutenden Tscherkessenfamilie Kakhya Zadeh aus Hamadan. Das ist ihr arabischer Name, die Perser nennen sie Kat Khuda Zadeh. Die Kakhya Zadeh waren vor zweihundert Jahren nach Aleppo eingewandert und dort mit Transaktionen, auf die sich die Tscherkessen verstehen, außerordentlich reich geworden. Jetzt sind sie eine der mächtigsten Familien Aleppos. Ihre Bediensteten teilen diesen Erfolg, und Rustum Agha, ein vorsichtiger Mann, hatte genug Geld zurückgelegt, um in Salkin Ländereien kaufen zu können. Sie lagen in der Nähe eines großen Landgutes, das sein Herr im Orontestal besitzt. Das Schicksal meinte es wirklich

Kapitel XIII

gut mit ihm, denn sein Sohn konnte die Hand einer Kakhya-Tochter erringen. Diese Einzelheiten erfuhr ich erst später; ich hatte aber schon in Muhammad Alis Harem gestaunt, wie ehrerbietig er seine Gattin behandelte, und mich gefragt, warum diese kleine Dame mit den scharfen Gesichtszügen und den leuchtenden Augen von ihrem Gatten so respektvoll behandelt wurde, obwohl sie ihm keine Söhne geschenkt hatte. Da wusste ich noch nicht, dass sie Reshid Agha Kakhya Zadehs Schwester war. Muhammad Ali hatte nur ein Kind, und dieses sechsjährige Mädchen war, obwohl sie einem nutzlosen Geschlecht angehörte, offenkundig der Augapfel ihres Vaters. Er unterhielt sich lange mit mir über ihre Erziehung und ihre Zukunftsaussichten, ich aß dabei Oliven und Kirschgelee, beides ausgezeichnet, die seine Diener serviert hatten. Die Khanum war so liebenswürdig, den Kaffee höchstpersönlich zuzubereiten und sich begeistert über den ramponierten Filzhut zu äußern, der, halb verdeckt von seinem purpur-silber-durchwirkten Tuch, neben mir auf dem Diwan lag.

»Ach, so ein schöner europäischer Hut!«, sagte sie. »So hübsch! Warum verstecken Sie ihn unter einem Tuch?«

Mit diesen Worten nahm sie den Seidenschal und die Kamelhaarschnur ab, drückte ihn in seiner ganzen schändlichen Blöße ihrer Tochter auf die schwarzen Locken und erklärte ihn zum kleidsamsten Kopfschmuck der Welt.

Um sechs Uhr bekam ich die Nachricht, dass meine Lasttiere angekommen seien, aber bevor ich zu meinem Zelt zurückkehren durfte, musste ich in einem höher gelegenen Stockwerk Rustum Agha einen Besuch abstatten. Er lag unter einem Berg seidener Steppdecken auf einem Sofa, mit Blick auf den wunderbar rauschenden Fluss und die zwei hohen Zypressen, die sehr zu Salkins malerischer Schönheit beitragen. Sie stehen wie dunkle Wächter vor dem Portal des Hauses, es ist das erste und auch größte an der gewundenen

Ortstraße. Rustum Agha war sehr alt und sehr krank, das Gesicht auf der blassgelben Seide war das eines Toten. Er schien erfreut über meinen Besuch, doch als er den Mund öffnete, um mich zu begrüßen, erfasste ihn ein so heftiger Hustenkrampf, dass es ihm fast die Seele aus dem Leib schüttelte. Kaum hatte er sich erholt, erkundigte er sich nach den letzten Nachrichten zu Russland und Japan. Es erstaunte mich, dass jemand, der dem Tode so nah schien, geduldig andere Fragen stellte als nur die, ob der säumige Sensenmann mit seiner Sense bereits zwischen den Zypressen auf die Eingangstür zuhumpele.

Kaum hatte ich mich in meinem Zelt zum Essen niedergelassen, kamen zwei Diener Muhammad Alis ins Lager. Sie taumelten unter der Last eines großen Kruges Oliven, die aus Salkins Hainen stammten und in eigenem Öl eingelegt waren. Sie überbrachten auch die Bitte ihres Herrn, mich besuchen und eine Stunde mit mir verbringen zu dürfen; ich schickte sie mit einer Nachricht zurück, mit der ich ihn ersuchte, mir diese Ehre zu erweisen. Er kam später in Begleitung von ein oder zwei Dienstleuten, die seine Wasserpfeife trugen, und ließ sich zu einem angenehmen Gespräch nieder, das vom Gurgeln seiner Wasserpfeife begleitet war, ein beruhigendes und freundliches, jeder Konversation dienliches Geräusch. Salkin, erzählte er, sei eins von vielen Seleukias, es sei von Seleukos I. selbst als Sommerfrische für die Bewohner Antiochias gegründet worden. Genau hier, wo meine Zelte stünden, sowie auf dem angrenzenden Friedhof habe das ursprüngliche Seleukia gelegen, »und immer wenn wir graben, finden wir Steine mit Ornamenten, manchmal auch mit Schrift.« Es scheint nicht abwegig, dass die Bewohner Antiochias dieses fruchtbare Gebirgsvorland als Ort für ihre Landhäuser gewählt hatten, aber ich habe für diese Annahme keinerlei weitere Belege. Er sagte auch, dass sein Schwager Reshid Agha gegenwärtig bei ihm sei, und äußerte

Kapitel XIII

die Hoffnung, dass ich ihn vor meiner Abreise besuchen könne.

Reshid Agha Kakhya Zadeh mag der mächtigste Mann der Gegend sein, aber er ist auch ihr größter Schurke. Als ich ihn früh am nächsten Morgen besuchte, saß er unter den Zypressen am schäumenden Fluss, ein verschlageneres Gesicht in einer reizenderen Umgebung und von einer schöneren Sonne beschienen ist schwer vorstellbar. Er war ein großer Mann mit anmaßendem Wesen, die niedrige Stirn verbarg eine Welt heimtückischer Gedanken, er schielte furchtbar, und wenn er die eitlen Prahlereien und scharfen Befehle aussprach, aus denen seine Konversation im wesentlichen bestand, glänzten die dicken, aufgeworfenen Lippen feucht. Er trug einen blassgelben Umhang und rauchte eine Wasserpfeife mit edelsteinbesetztem Mundstück, neben ihm lag ein Strauß Frühlingsblumen, an denen er beim Reden hin und wieder roch, bevor er mir schließlich die schönsten schenkte. Es gehört zu den Privilegien eines Reisenden, der niemandem Rechenschaft schuldig ist, dass er die Gesellschaft von Schuften nicht meiden muss. Ich erfuhr, dass mein Freund Muhammad Ali seinen Schwager Reshid Agha nach Alni begleiten wolle, wo dieser ein Haus hatte, und da das auf meinem Weg lag, sah ich keinen Grund, den Vorschlag eines gemeinsamen Aufbruchs abzulehnen. Die Tiere wurden gebracht, wir stiegen auf und trabten durch die Olivenhaine in Richtung Orontestal. Reshid Agha ritt eine prächtige Araberstute; das gepflegte schwarze Fell glänzte, sie hatte leichtes Zaumzeug, das Kopfstück bestand aus einer Silberkette, die Zügel waren reich mit Silber verziert, jede ihrer Bewegungen war eine Freude für das Auge. Ihr Reiter heischte bei Muhammad Ali, der auf einem schönen Maultier neben ihm trabte, mehrfach um Bewunderung für das Pferd, und wenn dieser bereitwillig das verlangte Lob geäußert hatte, wurde es von einem dicken Alten, der uns auf einem mageren Pony begleitete, wiederholt und bestärkt. Er war Kakhza Yadehs fest angestellter Spaßmacher und Schmeichler, und wenn sein Aussehen nicht täuschte, war er auch Kumpan bei dessen Lastern und Komplize bei dessen Verbrechen – in was für eine seltsame Gesellschaft war ich an jenem Morgen geraten! Haddsch Najib trabte zufrieden hinter uns her; aber Mikhail, mit seinem ausgeprägten Sinn für Anstand, konnte seine Verachtung kaum verhehlen. Wenn der Spaßmacher oder Resh Agha ihn ansprachen, antwortete er einsilbig, freundlicher begegnete er Muhammad Ali, weil er (zu Recht) fand, der sei aus einem anderem Holz. Eine Stunde lang ritten wir über weichen, federnden Boden, Reshid wies uns häufig auf die Schönheiten seines Besitzes hin.

»Die Olivenhaine gehören alle mir«, sagte er, »und bei Gott und Seinem Prophet! Oliven wie diese gibt es im ganzen Land kein zweites Mal. Jedes Jahr komme ich von Aleppo hierher und überwache die Olivenernte höchstpersönlich, sonst betrügen mich die Schurken, die für mich arbeiten, Gott verfluche sie! Darum habe ich in Alani ein Haus gebaut – bei Gott, ein Mann soll es sich angenehm machen und gut leben. Ihr werdet es selbst sehen, Ihr müsst mit mir essen, mein Tisch ist für Gäste immer gedeckt. Um das Haus herum habe ich Maulbeerbäume gepflanzt, zehntausend in den letzten fünf Jahren! Ich werde Seidenraupen züchten, bei Gott! und das in großer Zahl. Yusuf! zeig ihr die Schachtel mit den Eiern, die aus dem Land Frankreich gekomken sind.«

Der Spaßmacher zog aus der Brusttasche ein Pappschächtelchen mit dem Aufdruck einer französischen Firma; aber bevor ich meine Bewunderung für Aghas Unternehmergeist in Worte fassen konnte, wurde seine Aufmerksamkeit von einem Bauern abgelenkt, der einen Olivenbaum nicht zu seiner Zufriedenheit beschnitt. Reshid gab seiner Stute die Sporen, ritt zu den Bäumen hinüber, überschüttete den armen Mann mit einem Schwall von Flüchen und Verwünschungen, dann

Kapitel XIII

kehrte er zu mir zurück und setzte die Litanei seiner Heldentaten fort.

Das Haus war groß, neu, voller Plüsch und goldgerahmten Spiegeln. Der Agha gab keine Ruhe, bevor ich nicht jeden Winkel gesehen und bewundert hatte, wobei mir sein Schmeichler den passenden Wortlaut von Lob und Begeisterung vorgab. So begriff ich, dass ich vor allem die Eisenöfen preisen musste. Sie waren in jedem Raum gut sichtbar platziert und vergrößerten mit Sicherheit den Komfort der Residenz, wenn auch nicht unbedingt deren Eleganz. Als das überstanden war, nahmen wir auf einem Diwan Platz, wir mussten noch etwas auf das Essen warten. Der Agha nutzte die Zeit, um mir mit schriller Entrüstung seine Kämpfe gegen die korrupte und tyrannische Regierung zu schildern, unter der er lebte, vergaß allerdings zu erwähnen, dass er alles, was ihm von seinen Übergeordneten widerfuhr, mit Zinsen an die ihm Untergeordneten weitergab.

»Bei Gott!«, plapperte er, »Ihr habt gesehen, wie ich in meinen Olivenhainen arbeite, wie ich Maulbeerbäume pflanze und mir aus fernen Ländern Seidenwurmeier schicken lasse. Ich beschere Alani ein neues Gewerbe, aber ist der Wali dankbar? Nein! beim Propheten! Er schickt seine Männer, und die sagen: ›Halt – erst müssen wir wissen, wie viel mehr Steuer wir von dir erheben können!‹ Als ich am Fluss eine Mühle bauen wollte, um mein eigenes Korn zu mahlen, sagten sie: ›Halt! Das ist gegen das Gesetz!‹ und schickten mitten in der Ernte nach mir. Ich ritt sofort nach Aleppo, doch sie ließen mich warten, Tag um Tag, Woche um Woche, und verboten mir, die Stadt zu verlassen. Aber bei Gott!«, tobte der Agha und schlug die Faust krachend auf einen kleinen Intarsientisch, »ich habe ihre Pläne durchkreuzt! Ich bin zum Kadi gegangen und habe gefragt: ›Wer hat diesen Befehl gegeben?‹ Er sagte: ›Der Wali.‹ Also ging ich zum Wali und fragte: ›Wer hat diesen Befehl gegeben?‹ Und er antwortete: ›Ich weiß nicht, wahrscheinlich der Kadi.‹ Ich sagte, dass sie mir das schriftlich geben sollten, aber das haben sie nicht gewagt und so ließen sie mich gehen.«

Mitten in diese Erzählung hinein wurden drei Besucher angekündigt. Unterwürfig nahmen sie auf dem gegenüber stehenden Diwan Platz und ergingen sich in Begrüßungen und Komplimenten. Der Agha empfing sie wie ein Kaiser seine Untertanen, einer ergriff sofort die Gelegenheit, mir in unüberhörbarem Bühnenflüstern zuzuraunen:

»Ihr habt gesehen, was für ein Mann der Agah ist? Er ist in diesem Land wie ein König.« Da wurde der Agha noch königlicher herablassend.

Schließlich setzten wir uns an eine Tafel, die mit allem gedeckt war, was es an syrischen Leckerbissen gibt; nur wenige Landesküchen übertreffen die syrische, wenn diese gut bereitet ist. Der Agha aß, sprach mit großem Eifer und drängte seine Besucher, jedes Gericht zu kosten. Als das Mahl in vollem Gang war, kam ein Diener zu ihm und sagte, draußen sei ein gewisser Fellache, der ihn zu sprechen wünsche.

»Soll herein kommen«, sagte der Agha gleichgültig. Eine zerlumpte Gestalt erschien in der Tür und sah mit halb stumpfem, halb verängstigtem Blick auf die Gesellschaft und die Fülle köstlicher Gerichte.

»Friede sei mit Euch, Agha«, begann er.

Doch kaum hatte der den Bittsteller gesehen, sprang er in leidenschaftlicher Wut auf. Sein Gesicht wurde dunkelrot, die ewig schielenden Augen schienen ihm aus dem Kopf springen zu wollen, er schlug mit der Faust auf den Tisch und schrie:

»Hinaus! Möge Gott dich und deine Brut verfluchen und das Haus deines Vaters zerstören! Hinaus, sage ich, und bringe das Geld, oder ich schicke dich mit deiner Frau und deiner Familie ins Gefängnis, da könnt ihr dann alle verhungern.«

Kapitel XIII

»O Agha«, sagte der Mann mit einer gewissen Würde, die sich dem Zorn des anderen entgegenstellte. »Ein wenig Zeit. Gebt mir ein wenig Zeit.«

»Keinen Tag! Keine Stunde!«, schrie der Agha. »Fort! Geh! und heute Abend bringst du mir das Geld.«

Der Bauer verschwand ohne ein weiteres Wort aus der Tür, der Agha setzte sich und nahm das unterbrochene Essen und die unterbrochene Unterhaltung wieder auf. Die anderen Gäste aßen weiter, als sei nichts geschehen, aber ich schämte mich ein wenig, dass ich an Aghas rechter Seite saß. Der Abschied von ihm fiel mir nicht schwer.

Er schickte uns zum Orontes hinunter und ließ uns in einer seiner Fähren über den Fluss setzen. Als wir am anderen Ufer angekommen waren, griff Mikhail ostentativ in seine Tasche und zog einen Kanten Brot heraus.

»Hast du in Alani nichts gegessen?«, fragte ich.

»Mit einem wie dem esse ich nicht«, sagte Mikhail steif.

Daraufhin nickte Najib, der den ungewohnten Luxus eines reichen Mahls ohne jeden Skrupel genossen hatte, und sagte:

»Der Agha ist ein böser Mann, Gott gebe ihm, was seine Taten verdienen. Er presst den Armen den letzten Metalik ab, nimmt ihr Land, verjagt sie aus ihren Häusern und lässt sie verhungern.«

»Das und Schlimmeres«, sagte Mikhail düster.

»Bei Gott!«, sagte Najib. »Jeder, der eine schöne Frau oder schöne Tochter hat, lebt in Angst vor ihm, denn er ruht nicht, bis er diese Frau in Händen hat. Bei Gott und Mohammed, seinem Propheten! er hat viele Männer getötet, um ihre Frauen in seinen Harem zu bekommen. Niemand ist verhasster als er.«

»Kann das Gesetz ihn nicht daran hindern?«

»Wer sollte ihn hindern?«, sagte Najib. »Er ist reich – möge Gott sein Haus zerstören.«

»Ach Mikhail«, sagte ich, als wir uns über morastige Felder kämpften. »Ich bin in deinem Land viel gereist, habe viele Menschen gesehen und kennengelernt. Ich habe selten einen Armen getroffen, den ich nicht zum Freund nähme, und selten einen Reichen, den ich nicht lieber miede. Wie kann das sein? Verändert in Syrien der Wohlstand die Herzen? In meinem Land, musst du wissen, sind nicht alle Mächtigen tugendhaft, aber sie sind auch nicht alle Schurken. Wie ist das: Wenn du und der Druse von Qalb Lhose und Musa der Kurde plötzlich reich würdet, wäret ihr dann auch wie Reshid Agha?«

»Werte Dame«, sagte Mikhail, »das Herz ist überall gleich. Aber in eurem Land ist die Regierung gerecht und stark, jeder Engländer muss gehorchen, sogar die Reichen. Bei uns hingegen gibt es keine Gerechtigkeit, der große Mann frisst den kleinen, der kleine Mann frisst den noch kleineren, und die Regierung frisst alle. Jeder von uns leidet auf seine Weise, wir flehen zu Gott, er möge uns helfen, weil wir uns selbst nicht helfen können. Aber wenigstens habe ich Reshid Agas Brot nicht gegessen«, schloss Mikhail recht salbungsvoll. Najib und ich senkten beschämt den Kopf.

Es folgten fünf furchtbare Stunden. Vielleicht war es die Strafe für Najib und mich, weil wir am Tisch des Bösen gesessen hatten, aber wie die meisten Strafen des Schicksals, befiel auch diese unterschiedslos die Gerechten wie die Sünder, denn Mikhail litt ebenso sehr wie wir. Hatten wir am Vortag unter Steinen und Felsen gelitten, befanden wir uns jetzt am entgegengesetzten Ende der Skala und litten unter Schlamm. Diese Folter war tausendfach schlimmer. Fünf Stunden lang ging es durch Erdhügel ohne jeden Stein, der zähe Schlamm der Hügel wechselte mit tiefen Sumpflöchern, in die unsere Pferde bis zum Gurt einsanken. Als wir das Sumpfland endlich durchquert hatten und ins Orontestal kamen, waren Mensch und Tier erschöpft. Die Höhen, die wir gerade ver-

Kapitel XIII

lassen hatten, umrundeten uns als Bergrücken und Gipfel, rechts von uns lag das breite, zur Hälfte überschwemmte Tal, dahinter stieg eine wunderbare Bergkette auf. Wenig später sahen wir auf der Hügelkette zu unserer Linken byzantinische Türme und Mauern, zwischen blühenden Lorbeerbüschen schleppten wir uns über die Römerstraße, die nach Antiochia führte. Wir teilten uns die Straße mit einem Nebenfluss des Orontes, der fröhlich über das lückenhafte Pflaster plätscherte.

Doch dann erblickte ich, mit großer Erregung, Antiochia. Diese Stadt war Jahrhunderte lang die Wiege der Künste, das Zentrum einer Zivilisationen, die auf dieser Welt ihresgleichen sucht. Das moderne Antiochia ähnelt einem Clown, dessen Kleidung viel zu groß ist für den mageren Körper; die Festungsmauern laufen über Fels und Hügel und umschließen ein Areal, aus dem die Stadt fast verschwunden ist. Und doch ist das immer noch einer der schönsten Orte, die es gibt: Im Hintergrund liegt der hohe, raue Berg, von Mauern bekrönt, davor, dicht gedrängt, die roten Dächer, die sich in das breite, fruchtbare Orontestal hinein ziehen. Erdbeben und die Überschwemmungen des Flusses haben die Paläste der griechischen und römischen Stadt zerstört und unter Schlamm begraben. Am Fuß des Silpius schlugen wir das Lager auf, bei Sonnenuntergang stand ich auf der abschüssigen Wiese des nusairischen Friedhofs und betrachtete die roten Dächer unter der Sichel des zunehmenden Mondes. Da wusste ich, dass Schönheit Antiochias unveräußerliches Erbe ist.

XIV

Antiochia

Meine weitere Erkundung Antiochias bestätigte den Eindruck des ersten Abends. Je länger ich durch die gepflasterten Gassen streifte, umso zauberhafter fand ich sie. Von der Hauptstraße abgesehen, die auch der Basar ist, waren fast alle menschenleer; meine Schritte auf dem Kopfsteinpflaster durchbrachen Jahre der Stille. Die flachen, rot gedeckten Giebel verliehen der ganzen Stadt eine charmante und ganz eigene Note, aus jedem Haus ragte ein Balkon mit Klappläden. Ich fand kaum Spuren der Vergangenheit. Im Serail standen zwei schöne Sarkophage, verziert mit Putti, Girlanden und Löwen, die Stiere zerfleischen, was mir ein typisch asiatisches Motiv zu sein scheint. Ein dritter, der ähnlich, aber weniger gut gearbeitet war, stand an der Daphne Straße. Im Innenhof eines türkischen Hauses sah ich das Fragment eines klassischen Simses, an der Hauptstraße ein Stück Mauer, das sicher aus vormohammedanischer Zeit stammt, sie war abwechselnd aus Haustein und Ziegel gelegt, was an die Akropolis erinnert. Davon abgesehen, existiert das Antiochia des Seleukos Nikator nur noch in der Fantasie. Die Insel, auf der sie stand, ist verschwunden, weil sich der Flusslauf verändert hat; sie lag der Überlieferung nach oberhalb der modernen Stadt. Die Ufer des Orontes waren vermutlich mit prachtvollen Villen gesäumt; man sagte mir, wer tief genug grabe, finde im Schlamm die Fundamente und oft auch kleine Wertge-

Kapitel XIV

genstände wie Münzen und Bronzen. Mir wurden viele solcher kleinen Dinge zum Kauf angeboten, ich hielt sie für ungeschickt angefertigte Fälschungen. In dieser Meinung wurde ich von Rifa't Agha bestärkt, einem türkischen Pascha, der mit großer Hingabe Antiquitäten sammelt. Er hatte eine ausgezeichnete Serie seleukidischer Münzen, die älteren fast so gut wie die besten sizilianischen, die jüngsten fast so schlecht wie die schlechtesten byzantinischen. Er besaß auch einige Bronzelampen, eine in Form eines gelockten Eroskopfes, eine sehr schöne römische Arbeit. Der Agha schenkte mir einen kleinen Kopf, den ich für eine Kopie des Kopfes von Antiochus mit der hohen Krone halte. Er war recht grob gearbeitet, und doch umgab ihn etwas von der Würde des großen Originals.

Noch vor vierzig Jahren waren die Mauern und Türme der Akropolis fast unversehrt; jetzt sind sie nahezu völlig zerstört. Die Bewohner Antiochias sagen, ihre Stadt werde alle fünfzig Jahre dem Erdboden gleich gemacht; das letzte Erdbeben hat 1862 stattgefunden, nun leben sie in Erwartung eines neuen. Der Grund für das Verschwinden des Kastells aber war kein Erdbeben, sondern Wohlstand. Die Stadt ist in dem reichen Tal wunderbar gelegen und durch eine recht gute Straße mit dem Hafen von Alexandretta verbunden, sie könnte leicht ein großes Handelszentrum werden. Daher ist sie in den letzten fünfzig Jahren, sogar unter türkischer Herrschaft, beträchtlich gewachsen, und zwar auf Kosten der Akropolis. Der Orientale scheut keine Mühe, um sich die Arbeit des Steinbrechens zu ersparen, also wurden die Steine der Kastellmauern unter großen Mühen von dem außerordentlich steilen Berg, auf dem sie lagen, hinuntergeschafft. Alle neueren Häuser sind aus antiken Steinen erbaut. Das Werk der Zerstörung hält an, die Mauern verschwinden in rasender Geschwindigkeit, übrig bleiben Schutt und Mörtel, die das Wetter in kurzer Zeit zersetzt. An einem Morgen umrundete ich den ganzen Palast, das dauerte drei Stunden. Westlich des Silpius-Gipfels endete der Hang an einer Kluft, wo sich viele Felsengräber befanden, unmittelbar über meinem Lager verlief ein antikes Aquädukt. Links von der Kluft fiel die Kastellmauer jäh ins Tal ab. An größeren Fragmenten konnte man sehen, dass Haustein- und Ziegellagen abwechselten, und auch die Steinreihen variierten hier und da, weil große und kleine Blöcke benutzt worden waren. Die Festungsmauer umspannte ein großes Areal, der obere Teil führte über sanfte Hänge voll Ginster und Mauerruinen bis zum Berggipfel. In der Westwand befand sich ein schmales, wuchtiges Steintor mit einem Sims aus gefügten Blöcken, darüber war ein Entlastungsbogen. Die Südmauer wurde von Türmen unterbrochen, die Hauptzitadelle lag an der südöstlichen Ecke. Auch hier fiel die Mauer steil zur Stadt hin ab und lief in einiger Entfernung zu ihr in östliche Richtung weiter. Ich vermute, dass man sie bis zum Orontes hätte verfolgen können. Das tat ich nicht, sondern kletterte stattdessen auf einem steinigen Pfad in eine tiefe Schlucht an der Ostseite des Bergs. Der Eingang zu dieser Schlucht wird von einer hohen Mauer aus Ziegeln und Steinen bewacht, die Eisernes Tor genannt wird, dahinter klettert die Wehrmauer zur gegenüberliegenden Seite der Schlucht und läuft am Berggipfel weiter. Wie weit, weiß ich nicht, der Boden war so uneben und so voller Gestrüpp, dass ich den Mut verlor und umkehrte. Zwischen den Felsen blühten zahllose Blumen, Ringelblume, Narzissen, Zyklamen und Iris.

Jenseits der Schlucht des Eisernen Tores, auf der dem Orontes zugewandten Bergseite, gibt es eine Grotte. Sie trägt traditionell den Namen St.-Petrus-Grotte, an ihrem Eingang hat die griechische Glaubensgemeinschaft eine kleine Kapelle errichtet. Ebenfalls an diesem Hang, etwas weiter weg, befindet sich ein noch eigenartigeres Relikt des antiken Antiochia, ein etwa 20 Fuß hohes Felsenrelief. Es stellt den Kopf

Kapitel XIV

der Sphinx dar, sie trägt einen über der Stirn gefalteten Schleier, der links und recht von ihrem Gesicht herab fällt und endet, wo die unbedeckten Schultern beginnen. Ihr ausdrucksloses Gesicht ist leicht nach oben und zum Tal hin gewandt, als erwarte sie jemanden, der sich von Osten nähert. Könnte sie sprechen, würde sie wohl von großen Königen und glanzvollen Festen berichten, von Kampf und Belagerung, denn von dieser Felswand konnte sie alles verfolgen. Sie erinnert sich auch daran, dass die ihr bekannten Griechen von Babylon her marschierten. Da aber nicht einmal die Römer sie belehren konnten, dass die lebenskräftige Welt im Westen liegt, verzichtete auch ich auf den Versuch, und ließ sie weiter nach Osten spähen, ob von dort wohl Neues kommt.

Von Antiochia aus stand eine weitere Pilgerfahrt an: Nach Daphne, zu dem berühmten Schrein, wo die Nymphe das Begehren des Gottes zurückwies. Auf Arabisch heißt er *Haus der Gewässer*. Er liegt im Westen der Stadt, der Ritt an den Hängen entlang dauert etwa eine Stunde, es kann im Frühjahr keinen zauberhafteren Ausritt geben. Der Weg führte durch knospendes Grün, dicht gesprenkelt von blühendem Weißdorn und dem eigenartigen Purpur des Judasbaums, kreuzte einen niedrigen Gebirgsausläufer und führte dann in ein steiles Tal, in dem ein Bach dem Orontes zu rauschte.

Von den Tempeln, die dieses schönste aller Heiligtümer schmückten, ist nichts geblieben, Erdbeben und Gerölllawinen haben es in die Schlucht gerissen. Aber die Schönheit des Ortes hat sich nicht verändert, seit die Bürger der luxuriösesten Hauptstadt des Ostens dort mit den Mädchen tändelten, die dem Gott dienten. Der Fluss bricht nicht tosend aus dem Berg hervor, er wird in einem stillen Weiher geboren, er liegt, in ein Gewand aus Frauenhaarfarn gehüllt, in einem Dickicht verborgen, »und was er schuf, läßt er zerrinnen, In grünen Schattens grünem Sinnen.« Aus dem Weiher fließt ein klarer, ruhiger, schmaler und tiefer Bach, er verwandelt

Antiochia

sich in Strudel und Wirbel, in schäumende Stromschnellen und in Wasserfälle, die ihre weiße Gischt auf Maulbeerbäume und Platanen sprühen. Unter den Bäumen standen elf Wassermühlen, die zerlumpten Müller waren die einzigen Bewohner von Apollos Heiligtum. Sie brachten uns Walnüsse, die wir am Ufer essen konnten, sowie einige kleine, antike Edelsteine. Vielleicht stammten sie aus den Schmuckstücken jener, die an eben diesem reißenden Bach Vergnügungen suchten, die nicht so unschuldig waren wie die unseren.

Niemand kann Nordsyrien bereisen, ohne ein großes Interesse für die seleukidischen Könige zu entwickeln, zu dem sich bald eine tiefe Achtung für ihr politisches und künstlerisches Wirken gesellt. Daher wollte ich vor meiner Weiterreise gen Norden Seleukia Pieria, Antiochias Hafen, und Seleukos I. Nikators Grab besuchen. Die Hauptstadt im Binnenland und der Hafen entstanden zu gleicher Zeit, beide gehörten zu dem großen Plan, die Gegend am Unterlauf des Orontes zu einem wohlhabenden und dicht besiedelten Handelszentrum zu machen. Die Könige jener Tage konnten mit einem Wink ihres Zepters weltberühmte Städte entstehen lassen, und die Seleukiden verstanden es hervorragend, Alexanders Beispiel zu folgen. Inzwischen ist Seleukia Pieria, wie Apamea, kaum mehr als ein Dorf, man sollte vielleicht sagen, dass die Stadt in mehrere Dörfchen zerfallen ist, die der Ortsname Sweidiyyeh verbindet. (Die Namensgebung ist verwirrend, da jede Ansammlung von Bauernhäusern oder Hütten einen eigenen Namen hat.) Dass die Menschen an der Orontesmündung so weit entfernt voneinander wohnen, liegt an der Beschäftigung, der sie nachgehen: Sie züchten Seidenwürmer. Das verlangt im Frühling einen Monat lang Tag für Tag ihre volle Aufmerksamkeit, so dass jeder mitten in seinem Maulbeerhain leben muss. Daher ist er von seinem Nachbarn so weit getrennt, wie die Haine groß sind. Nach einem dreistündigen Ritt durch eine wunderbare Landschaft

Kapitel XIV

mit Myrtensträuchern und Maulbeeranlagen erreichten wir mit Sweidiyyeh das größte der verstreut liegenden Dörfer, wo sich auch ein Militärposten befand. Zum ersten und letzten Mal auf meiner Reise hielt mich hier ein Offizier an, der, vom Arak befeuert, meinen Pass verlangte. Ich besaß aber keinen Pass, den hatte ich im Djebel Zawiye mit meinem Mantel verloren. Dass ich ohne ein gültiges Reisedokument das halbe Osmanische Reich durchqueren konnte, ist ein schöner Beweis dafür, wie wenig sich der türkische Beamte um Bürokratie schert. Hier nun führte der Saptieh, der mich begleitete, mit einiger Erregung aus, dass man es ihm kaum erlaubt hätte, mich zu begleiten, wenn ich nicht eine respektable und akkreditierte Person wäre. Nach kurzem Wortgefecht durften wir weiterreisen.

Den Grund für diese ungewöhnliche Akribie begriffen wir bald: Die Küstendörfer sind von sehr vielen Armeniern bewohnt, sie sind von Militärposten umzäunt, damit die Bewohner nicht in andere Orte im Hinterland des Reiches oder auf dem Seeweg nach Zypern entkommen können. Das Kommen und Gehen von Fremden wird strengstens überwacht. Zu den Weisheiten, die jeder Reisende unter allen Umständen beherzigen muss, gehört, sich keinesfalls ins Gestrüpp der armenischen Frage locken zu lassen. Die Gelehrten des Mittelalters teilten die stillschweigende Überzeugung, dass es so etwas wie eine unlösbare Frage nicht gebe. Es mochte Dinge geben, die ein schwerwiegendes Problem darstellten, doch wenn man sie dem Richtigen unterbreitete – einem Araber in Spanien, beispielsweise, der dank Studien, nach deren Einzelheiten man besser nicht fragte, allwissend war –, dann würde er eine schlüssige Antwort geben können. Die einzige Schwierigkeit bestand darin, diesen Mann zu finden.

Wir glauben das nicht mehr. Unsere Erfahrung hat uns gelehrt, dass es leider viele Probleme gibt, an denen die menschliche Intelligenz scheitert, und ein gerüttelt Maß dieser Probleme kann man dem türkischen Reich zurechnen. Eines ist die armenische Frage, eine andere die mazedonische. Hier ist der Irrsinn nicht weit.

Ich bin ganz sicher, dass meine Entschlossenheit, eine einmal getroffene Entscheidung nicht in Frage zu stellen, in hohem Maße zu einer glücklichen und erfolgreichen Reise beigetragen hatte. Und so ritt ich nach Chaulik, dem Hafen des antiken Seleukia, hinunter und zweifelte nicht daran, dass ich auch an diesem Vorsatz festhalten würde. Das war um so einfacher, als die Armenier im Grunde nur Armenisch und Türkisch sprachen, die wenigen Wörter Arabisch, die einige beherrschten, reichten keinesfalls aus, um uns ihr Elend detailliert ausmalen zu können. Mein Führer an diesem Nachmittag war ein Mensch von so heiterem Gemüt, dass er schon von sich aus andere Gesprächsthemen gewählt hätte. Er hieß Ibrahim, hatte wache Augen und einen wachen Verstand. Seine Munterkeit verdient besonderes Lob, denn er verdiente nicht mehr als 400 Piaster im Jahr, das sind weniger als zwei englische Pfund. Davon wollte er genug sparen, um die türkischen Hafenbeamten zu bestechen, damit sie wegsahen, wenn er in einem offenen Boot nach Zypern flöh. »Hier«, sagte er, »gibt es nichts als die Seidenwürmer, das gibt mir zwei Monate Arbeit, die anderen zehn habe ich nichts zu tun und nichts, womit ich Geld verdienen kann.« Er ließ mich auch wissen, dass die Nusairier, die im nächsten Dorf wohnten, unangenehme Nachbarn seien.

»Herrscht zwischen Euch Streit?«, fragte ich.

»Ey wallah!«, sagte er heftig zustimmend und erzählte zur Verdeutlichung die lange Geschichte eines Konflikts, der, soweit das alles überhaupt zu verstehen war, ausschließlich durch die Aggression der Armenier entstanden war.

»Aber Ihr habt zuerst gestohlen«, sagte ich, als er zu Ende gekommen war.

Kapitel XIV

»Ja«, sagte er. »Die Nusairier sind Hunde.« Und fügte lächelnd hinzu: »Danach war ich zwei Jahre in Aleppo im Gefängnis.«

»Bei Gott! Das habt Ihr verdient«, sagte ich.

»Ja«, sagte er, immer noch vergnügt.

Ich kann mit Freude konstatieren, dass das alles war, was Ibrahim zur Klärung der armenischen Frage beitrug.

Die Bucht von Seleukia erinnert an die Bucht von Neapel und steht dieser in Schönheit kaum nach. Eine steile, von Felsgräbern und Kammern durchlöcherte Hügelkette bildet den Hintergrund der Maulbeergärten, sie umrundet die Bucht und schließt sie nach Norden ab. Unterhalb davon liegen die Mauern und Wassertore des verlandeten Hafens, der durch eine Sandbank vom Meer getrennt ist. Der Orontes fließt weiter im Süden durch Sand und Schlamm, die Sicht darauf ist durch eine steile Bergkette versperrt, die am südlichen Ende zu dem schönen Berg Cassius aufsteigt, der in dieser Landschaft die Stelle des Vesuvs einnimmt. Ich schlug mein Lager im Norden in der Nähe einer kleinen Bucht auf, die von der Hauptbucht durch einen kleinen Bergausläufer getrennt war. Dieser mündete in einer ruinenübersäten Landzunge, von wo aus man die ganze Küste überblicken konnte, ich malte mir mit großer Freude aus, dass hier, an dieser Stelle, einmal der Tempel und das Grab des Seleukos I. Nikator gewesen sein mussten, obwohl ich nicht weiß, ob deren genaue Lage jemals bestimmt wurde. Am Strand lag ein einzelner Felsbrocken, in den eine Säulenhalle gehauen worden war. Diese Halle duftete nach Meer, dort wehten kühle, salzige Winde; ein wahrer Tempel für Nymphen und Tritonen. Ibrahim führte mich an der Steilwand auf kleinen Pfaden auf und ab, wir folgten auch einem alten Karrenweg, der von der Stadt zum Plateaugipfel hinauf führte. Er sagte, es dauere zu Fuß sechs Stunden, die Mauern der oberen Stadt zu umrunden, aber es war zu heiß, um das zu überprüfen.

Wir kletterten in unzählige künstliche Grotten hinein, aber viele waren ohne Grabnischen. Vielleicht waren sie ursprünglich gar nicht Gräber gewesen, sondern Wohn- oder Lagerräume.

Nun waren alle von den Seidenwurm-Züchtern belegt, es war die geschäftigste Zeit des Jahres, die Larven waren gerade aus den Eiern geschlüpft. Jeder Grotteneingang war durch eine Wand aus grünen Zweigen versperrt, um die Sonne fern zu halten, die Nachmittagssonne sickert angenehm durch die knospenden Blätter. Am Südende der Felswand lag eine große Nekropolis. Sie bestand aus kleinen, rundum mit Grabnischen besetzten Grotten sowie aus Steinsarkophagen, von denen einige mit den gleichen Girlandenmotiven verziert waren wie die Sarkophage in Antiochia. Die größte Gräbergruppe stand am Nordrand der Klippe, dort gelangte man durch einen säulenbestandenen Portikus in eine Doppelgrotte. Die größere Kammer enthielt etwa dreißig bis vierzig Grabnischen und mehrere Gräber mit Baldachinen, die aus dem Fels gehauen waren. In der kleineren Kammer waren etwa halb so viele Grabnischen, die Decke wurde von Säulen und Pilaster getragen, über den Gräbern bemerkte ich einen grob gehauenen Fries aus efeu-ähnlichen und gezackten Blättern.

Die Erbauer von Seleukia haben sich offenbar viele Gedanken über die Wasserversorgung der Stadt gemacht. Ibrahim zeigte mir einen Kanal, etwa zwei Fuß breit und fünf Fuß hoch, der dem Fels folgte. Er verlief drei oder vier Fuß unter der Felsoberfläche und brachte Wasser von einem Ende der Stadt zum anderen. Wir konnten den Verlauf anhand gelegentlicher Luftöffnungen oder Spalten in der äußeren Felswand verfolgen. Das schwierigste Problem muss die Regulierung des Wildbaches gewesen sein, der im Norden der Stadt durch eine Schlucht stürzt. Durch die Bergausläufer südlich von meinem Lager hatte man einen riesigen Tunnel gehauen, um das Wasser ins Meer zu leiten und zu verhindern, dass es die Häuser unterhalb der Schlucht überschwemmt. In Seleukia heißt diese Gallerie *Gariz*. Sie begann am Eingang einer engen Bergschlucht, wurde mehrere hundert Meter weit durch den Berg und dann als tiefer Einschnitt offen weitergeführt, bis sie das Ende des Ausläufers erreichte. Über dem Tunneleingang befindet sich eine in klar lesbaren Buchstaben gehauene Inschrift, die mit ›Divus Vespasianus‹ beginnt, alles Weitere ist durch felsigen Boden verdeckt. Im weiteren Verlauf des Gariz fand ich weitere Inschriften, alle Lateinisch: Ich vermute daher, dass dies kein seleukisches Werk ist, sondern ein römisches.

Ibrahim verführte mich zu einer weiteren Sehenswürdigkeit. Wenn ich, sagte er, ihm durch die Maulbeerhaine unterhalb der Schlucht folgen wolle, werde er mir eine »Person aus Stein« zeigen. Meine Neugier hatte durch den langen Fußmarsch und die Hitze etwas gelitten, ich schleppte mich dennoch erschöpft über Stock und Stein, um schließlich einem Gott gegenüber zu stehen, der bärtig und in ein Gewand gehüllt unter einem Maulbeerbaum saß. Er war kein besonders großartiger Gott; seine Haltung war steif, das Gewand grob gemeißelt, der obere Teil des Kopfes fehlte, aber eine tief stehende Sonne vergoldete seine Marmorschultern, Maulbeerzweige wisperten seine uralten Namen. Wir nahmen neben ihm Platz und Ibrahim bemerkte:

»Auf dem Feld hier ist noch eine Person vergraben, eine Frau, aber sie ist tief tief unter der Erde.«

»Hast du sie gesehen?«, fragte ich.

»Ja«, sagte er. »Der, dem das Feld gehört, hat sie vergraben, weil er dachte, sie bringt ihm Unglück. Wenn Ihr ihm Geld gebt, gräbt er sie vielleicht aus.«

Ich ging auf den Vorschlag nicht ein; es war vielleicht besser, diese Frau der Fantasie zu überlassen.

Nahe bei der Statue sah ich einen langen, modellierten Sims, offenbar *in situ*, die Mauer, die er bekrönte, steckte also im Kornfeld. Das zeigt, wie hoch die Erde über den Ruinen von Seleukia liegt. Eines Tages wird es hier viel zu entdecken geben, die Grabungen dürften allerdings wegen der dicken Schlammschicht und der Forderungen der Eigentümer von Maulbeerhain und Kornfeld sehr kostspielig werden. Die Fläche der Stadt ist ungeheuer groß, um sie richtig zu erforschen, wird man viele Jahre graben müssen.

In der Nähe meiner Zelte plätscherte ein Bach durch gelbe Irisbüschel und bildete im Sand einen kleinen Tümpel. Das war die Tränke für unsere Pferde sowie für die Ziegenherden, die armenische Hirtenjungen morgens und abends am Meeresufer weideten. Der Platz war so schön und das Wetter so angenehm, dass ich dort einen untätigen Tag verbrachte. Es war der erste ganz und gar untätige Tag, seit ich Jerusalem verlassen hatte, und da ich keine Hoffnung hegte, Seleukia eingehend erkunden zu können, ließ ich es bei dem bewenden, was ich von meinem Zelt aus sehen konnte. Auf diese hervorragende Entscheidung blicke ich mit tiefer Befriedigung zurück; sie schenkte mir vierundzwanzig Stunden, über die nur zu berichten ist, dass ich dem armenischen Problem nicht so leicht entkommen sollte wie erhofft. Am Morgen erhielt ich einen langen Besuch von einer Frau, die von Kabuseh herunter gekommen war, einem Dorf am Gipfel der Schlucht über der Gallerie. Sie sprach Englisch, das hatte sie in der Missionsschule von Aintab gelernt, ihrem Heimatort in den kurdischen Bergen. Sie hieß Kymet und hatte Aintab verlassen, um zu heiraten, was sie inzwischen bitter bereute. Ihr Mann sei zwar gut und ehrlich, aber so arm, dass sie nicht wusste, wie sie ihre beiden Kinder ernähren sollte. Außerdem, sagte sie, seien die Leute rund um Kabuseh, Nusairier wie Armenier, ausnahmslos Räuber, sie flehte mich an, ihr zu helfen, nach Zypern zu entkommen. Sie erzählte mir eine eigenartige Familiengeschichte, die zeigt, wie leidvoll die Lage der Sekte im Herzen des mohammedanischen Landes offen-

Kapitel XIV

bar war, wenn sie nicht gar als Beweis öffentlicher Unterdrückung herhalten kann.

In ihrer Kindheit sei ihr Vater Moslem geworden, vor allem, weil er eine zweite Frau nehmen wollte. Statt sich dieser Demütigung zu beugen, hatte Kymets Mutter ihn verlassen und ihre Kinder so gut sie konnte allein ernährt. Dieser bittere Streit, sagte Kymet, habe ihre eigene Jugend sehr verdüstert. Am folgenden Morgen schickte sie ihren Gatten zu mir, er brachte ein Huhn und ein Gedicht, das sie selbst verfasst hatte. Ich bezahlte für das Huhn, das Gedicht ist unbezahlbar. Hier ist es:

Willkommen, willkommen, meine Liebste der Lieben,
  wir sind beglückt durch Euer Kommen!
Willkommen Eurem Kommen! Eurem Kommen willkommen!
Lasst uns froh singen, froh singen
  Froh, meine Knaben, froh!
Die Sonne scheint jetzt klar mit Mond, süßes Licht so hell,
  meine lieben Knaben,
Für Euer Herbeieilen willkommen! Durch ihr Lächeln
  willkommen!
Die Bäume senden uns, meine lieben Knaben,
  die Vögel jubeln vor Glück;
Ihr schönes Duften willkommen! In ihrem Singen willkommen!

Ich verbleibe,
Hochachtungsvoll,
GEORGE ABRAHAM.

Ich möchte sofort hinzufügen, damit dieses Gedicht nicht kompromittierend wirkt, dass sein Verfasser nicht George Abraham war. Er sprach, wie ich bei den Verhandlungen über das Huhn feststellte, keine Silbe Englisch; Kymet hatte den Namen ihres Gatten benutzt, weil sie seine Unterschrift beeindruckender fand als ihre eigene. Die Knaben, auf die sie verweist, waren rein rhetorische Figuren, und ich wüsste nicht zu sagen, was die Bäume uns geschickt haben; an dieser Stelle ist der Text etwas dunkel. Vielleicht sollte »uns« als Akkusativ gelesen werden.

Ich verließ Seleukia mit echtem Bedauern. Vor Morgengrauen ging ich zum Meer hinunter, um zu baden, zarte Wolkenbänder schwebten über den Bergen, als ich in das warme, reglose Wasser hinaus schwamm, trafen die ersten Sonnenstrahlen auf die schneebedeckten Gipfel des Cassius, der die Bucht so bezaubernd beherrscht.

Wir kehrten auf dem Weg nach Antiochia zurück, auf dem wir gekommen waren, und schlugen die Zelte vor der Stadt neben der Landstraße auf. Zwei Tage später, morgens um 6 Uhr 30, begannen wir den langen Ritt nach Alexandretta. Anfangs war die Straße furchtbar und von tiefen Schlammfurchen durchzogen, es gab nur hier und da ein Stückchen Pflaster, auf dem besser voranzukommen war als im Schlamm. Drei Stunden später erreichten wir das Dorf Karamurt, nach einer weiteren dreiviertel Stunde verließen wir die Straße und ritten direkt in die Berge, vorbei an den Ruinen einer Karawanserei, die Spuren einer schönen arabischen Arbeit aufwiesen. Steil ging der Pfad auf und ab, über Terrassen, durch blühende Dickichte aus Ginster, Judasbaum und der niedrigen Zistrose. Linkerhand, auf einem spitzen Felsen, lag malerisch die Burgruine von Baghras, dem antiken Pagras: Ich glaube nicht, dass die Bergkette nördlich von Antiochia jemals systematisch erforscht wurde, man könnte auf weitere seleukidische oder römische Festungsbauten stoßen, die den Zugang zur Stadt bewachten. Dann kamen wir auf die alte Pflasterstraße, die steiler ist als die jetzige Fahrstraße. Nachdem wir eine dreiviertel Stunde am schattigen Ufer eines Fluss gerastet und zu Mittag gegessen hatten, erreichten wir über diese Straße um ein Uhr den Gipfel des Belen-Passes, wo

Kapitel XIV

wir auf die Hauptstraße von Aleppo nach Alexandretta stießen. An diesen *Syrischen Toren*, wo Alexander umkehrte, um zu der Ebene bei Issos zu marschieren und sich Dareios zu stellen, gibt es, soweit ich erkennen konnte, keinerlei Spuren einer Befestigungsanlage, aber der Pass ist sehr schmal und war gegen Invasoren aus dem Norden sicher einfach zu verteidigen. Es ist der einzige Pass durch die rauen Amanos-Berge, den ein Heer bezwingen kann. Eine Stunde später kamen wir zum Dorf Belen, es liegt wunderbar an der Nordseite der Berge mit Blick über die Bucht von Alexandretta, bis hin zur wilden kilikischen Küste und der schneebedeckten Tauruskette. Der Ritt von Belen nach Alexandretta dauert etwa vier Stunden.

Als wir über grüne und blühende Hänge, die letzten Syriens, zum blitzenden Meer hinuntertrabten, begannen Mikhail und ich eine Unterhaltung. Wir sprachen, wie Reisegefährten es tun, über unsere Erlebnisse auf dem Weg, erinnerten einander an Abenteuer, die uns zu Wasser und zu Lande zugestoßen waren. Schließlich sagte ich:

»Ach Mikhail, es ist eine schöne Welt, auch wenn einige schlecht von ihr sprechen. Und die meisten Kinder Adams sind doch gut, nicht schlecht.«

»Es ist, wie Gott es will«, antwortete Mikhail.

»Ganz gewiss«, sagte ich. »Aber denke nur an alle, die wir auf unserem Weg getroffen haben, wie gern sie uns geholfen und wie gut sie uns behandelt haben. Denk an Najib Faris, der zu Beginn mit uns reiste, an Namrud und Gablan –«

»Maschaallah!«, rief Mikhail aus. »Gablan war ein hervorragender Mann. Nie habe ich einen Araber getroffen, der so bescheiden war wie er, er wollte das Essen, das ich ihm zubereitete, kaum anrühren.«

»Und Scheich Muhammad en Nassar«, fuhr ich fort, »sein Neffe Faiz, der Kaimakam von Qal'at al-Husn, der uns alle zwei Nächte beherbergt und verköstigt hat, und einen gro-

ßen Empfang für uns ausrichtete. Denk an Saptieh Mahmud –«, (hier stöhnte Mikhail, mit Mahmud war er nicht gut ausgekommen), »– und Scheich Yunis«, sprach ich schnell weiter. »Und an den Kurden Musa, der Beste von allen.«
»Er war ein aufrechter Mann«, sagte Mikhail, »und diente Euer Ehren gut.«
»Sogar Reshid Agha«, fuhr ich fort, »hat uns gastfreundlich aufgenommen, obwohl er ein übler Schurke ist.«
»Hört mir zu, verehrte Dame«, sagte Mikhail, »und ich werde es Euch erklären. Die Menschen sind kurzsichtig, sie sehen nur, wonach sie suchen. Manche suchen nach Bösem und finden Böses, andere suchen nach Gutem und was sie finden, ist das Gute. Dann gibt es einige, die haben Glück, sie finden immer, was sie finden möchten. Und Ehre sei Gott! zu denen gehört Ihr. Und nun, möge es Gott gefallen!, reist in Frieden und kehrt sicher in Euer eigenes Land zurück. Möget Ihr dort Seine Exzellenz Euren Vater, Eure Mutter und all Eure Brüder und Schwestern gesund und glücklich wiedersehen, und auch alle Verwandten und Freunde«, schloss Mikhail mit großer Geste. »Und möge es Gott gefallen, dass Ihr noch viele Male in Frieden, Sicherheit und Wohlstand durch Syrien reist!«

»Ja«, sagte ich. »Möge es Gott gefallen!«.

Glossar

Beni (arab.; Pl. Banu): Bestandteil arabischer Stammesnamen. Bedeutet so viel wie Kind/Sohn von/des ...
Lord Cromer: Evelyn Baring, 1. Earl of Cromer, von 1883–1907 Generalkonsul in Ägypten
Djebel: Berg oder Gebirgszug/Gebirgslandschaft
Druse(n): Religionsgemeinschaft im Nahen Osten, die im frühen 11. Jahrhundert in Ägypten als Abspaltung der ismailitischen Schia entstand
Ef(f)endim (turk.): Interjektion; etwa ›Mein Herr!‹/›Meister!‹
Fellache(n) (arab.): bäurische Landbevölkerung des vorderen Orients
Ghazu (arab.): Militärische Aktion/Raubzug
Ghul (arab.): (bösartiger, meist menschenfressender) Untoter der arabischen Mythologie
Jinneh (Jinn, Djinn): Wesen der arabischen Mythologie: Geistererscheinung, die dem Menschen sowohl wohlgesonnen als auch bösartig gegenübertreten kann
Kaimakam: oberster Beamter eines Landkreises im Osmanischen Reich
Mak'ad (arab.): Empfangsraum/Audienzzimmer für Gäste
Maschallah (arab.): »Wie Gott will«
Mufti (arab.): islamischer Rechtsgelehrter
Muteserrif: ein vom Sultan berufener Verwalter einer administrativen Einheit (Sanjak) des osmanischen Reiches
Noria: syrisches Wasserschöpfrad. Die Räder in Hama gelten als die größten der Welt

GLOSSAR

Pascha: hoher militärischer oder ziviler Beamter im Osmanischen Reich

Redif: türkische Miliz bzw. Infanterie

Saptieh: türkischer Polizeibeamter

Scherif: Titel der Nachkommen des Propheten Mohammed

Seleukiden: Diadochenreich in der Nachfolge Alexanders des Großen. Begründer der Dynastie war Seleukos I. Nikator. Das Seleukidenreich erstreckte sich zeitweise von Kleinasien über Syrien, Babylonien und Persien bis nach Indien.

Tekkiye: religiöse Einrichtung zur Unterbringung von Wanderderwischen und Pilgern

Tscherkessen: kaukasisches Volk und Namensgeber einer Teilrepublik im Staatsverband Russlands, Kabardino-Balkarien, Adygeja und Karatschai-Tscherkessien. Verursacht durch den Kaukasuskrieg lebt eine Mehrheit der Tscherkessen seit dem 19. Jahrhundert in der Diaspora in Staaten des Nahen Ostens und des Balkans.

Wadi: ausgetrockneter Fluss

Walī: Gouverneur eines türkischen Herrschaftsbereichs (Vilayet)

Zabit: Kommandant einer Garnison

Zeitalter der Unwissenheit (arab.: Jahiliyyah): islamisches Konzept, das die arabische Welt in vorislamischer Zeit, also vor der Zeit der Offenbarung des Korans, beschreibt

General-Karte des Osmanischen Reichs neu bearbeitet von Heinrich Kiepert, 1869. Ausschnitt »Syrien«.
© der Bearbeitung und Nachzeichnung von G. Bells Route bei Verlagshaus Römerweg GmbH, Wiesbaden

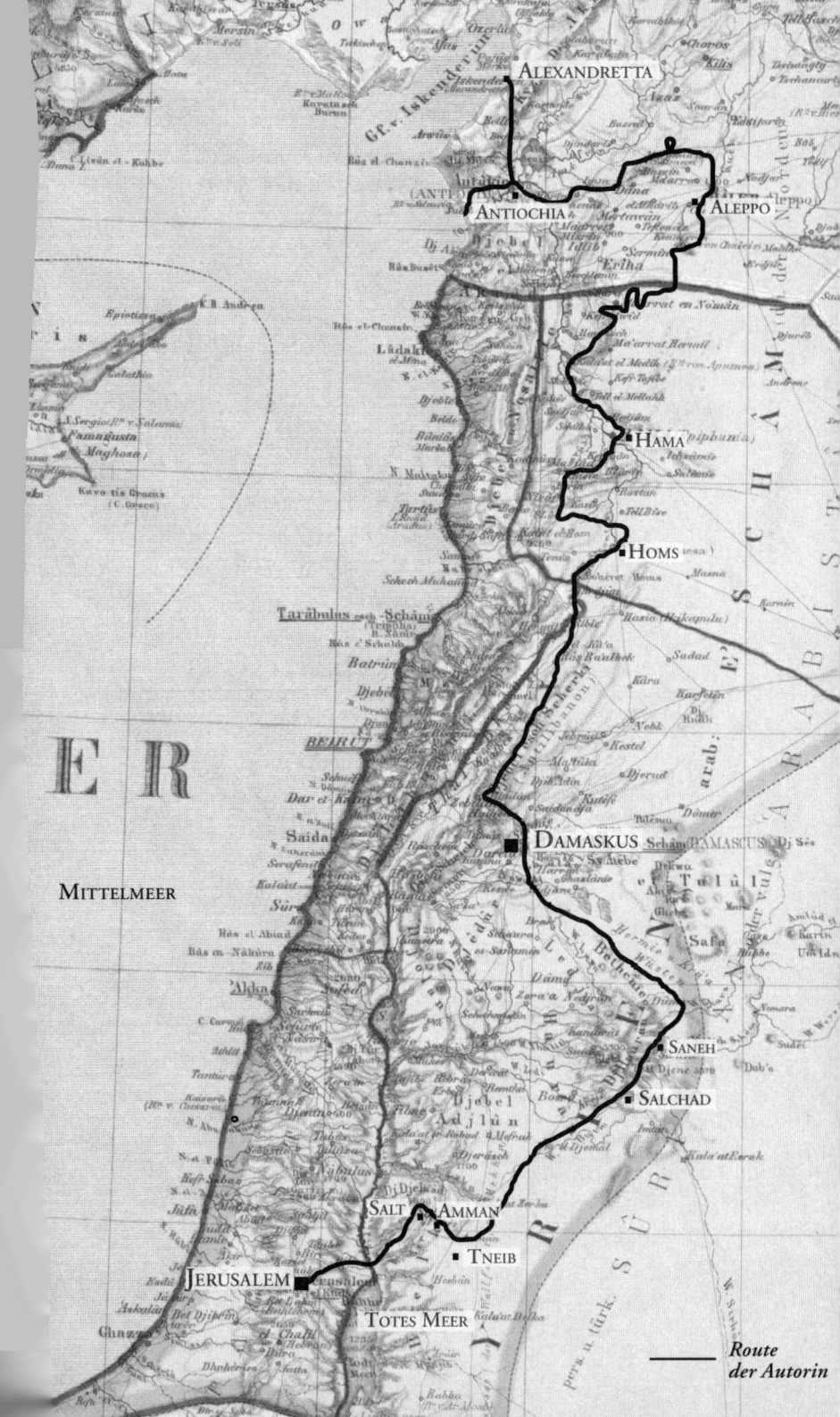

Die Reihe DIE KÜHNE REISENDE
wird herausgegeben von Susanne Gretter

Bibliografische Information der Deutschen Nationalbibliothek
Die Deutsche Nationalbibliothek verzeichnet diese Publikation in der Deutschen Nationalbibliografie; detaillierte bibliografische Daten sind im Internet über http://dnb.d-nb.de abrufbar.

Es ist nicht gestattet, Texte dieses Buches zu scannen, in PCs oder auf CDs zu speichern oder mit Computern zu verändern oder einzeln oder zusammen mit anderen Bildvorlagen zu manipulieren, es sei denn mit schriftlicher Genehmigung des Verlages.

Alle Rechte vorbehalten

4. Auflage 2018

Titel der Originalausgabe:
The Desert and the Sown. Travels in Palestine and Syria
Die Übersetzung folgt der Ausgabe von Dover Publications, Inc.,
Mineola, New York 2008 / William Heinemann, London 1907

© by Edition Erdmann in der Verlagshaus Römerweg GmbH, Wiesbaden 2015
Lektorat: Susanne Gretter, Berlin
Covergestaltung: Karina Bertagnolli, Weimar
Bildnachweis Cover: Duris – Lebanon, Gertrude Bell on horseback in foreground.
A_340, Date: 6/1900; und Seite 4: Photograph taken 1909. Gertrude Bell, aged 41, outside her tent, Babylon, Iraq. Credit: Gertrude Bell Archive, Newcastle University
Satz und Bearbeitung: SATZstudio Josef Pieper, Bedburg-Hau
Der Titel wurde in der Dante MT Pro gesetzt.
Gesamtherstellung: CPI books GmbH, Leck – Germany

ISBN: 978-3-7374-0019-0

www.verlagshaus-roemerweg.de